名师名校名校长

凝聚名师共识
回应名师关怀
打造名师品牌
培育名师群体
　　　　靳晓远题

基于发展证据推理与模型认知的

高中化学

教学实践研究

蔡创海 著

陕西师范大学 出版总社 西安

图书代号 JY24N2073

**图书在版编目（CIP）数据**

基于发展证据推理与模型认知的高中化学教学实践
研究 / 蔡创海著. -- 西安：陕西师范大学出版总社有限
公司，2024. 9. -- ISBN 978-7-5695-4666-8

Ⅰ. G633.82

中国国家版本馆CIP数据核字第2024M6E183号

基于发展证据推理与模型认知的高中化学教学实践研究
JIYU FAZHAN ZHENGJU TUILI YU MOXING RENZHI DE GAOZHONG
HUAXUE JIAOXUE SHIJIAN YANJIU

蔡创海　著

| | |
|---|---|
| **特约编辑** | 刘海燕 |
| **责任编辑** | 徐文婷　胡雨琛 |
| **责任校对** | 赵　倩 |
| **封面设计** | 言之凿 |
| **出版发行** | 陕西师范大学出版总社 |
| | （西安市长安南路199号　　邮编 710062） |
| **网　　址** | http://www.snupg.com |
| **印　　刷** | 北京政采印刷服务有限公司 |
| **开　　本** | 710 mm×1000 mm　　1/16 |
| **印　　张** | 15.5 |
| **字　　数** | 251千 |
| **版　　次** | 2025年3月第1版 |
| **印　　次** | 2025年3月第1次印刷 |
| **书　　号** | ISBN 978-7-5695-4666-8 |
| **定　　价** | 58.00元 |

读者使用时若发现印装质量问题，请与本社联系、调换。
电话：（029）85308697

# 前　言

　　学科核心素养是学科育人价值的集中体现，是学生通过学科学习而逐步形成的正确价值观、必备品格和关键能力。[①]学科核心素养指出，学生在学科的学习中不仅仅是获取知识和技能，更重要的是从中得到素养的提升，成为有个性的全面发展的社会型人才。《普通高中化学课程标准（2017年版2020年修订）》的基本理念涵盖：以发展化学学科核心素养为主旨、设置满足学生多元发展需求的高中化学课程、选择体现基础性和时代性的化学课程内容、重视开展"素养为本"的教学、倡导基于化学学科核心素养的评价。

　　化学学科区别于其他学科的本质特征在于：化学是从原子、分子水平上研究物质的组成、结构、性质、转化及其应用的一门基础学科。普通高中化学课程标准立足于学生适应现代生活和未来发展的需要，充分发挥化学课程的整体育人功能，构建全面发展学生化学学科核心素养的高中化学课程目标体系。

　　化学学科核心素养具体包括五个方面，分别是"宏观辨识与微观探析""变化观念与平衡思想""证据推理与模型认知""科学探究与创新意识""科学态度与社会责任"。化学学科核心素养共包含三个层面的内容，第一是学科思想和方法，包括"宏观辨识与微观探析""变化观念与平衡思想""证据推理与模型认知"三个素养；第二是关于学生的实践层面，包括"科学探究与创新意识"这一素养；第三是价值追求层面，包括"科学态度与社会责任"这一素养。北京师范大学王磊教授提出："科学探究与创新意识是化学核心素养的实践基础，证据推理与模型认知是化学核心素养的思维核心，宏微结合与变化平衡是化学核心素养的学科特征，科学态度与社会责任是化学

---

[①] 中华人民共和国教育部. 普通高中化学课程标准（2017年版2020年修订）［M］. 北京：人民教育出版社，2020.

核心素养的价值立场。"

化学学科核心素养的五个方面是基于学生学习和发展过程提出的，具有浓厚的学科特色，各有侧重、相互联系且相辅相成。它融合化学知识与技能的学习、化学思想观念的建构、科学探究与问题解决能力的发展、创新意识和社会责任感的形成等多方面的要求，体现了化学课程在帮助学生形成未来发展需要的正确价值观、必备品格和关键能力中所发挥的重要作用。

"证据推理与模型认知"是化学核心素养的思维核心。《普通高中化学课程标准（2017年版2020年修订）》关于该素养的具体描述是："具有证据意识，能基于证据对物质组成、结构及其变化提出可能的假设，通过分析推理加以证实或证伪；建立观点、结论和证据之间的逻辑关系。知道可以通过分析、推理等方法认识研究对象的本质特征、构成要素及其相互关系，建立认知模型，并能运用模型解释化学现象，揭示现象的本质和规律。"

化学是一门以实验为基础的学科，学科领域中每一个结论的得出都需要反复多次地证实或者证伪。中学化学课程中涉及的原理和理论，都是建立在大量、反复的化学实验基础上，通过分析归纳、逻辑推理总结出来的科学结论。由于化学是从原子、分子水平上研究物质，得到的结论还需要在宏观物质世界中再现，以方便知识的传递，这就需要科学家们通过抽象和简化的方法建构模型。因此可以说"证据推理与模型认知"是化学特质的思维方法。"证据推理与模型认知"素养的养成，不仅有助于探究、解决与学科相关的问题，还对解决生活中遇到的其他问题有帮助。

基于"证据推理与模型认知"这一化学核心素养的思维地位，笔者结合个人教育教学研究实践、经验总结做进一步的思考与凝练。从发展化学学科核心素养的视角出发，汇聚基于发展证据推理与模型认知素养的高中化学教学实践研究的主要观点和研究成果，紧跟教育要立德树人的时代要求，聚焦新课程标准发展学生学科核心素养的理念，注重理论与实践结合，深度探讨证据推理与模型认知素养与高中化学教学的高度融合，围绕证据推理与模型认知素养的内涵、体现教学实施路径，基于发展证据推理与模型认知的高中化学教学策略和教学模式，促进高中学生证据推理与模型认知素养发展的教学模式等主题，结合化学学科的特点，精选个人教学实践中的部分典型教学案例与专题讲座结集成册，探讨如何聚焦基于发展证据推理与模型认知素养进行课堂教学设计，促进学生全面发展。

最后，期待本书的出版对广大中学化学教师能够真正起到借鉴和启示作用，助推我国基础教育化学课程教学改革。但由于个人研究水平有限，书中不足之处在所难免，恳请得到各位同人的批评指正。

蔡创海<br>2023年秋于汕头市六都中学

# 目 录

# 第六章　基于发展证据推理与模型认知素养的教学实践

# 第一章

# 证据推理与模型认知的
# 内涵和意义

# 第一节 证据推理的概念与特点

在化学学科背景下理解"证据推理与模型认知"，其中的"证据推理"不是学界专用名词所对应的"不确定推理理论"，而是与学科属性相对应的"基于证据的推理"。

## 一、证据与推理

### 1. 证据

"证据（Evidence）"一词源于司法领域，其在《辞海》中的解释为"司法机关在办案中搜集的，能够证明案情真相的事实或材料。是分析和确定案情、辨明是非、区分真伪的根据"。《现代汉语词典（第7版）》解释为"能够证明某事物的真实性的有关事实或材料"。现行《中华人民共和国刑事诉讼法》第五十条规定："可以用于证明案件事实的材料，都是证据。"这一规定表明，证据具有两个基本特征：①证据是客观存在的事实，即所有刑事证据都是伴随着刑事案件的发生而在客观外界留下的物品、痕迹或在人们头脑中留下的印象，它们都是不以司法人员的主观意志为转移的客观存在的事实；②证据是与案件有联系的事实（可称为证据的相关性），即作为证据的事实与诉讼中应当予以证明的案件事实必须存在着客观的联系，能够反映一定的案件事实。在《逻辑学大辞典》中，证据是指用以支持或反对某一主张的，或者是对一个命题的正给予或减少某种程度的概率的东西[①]。如果一件证据是支持性的，它就是有利的，否则就是不利的。证据是论辩的基本要素之一。没有证据，就难以做出明智的决

---

① 彭漪涟，马钦荣.逻辑学大辞典［M］.上海：上海辞书出版社，2010.

策，但并不是每个证据的价值都是相同的。在面对许多可供选择的决策证据时必须对它们加以评估，接受可靠的证据，摒弃有缺陷的证据。

依据《逻辑学大辞典》中的定义，可认为"证据"是指用于支持或反对某一主张（观念、理论、模型）、客观存在的相关事实或材料。而在科学体系中，科学证据是由支持主张的调查现象或数据组成的，可用于进一步解释自然现象。在科学领域，证据分为经验证据与理论证据。经验证据包括测量与实验得到的结果，可以通过个人操作收集，也可以通过外部资源获得。理论证据是获得权威认可的科学理论。[①]

**2. 推理**

"推理（Inference）"的常见定义有：①推理是训练判断能力的一种行为、过程或者艺术；②推理是在论证中使用理性判断的一种能力或者行为；③推理是论证和推论的结合体；④推理代表理性的力量；⑤推理是论证、讨论和辩论。斯图尔特说："推理这个词语，远不止它的字面意义那么简单。在日常的普遍的谈话中，凭借推理能力，我们能从错误中寻找到真理，明辨是非，还可以总结出完成特定目标、取得伟大成就的好方法。"

尽管学者们对推理界定的视角不一样，但都认为"推理"属于一种思维形式，是由已知推出未知的一种思维过程。结合上述的定义分析，可认为"推理"是一种重要的逻辑思维方式，是由一个或几个已知"前提"推出未知"结论"的合乎逻辑的连贯的思维。在推理的过程中，学生需要对证据有判断能力，分清证据是支持主张还是与主张相矛盾。

科学教育中的推理主要涉及逻辑推理与科学推理。逻辑推理注重证据与结论之间的逻辑关系，对于证据和结论本身是不予深究的，一般在进行推理时以默认前提为真。科学教育需要探索自然规律，自然界中事物运动的规律瞬息万变，因此科学推理不仅需要遵循一定的逻辑规则，更要关注证据本身的来源与评价，所得到的结论也不是一成不变的。

---

① 方弯弯，龚正元. 关于化学学科证据推理能力及评价的思考［J］. 化学教学，2019，393（12）：15–20.

## 二、证据推理

"证据"，即可作为证明的事实依据。"推理"，即通过一个或几个已知条件，推断出新结论的过程，可分为直接推理、间接推理等。肖中荣老师认为：化学教学中的证据推理是指根据化学概念、理论和事实性知识，通过比较分析、抽象概括和归纳演绎等推理形式，进行证实和证伪，从而获取新知识、解决新问题的高级思维过程[①]。赵铭、赵华老师认为：证据推理是指立足于科学探究过程，并建立在一般推理能力的基础上，遵循科学推理的思维形式，强调"证据"的识别、转换和表达[②]。因此，证据推理是在科学学习这个特定的情境下，获取证据进行推理的认知活动。沈兆刚老师认为：基于证据的推理，即在掌握证据的基础上推理出新的知识和原理，切不可凭空臆想，闭门造车。无论是化学家的研究还是学生的探究性学习都是基于证据，总结出事实性知识，推理出原理性知识，形成学科观念性知识[③]。杨玉琴和倪娟老师认为："证据推理"是合成词，"证据"修饰或限制"推理"，推理是思维过程，证据是前提条件，可理解为"以证据为依据的推理"[④]。"基于证据的推理"要求学生尊重客观事实。

证据推理是以相关客观存在的事实或材料为前提，经过概括、抽象、推理等一系列活动，最终得到规律（结论）或使问题得以解决的思维过程。证据推理不属于推理的类型，但是证据推理属于科学推理的范畴。

化学是一门实验科学，实验事实是证据的一个重要来源。简单的证据推理过程包括三要素，即证据、结论和逻辑关系。在证据推理中，证据是起点，结论是终点，建立起两者的逻辑关系是证据推理的必经之路。证据推理的具体过

① 肖中荣. 证据推理在化学教学中的实践与思考［J］. 教学月刊·中学版（教学参考），
  2018（Z2）：54-58.
② 赵铭，赵华. "证据推理与模型认知"的内涵与教学研讨［J］. 化学教学，2020（2）：
  29-33，60.
③ 沈兆刚. 基于证据的推理：内涵、意义及培养路径［J］. 化学教育（中英文），2019，40
  （15）：48-52.
④ 杨玉琴，倪娟. 证据推理与模型认知：内涵解析及实践策略［J］. 化学教育（中英文），
  2019，40（23）：23-29.

程为：结合个人经验及部分事实依据，通过对问题情境进行判断形成观点，寻找收集相关证据，对原有观点进行肯定或否定，最终得出结论并解决问题。具体落实到化学学科的学习中，证据推理指的是学生能够基于已有的证据，对物质的性质、结构等相关问题做出假设，在收集证据的同时，寻找证据与结论之间的逻辑关系，通过分析推理等方法，对假设进行证实或证伪。具体的实施过程图如图1-1-1所示。

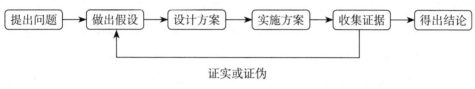

图1-1-1　证据推理的具体实施过程

克拉和旦巴（Klahr & Dunbar）认为科学推理是问题解决的过程，并建立了双重搜索模型（Scientific Discovery as Dual Search，SDDS）。方弯弯、龚正元老师[1]基于SDDS模型对假设空间和实验空间结构的详细阐述以及对这两个空间中的搜索机制的研究，建立了证据推理的概念理解图。具体的概念理解图如图1-1-2所示。

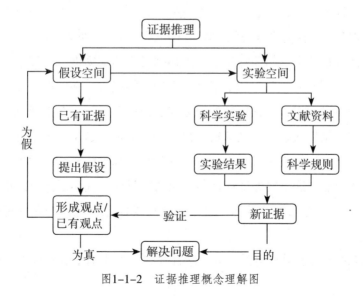

图1-1-2　证据推理概念理解图

---

① 方弯弯，龚正元. 关于化学学科证据推理能力及评价的思考［J］. 化学教学，2019，393（12）：15-20.

假设空间是由已有证据组成的。已有证据包括学生在生活中获得的已有经验和学生已经掌握的相关专业知识。学生可以在假设空间里根据已有证据做出假设，形成观点；或者已知的文字材料已经告诉学生某个观点。在假设空间形成的观点是不成熟的，需要经过实践空间的证明。实践空间是由科学实验和文献资料组成的。学生通过科学实验得到的真实现象与数据，或者通过查找资料得到的科学规则，如科学概念、原理和模型等，都需要进行评估，评估证据后决定在当前假设下进行实践的累积证据是否足以拒绝或接受此假设。证据检验假设，如果推理结果接受假设，则在实验证据的基础上形成新的概念，而新的概念又可以作为假设空间里的已有知识。如果推理结果拒绝假设，则需要回到假设空间重新收集证据进行新一轮假设。总体来看，证据推理就是根据已有证据提出假设，通过科学途径得到新证据并对假设或已有观点进行推理验证，从而解决问题，获得新知识的过程。证据推理是个体发展到形式运算阶段后具有的推理类型，是个体知识水平与认知水平的重要体现[①]。

## 三、证据推理素养

证据推理素养是学生在某个科学的情境中或面对某个科学问题时所表现出的分析与实证能力。具体表现在收集证据、评估证据、基于证据提出观点、利用证据推理验证等探究性学习活动中需要的思维能力与推理技能上。

发展证据推理素养的关键在于学生根据科学的证据推出合理结论的过程。这个过程包括两方面：第一，证据是科学知识的提取。在假设过程中，学生要利用已有的科学知识，保证得到的证据与假设的合理性。在推理过程中，学生利用科学实验结果或查阅的文献资料得到科学知识，这是一个获得新知识的过程。第二，通过证据推理过程得到的结论是科学知识的凝练。学生使用新证据推理得出新观点，这里要保证证据与结论的科学性。找到证据与结论关联的过程，也是学生获得能力的过程，这是一个科学概念与理论的深入理解以及转变的过程。

证据推理应用于课堂实践，就科学性而言，学生需要知道什么是证据，评

---

① 朱丽杰.国外科学推理能力内涵与策略的发展研究［D］.长春：东北师范大学，2012.

估什么是合适的证据，知道证据和观点的内在联系，在搜集证据的基础上对证据质量进行评估，选择科学合理的证据作为支持自己观点的依据。学生通常依赖于认知形式较低的依据，如个人的经历以及不恰当的证据类型（如相互矛盾或无关的数据）。因此，证据评估成为证据推理能力的一个重要组成部分。推理过程是一个将证据与观点建立科学联系的过程，学生需要对问题进行全面的分析。推理过程中有三点非常重要：第一，要确定证据与观点之间建立的联系是否可靠；第二，要保证证据数量的充足，排除证据推理的片面性；第三，要反思推理过程的烦琐程度，不同的证据类型、不同的解释都可能导致推理路径的不同，要防止陷入思维定式，寻找最科学有效的途径。元认知是对认知的认知，元认知技能是学生在证据推理过程中调整和优化推理的能力。[①]在证据推理过程中，学生需要及时对证据的质量、观点的科学性、证据与结论的联系程度进行评价与反思，这也是学生证据推理能力的核心影响因素。

证据推理过程有思维品质的四个主要成分参与。证据推理能力结构中需要包含能够反映证据推理能力强弱的思维品质，推理的过程是学生高级思维的外显过程，是学生思维活动中推理特征的表现。思维品质是判断证据推理能力水平的主要标志，主要包括思维的逻辑性、灵活性、深刻性、批判性。证据推理过程表现出的思维活动是按一定逻辑规律进行的，而证据推理是归纳推理和演绎推理等的综合运用，是概括、分析、迁移等思维方法的灵活运用。同时，学生在全面地分析问题、抓住事物规律与本质、思考事物发展方向等方面存在差异。学生对推理过程思考得越深刻，就越能抓住问题的本质。在证据推理的整个过程中，学生需要具有批判意识、智力品质以及评估和反思能力。

综合以上分析，中学生证据推理能力应该是由证据的质量、推理的技能和证据推理监控三个方面构成的有机整体。证据推理能力结构图如图1-1-3所示。

① 余昭. 中学化学学困生与学优生元认知技能的差异性研究［D］. 武汉：华中师范大学，2017.

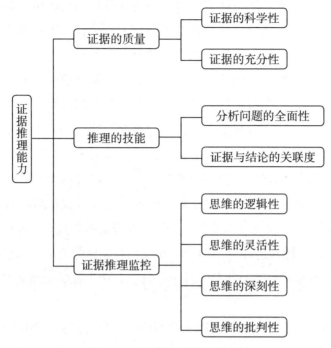

图1-1-3　证据推理能力结构图

发展学生证据推理素养，有利于培养学生思维与能力：

（1）科学思维：证据推理可以培养学生的科学思维能力，包括观察、实验、推理、解释等能力。通过收集、分析和评估证据，学生可以提高对化学现象和化学原理的观察和实验能力，提高科学思维的灵活性和创造性。

（2）批判性思维：证据推理可以培养学生的批判性思维能力，包括评估证据的可靠性和相关性，进行逻辑推理和判断。通过分析和评估证据，学生可以提高对化学现象和化学原理的批判性思维能力，提高解决问题的能力。

（3）合作学习能力：证据推理可以培养学生的合作学习能力。学生可以通过合作来收集、分析和评估证据，共同推断和判断。通过合作学习，学生可以相互交流和讨论，提高学习效果。

（4）创新能力：证据推理可以培养学生的创新能力。通过收集、分析和评估证据，学生可以不断地提出新的假设和解释，推动科学的发展和创新。

在进行证据推理教学时，首先要明确证据推理的内涵；其次要善于启发学生去发现并总结证据；最后，在解决实际问题之后，教师要善于总结方法和策略，以期对后续的问题解决过程有所帮助。逻辑推理的种类一般包括演绎推理、归纳推理、类比推理。演绎推理是从一般的规律性出发，得出某个具体结论的过程，即演绎推理是从大前提到小结论，从一般到个别。演绎推理在化学中的应用俯拾皆是。例如，密度小于空气的气体可以用向下排空气法收集，氢气密度小于空气密度，因此可以用向下排空气法收集。归纳推理则是相反的过程，从个别到一般。归纳推理的过程就是科学家认识探索物质世界的最初过程。类比推理则需要用到分类思想，学生需明确属于同一类或有共同特点的物质，对其结构、性质或变化过程进行类比，进而推出陌生物质的相关特性。

《普通高中化学课程标准（2017年版2020年修订）》对证据推理的水平划分见表1-1-1。

表1-1-1　证据推理能力各水平要求

| 水平层级 | 水平要求 |
| --- | --- |
| L1 | 能从物质及其变化的事实中提取证据，对有关的化学问题提出假设，能依据证据证明或证伪假设 |
| L2 | 能从宏观和微观结合上收集证据，能依据证据从不同视角分析问题，推出合理的结论 |
| L3 | 能从定性与定量结合上收集证据，能通过定性分析和定量计算推出合理的结论 |
| L4 | 能依据各类物质及其反应的不同特征寻找充分的证据，能解释证据与结论之间的关系 |

在化学学科教学中，证据推理是培养学生科学思维和批判性思维的重要方法。通过证据推理，学生可以从实验数据、观察结果和理论模型等方面进行推理和判断，提高学习效果。教师可以通过提供多样化的证据、引导学生分析和评估证据、引导学生合作学习和提供实践机会等方式，培养学生的证据推理能力。通过证据推理，学生可以形成科学思维、批判性思维，提高合作能力、创新能力、问题解决能力等。

# 第二节　模型认知的概念与特点

"证据推理"不是学界专用名词所对应的"不确定推理理论"，而是与学科属性相对应的"基于证据的推理"。"模型认知"则与有关文献中基于"模型"的"认知"基本一致。

## 一、模型与认知

### 1. 模型

"模型（Model）"，溯源至拉丁文"modulus"，原意是尺度样本和标准模型。《说文解字》中说道"模，法也"，清代段玉裁就此注释："以木曰模，以金曰熔，以土曰型，以竹曰范，皆法也。"《辞海》对"模型"做出了如下阐述：根据实物、设计图或设想，按比例、生态或其他特征制成的同实物相似的物体。

随着近代教育科学等领域的高速发展，模型的内涵大为拓宽。模型是一种思维方法，是在对研究对象进行实验测量和演绎推理的过程中，采取提取、抽象、对比的方法，对所研究问题的本质、特性、规律等进行的概括性表述。现在，人们将模型当作一种了解研究对象性质规律的方法。

在现代自然科学研究中，当客观对象不能被直接研究时，在一定的观察、实验并对所获得的科学事实进行初步概括之后，常常要利用想象、抽象、类比等方法，建构一个简化的又能集中反映客体本质关系的模型，并通过对模型的研究揭示原型客体的形态、本质和特征。模型思维方法又称模拟思维方法，是指建立同对象客体（原型）相似的模型来模拟原型，借以揭示对象客体的本质与规律的思维方法。

化学是一门研究物质的组成、结构、性质、转化及其应用的基础自然科学，其研究层次是分子、原子等构成的微观领域。分子、原子是具有抽象性且不可观测的原型。化学教学中，可通过建构模型表示、反映化学现象的主要特征及相互联系，揭示化学变化的过程。化学模型分为物质模型和思维模型，在化学探索过程中主要由物质模型的学习升华至思维模型的建立，形成用于解决问题的思维框架。

人教社普通高中教科书《化学》必修第一册指出：模型是在对研究对象进行实验观察和证据推理的基础上，利用简化、抽象和类比等方法，将反映研究对象的本质特征形成一种概括性的描述或认识思路，这就是模型。模型在科学认识中具有描述、解释和预测等功能，是理论发展的一种重要方式。化学中的模型有实物模型、理论模型等，其中，理论模型应用范围最广。例如，19世纪后期，瑞典化学家阿伦尼乌斯（S.Arrhenius，1859—1927）在前人研究的基础上，通过研究电解质稀溶液的导电性等，提出了电离模型，即电解质溶于水会自动解离成离子，而不是当时流行的说法——离子是通电后才产生的，并对电解质的电离进行了定量计算。电离模型很好地解释了酸、碱、盐溶液的某些性质，如酸、碱的强度等，逐渐发展成为近代的电离理论。

**2. 认知**

"认知（Cognition）"包括感觉、知觉、记忆、思维、想象和语言等。人不仅能直接感知个别、具体的事物，认识事物的表面联系和关系，还能运用头脑中已有的知识和经验去间接、概括地认识事物，揭露事物的本质及其内在的联系和规律，形成对事物的概念，进行推理和判断，解决面临的各种各样的问题，这就是思维。

现代认知心理学对于"认知"的理解不一，主要有五种：一是信息加工；二是心理上的符号的运算；三是问题解决；四是思维；五是一组相关的活动，如知觉、记忆、思维、判断、推理、问题解决、学习、想象、概念的形成、语言使用等。以上对"认知"的不同理解，无一不指向"思维"。无论是"信息加工""心理运算"，还是"问题解决"，皆包含比较、分析、抽象、综合、概括等系统和具体的过程，这些都是最基本的思维活动。在认知过程中，思维表现为概念形成、判断、推理、问题解决或决策等，通过思维方能实现从现象到本质、从感性认识到理解认识的转化，从而构成人类认识的高级阶段。

认知能力是指人脑加工、存储和提取信息的能力，即我们一般所讲的智力，如观察力、记忆力、想象力等。人们认识客观世界，获得各种各样的知识，主要依赖于人的认知能力。皮亚杰把思维看作认知活动，并认为思维主体的活动的运算有极为重要的意义，思维是认知的核心，狭义地讲，也可将思维看作认知的同义词。

## 二、模型认知

"模型"是研究问题的另一种表达形式，是简化过后的研究问题。"认知"则是指了解现实事物或获取经验的行为。模型认知可看作在对模型认知的基础上，通过模型来观测现实事物的结构组成、变化规律，从而运用模型解答问题的技能。当遇到空间和时间上与人的感官不再匹配的结构复杂化、理论化的相关内容时，人们便无法通过已有认知水平去分析了解掌握。借助模型认知，人们选定客观研究对象，通过科学分析其内外在的特点，归纳总结存在的本质特征，采用类比推理或抽象论证等方法构建出能够描述解释研究对象的本质特点的理想模型，启发思考[①]。利用模型原型或多种有关模型的构建，不仅能解释归纳研究对象的本质特点，分析解释相关的化学现象，预测物质及其变化的可能结果，还能依据物质及其变化的信息建构模型，建立解决复杂问题的思维框架。

模型认知是指人们通过对事物的观察和思考，建立起对事物的认知模型。模型认知是人们对事物的抽象和概括，是人们对事物的认知模式。化学是一门研究物质的组成、结构、性质、转化及其应用的科学，而物质是一种复杂的事物，其组成、结构、性质、转化及其应用都需要通过模型认知来进行理解和解释。因此，模型认知在化学学科教学中具有非常重要的地位。结合《普通高中化学课程标准（2017年版2020年修订）》的理解，可把模型认知的过程简化，如图1-2-1所示。

---

① 梁丹蕾.高中生原电池模型认知能力调查研究［D］.石家庄：河北师范大学，2020.

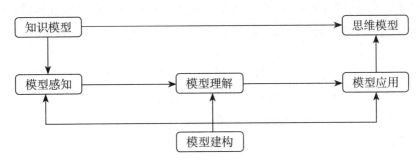

图1-2-1　模型认知的过程简图

建构主义学习理论阐述了学习者作为主观对象主动探究式地投入学习中，且整个过程为自主自愿。基于建构主义学习理论的"模型认知"素养在课堂的落实给予实施者以下教学启示：通过升华模型为学生创设新的教学情境，激发学生的学习兴趣，提高学生主动求学的积极性，让学生化被动为主动来参与知识的学习与归纳总结，在此过程中学生不仅能主动完成学习任务，还能养成良好的学习习惯，提高学习能力。

化学中的"模型认知"可理解为"利用模型进行思维的一种方法"[①]，即基于一定的感性认识，以理想化的思维方式对看不见的化学原型客体进行近似、简化的摹写，以揭示其本质和规律的一种科学抽象方法。采用模型认知，化学家可以"看到"他们所试图研究的实体或过程，据此进行实验设计和探索活动，以有力地支持他们的思维推理和知识建构。化学基本规律和理论的建立，往往都是以能揭示事物本质特征的某种简化模型为基础的。化学的发展过程从某种程度上可以说是一个不断建立模型、运用模型和修正模型的过程。吴克勇、蔡子华认为"模型认知"是人们利用模型认识事物或通过建模解决问题，把"证据推理与模型认知"中的"证据推理"和"模型认知"，分别理解为"基于证据的推理"和"基于模型的认知"[②]。普通高中化学新课程标准对"证据推理与模型认知"具体要求为让学生形成化学学科的思想方法。因此，可将"模型认知"理解为运用模型思想认识事物和解决问题的思维方法，其思维路径如图

① 杨玉琴，倪娟. 证据推理与模型认知：内涵解析及实践策略［J］.化学教育（中英文），2019，40（23）：23-29.

② 吴克勇，蔡子华.模型认知释读［J］.中学化学教学参考，2017（17）：11-14.

1-2-2所示。对学生而言，"模型认知"包括运用科学家们已经建构的科学模型解决问题，像科学家那样运用模型方法、通过建构模型解决问题等[1]。

图1-2-2　模型认知的思维路径

## 三、模型认知素养

化学模型是人们在认识化学问题与解决化学问题的过程中，通过抽象、概括与归纳等科学方法，利用研究对象的关键因素与本质特征建构的各种模型，是科学模型在化学领域的具体体现。常见的化学模型有晶体的空间结构模型、电子云模型等。[2]

化学模型按表现方式可分为物质模型、符号模型和思想模型。物质模型通过对原型在尺寸上进行放大或缩小，在结构上进行简化和抽象，以实现对原型的模拟；符号模型是将化学学科独特的化学符号按照规定的组合方式组合在一起，用于表示物质的组成、结构、性质和变化规律的一种模型；思想模型是针对事物的主要矛盾和主要特性在人脑中建立起一个观念性的、抽象的理想客体，进而对客观事物进行近似、形象的模拟。

单旭峰[3]从考试测量与评价的角度将物质、符号、思想模型的分类细化，分为概念模型、结构模型、过程模型、数学模型、复杂模型。其中，化学概念模型形式上属于文字或符号描述模型，本质上属于思想模型，其内涵是将化学现象或化学事实抽象归纳，揭示化学学科本质特征的理性知识，如元素符号、结构式、方程式、反应类型、燃烧热、电离能、电负性等。结构模型属于物质模型，属于图形表示模型，是普遍认同的、传统意义上的模型。该类模型最接近模型的本意——比例模型，即根据对象的外形和结构特征，按比例进行放大

① 吴星，吕琳，景崤壁，等.化学学科核心素养中"模型认知"的解读［J］.化学教学，2020（6）：3-8.
② 吴庆生.利用化学模型提升学生解决问题的能力［J］.化学教学，2014（12）：42-45.
③ 单旭峰.对"模型认知"学科核心素养的认识与思考［J］.化学教学，2019（3）：8-12.

或者缩小。其内涵是将物质、装置等抽象的、复杂的结构用简单易懂的方式展示出来，以便于解释研究对象内部结构的相对关系、功能和工作机制等。结构模型主要包括物质结构模型和装置结构模型。教科书中大量使用该类模型来解释原子、分子和晶体结构，阐释不同结构之间的关系及功能。过程模型属于符号模型和思想模型的结合体，其内涵是用图形、图像表示反应或生产过程中某个物理量的变化过程或者某元素的存在形式（状态）的转化过程，主要包括反应量化模型、物质转化模型。数学模型属于思想模型，其内涵为用数量关系来表示结构与性质的数量关系、物质反应及变化过程中的规律。例如：在某一温度下，反应达到平衡时物质的浓度（或压强）之间存在一个定量关系，即平衡常数。复杂模型是思想模型、物质模型和符号模型的复合体，如在物质结构模型的基础上建立的某些物理量之间的定量关系。例如，理想气体模型就属于复杂模型，是在微观物质结构模型的基础上，抽象表示物质的压强、温度、体积、物质的量之间的数学模型。再如，元素周期表也是基于思维模型和实物的复杂模型，包含了大量的物质结构和性质等信息。

赵铭等认为化学学科的教学和学习领域的模型认知可分为三类（图1-2-3）[①]：镌刻模型（包括实体微缩、实体抽象、数学表达式等）、混合模型（为个性化学习理解而建立的、融入心智和科学理解的系统模型）、算法模型（包括计算机模拟在内的，智能、网络系统参与构建的深度学习模型）。

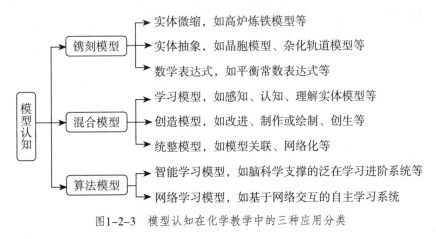

图1-2-3 模型认知在化学教学中的三种应用分类

---

① 赵铭，赵华.“证据推理与模型认知”的内涵与教学研讨［J］.化学教学，2020（2）：
29-33，60.

　　《普通高中化学课程标准（2017年版2020年修订）》对模型认知的水平划分见表1-2-1。

表1-2-1　模型认知能力各水平要求

| 水平层级 | 水平要求 |
|:---:|:---|
| L1 | 能识别化学中常见的物质模型和化学反应的理论模型，能将化学事实和理论模型之间进行关联和合理匹配 |
| L2 | 能理解、描述和表示化学中常见的认知模型，指出模型表示的具体含义，并运用于理论模型解释或推测物质的组成、结构、性质与变化规律 |
| L3 | 能认识物质及其变化的理论模型和研究对象之间的异同，能对模型和原型的关系进行评价以改进模型；能说明模型使用的条件和适用范围 |
| L4 | 能对复杂的化学问题情境中的关键要素进行分析以建构相应的模型，能选择不同模型综合解释或解决复杂的化学问题；能指出所建模型的局限性，探寻模型优化需要的证据 |

# 第三节　高中化学教学发展证据推理
# 与模型认知素养的意义

高中化学学科核心素养体系包括五个方面：宏观辨识与微观探析、变化观念与平衡思想、证据推理与模型认知、科学探究与创新意识、科学态度与社会责任。这五个维度相互关联，既独立又统一，将化学学科在知识、能力、观念、思想以及态度和责任等方面的育人要求整合在一起，构成了一个完整的素养体系。其中，证据推理与模型认知具体表现为学生能依据化学基础知识收集证据，然后进行证据推理、分析并建立相关的化学知识模型，再用模型验证结论，属于化学学科核心素养的思维核心。

## 一、证据推理与模型认知的内涵

"证据推理与模型认知"是化学核心素养的思维核心，其内涵主要包括以下五个方面：①有证据意识，能依据证据对物质的组成、结构、性质及其变化规律提出可能的假设；②能通过分析推理证实或证伪假设；③可以建构观点、结论与证据之间的逻辑关系；④能运用分析、推理等方法认识研究对象的本质特征、构成要素及其相互关系，并建构相关模型；⑤能利用建构的模型分析、解释某些化学现象，揭示其本质和规律。[①]

基于证据推理与模型认知素养的内涵理解有两个方面：一是学生在面对化学问题时应该可以基于收集到的证据提出合理假设，通过分析、推理等方法

---

[①] 连佩利. 基于培养学生"证据推理与模型认知"素养的高一化学教学研究［D］. 呼和浩特：内蒙古师范大学，2019.

对提出的假设进行证实或证伪，在分析证据、推理结论的过程中，建构相关的化学知识模型，并能借助这些模型来解决化学问题，并建立一种认识物质世界的思维方式[①]。二是学生应该具有五种意识，并且这五种意识之间存在逻辑关系，具体如图1-3-1所示[②]。

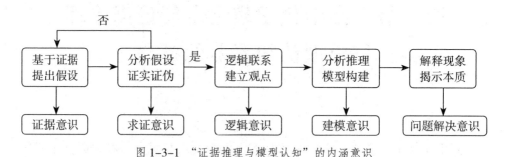

图 1-3-1 "证据推理与模型认知"的内涵意识

## 二、证据推理与模型认知素养之间的关联

"证据"指的是事实依据，"推理"则是由已知推出结论的过程，属于一种思维形式。而化学中的"证据推理"则是特指依据相关化学知识和实验现象，分析、推理物质的性质、变化及其规律的过程。例如学习铜和浓硫酸的反应时，通过实验可以观察到"铜逐渐溶解、有气泡生成、产生的气体可以使品红溶液褪色、反应后溶液呈蓝色"等现象，然后基于这些现象以及氧化还原反应的知识进行分析推理，就可以推得该反应的产物及原理。

"模型"与"原型"相对，本是指研究对象的替代物，而化学中的"模型"则指的是为了解决化学问题而建构的化学知识模型。"认知"指的是人类认识客观事物的基本心理过程。化学中的"模型认知"则是指能正确地运用化学模型描述物质及其变化、解释化学现象以及预测结果，其有助于学生对抽象知识的理解，如在有机化合物的教学中借助球棍模型和比例模型，可以帮助学生理解有机物的内部空间结构及原子间的大小关系。虽然"证据推理"与"模型认知"的含义及侧重点不同，但是彼此有着非常紧密的联系。"证据推理"

---

① 王泽飞.高中化学核心素养之模型认知浅析［J］.中学化学教学参考，2017（24）：6.
② 顾建辛.关于化学核心素养培育的微观思考——原电池教学中的"证据推理与模型认知"
　　［J］.化学教学，2017（11）：34-38.

是依据相关化学知识和实验现象，对化学问题进行分析、推理，是"模型认知"的基础。而"模型认知"是通过"证据推理"的过程和推得的结论建构化学知识模型与思维模型，并运用这些化学模型解释现象、预测结果、解决问题，这也是对"证据推理"的进一步检验与完善。

证据推理与模型认知素养的发展离不开核心知识的学习，它通过创设真实复杂的情境，让学生通过已有知识和思维经验，提取有效信息并进行加工，利用学科核心能力进行建构，通过逻辑推理、类比迁移等学科关键能力梳理出一般思路，调用学科核心观念如变化观、结构观，整理出分析解决问题的关键证据，进行逻辑推理，抓住关键元素，建构模型，发展证据推理与模型认知素养。证据推理与模型认知素养的形成心理机制如图1-3-2所示。

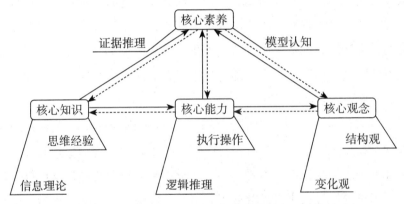

图1-3-2 证据推理与模型认知素养的形成心理机制

证据推理与模型认知合在一起，成为重要的学科核心素养，暗示着二者之间的关联。从科学探究的一般历程来看，无论是学生的学习还是科学家的研究，通常都是从情境中发现问题，再根据原始资料或数据等对问题进行假设，通过观察和实验获得事实性证据，基于证据进行推理并对假设进行修正，最终得到科学结论，如图1-3-3所示[①]。

---

① 杨玉琴，倪娟. 证据推理与模型认知：内涵解析及实践策略［J］. 化学教育，2019，40
（23）：23-29.

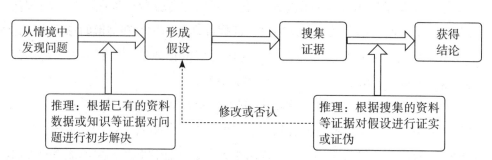

图1-3-3　科学探究过程及推理

在此过程中，证据推理发挥了重要作用。当问题出现时，往往会利用已有的知识或经验对问题进行初步推理，提出可能的解释，并以某种观点或者模型的形式呈现出来，此为探究活动中的第一次推理。此时的观点或模型处于"假设"阶段，是否科学需要进一步的证据来证明，即必须经历从假设到结论的过程，此为探究活动中的第二次推理。如果观察到的证据与假设吻合，则某种意义上假设便得到了检验；也有可能通过推理新的证据会与原先的假设产生一些矛盾，进而要否认或修改假设。

模型具有假说性，其提出需要基于已有证据进行推理，当有新的证据出现，而现有模型无法解释时，必须更新现有模型，即模型的构建和发展皆必须建立在证据推理的基础上。不难看出，科学探究的过程必然包含证据推理。当探究中所提出的假设或观点涉及微观领域——以模型的形式出现时，则涵盖模型认知，即证据推理过程不一定包含模型认知，但是模型认知过程一定需要证据推理的辅助支撑。化学学科从宏观和微观两个角度认识物质及其变化的学科研究特点决定了模型认知是学生学习化学的重要思维方式。

## 三、高中化学教学中证据推理与模型认知的素养表征

结合人教社2019版化学教科书、《普通高中化学课程标准（2017年版2020年修订）》，依据证据推理与模型认知素养的内涵和课程目标梳理高中化学核心知识层面的表征，见表1-3-1。

**表1-3-1　高中化学必修课程证据推理与模型认知的表征**

| 主题 | 证据推理与模型认知的表征 |
|---|---|
| 主题1：<br>化学科学与<br>实验探究 | 1.1 化学科学的主要特征：认识化学科学研究需要实证与推理，注重宏观与微观的联系；了解实验、假说、模型、比较、分类等方法在化学科学研究中的运用。<br>1.2 科学探究过程：理解从问题和假设出发确定研究目的、依据研究目的设计方案、基于证据进行分析和推理等对于科学探究的重要性。<br>1.3 化学实验：学习研究物质性质，探究反应规律，进行物质分离、检验和制备等不同类型化学实验及探究活动并掌握其核心思路与基本方法 |
| 主题2：<br>常见的无机物及其应用 | 2.1 元素与物质：认识元素在物质中可以具有不同价态，可通过氧化还原反应实现含有不同价态同种元素的物质的相互转化。<br>2.2 氧化还原反应：认识有化合价变化的反应是氧化还原反应，了解氧化还原反应的本质是电子的转移，知道常见的氧化剂和还原剂。<br>2.6 物质性质及物质转化的价值：结合实例认识金属、非金属及其化合物的多样性，了解通过化学反应可以探索物质性质、实现物质转化，认识物质及其转化在促进社会文明进步、自然资源综合利用和环境保护等方面的重要价值 |
| 主题3：<br>物质结构基础与化学反应规律 | 3.1 原子结构与元素周期律：认识原子结构、元素性质与元素在元素周期表中位置的关系。知道元素、核素的含义，了解原子核外电子的排布。结合有关数据和实验事实认识原子结构、元素性质呈周期性变化的规律，建构元素周期律。<br>3.2 化学键：认识构成物质的微粒之间存在相互作用，结合典型实例认识离子键和共价键的形成，建立化学键概念。<br>3.3 化学反应的限度和快慢：了解可逆反应的含义，知道可逆反应在一定条件下能达到化学平衡。<br>3.4 化学反应与能量转化：认识物质具有能量，认识吸热反应与放热反应，了解化学反应体系能量改变与化学键的断裂和形成有关 |
| 主题4：<br>简单的有机化合物及其应用 | 4.1 有机化合物的结构特点：知道有机化合物分子是有空间结构的，以甲烷、乙烯、乙炔、苯为例，认识碳原子的成键特点，以乙烯、乙醇、乙酸、乙酸乙酯为例，认识有机化合物中的官能团。<br>4.2 典型有机化合物的性质：结合典型实例认识官能团与性质的关系，知道氧化、加成、取代、聚合等有机反应类型 |
| 主题5：<br>化学与社会发展 | 5.1 化学促进可持续发展：认识化学科学与技术的不断创新和发展是解决人类社会发展中遇到的问题、实现可持续发展的有效途径。树立"绿色化学"的观念，形成资源全面节约、物能循环利用的意识。<br>5.2 化学科学在材料科学、人类健康等方面的重要作用：体会化学科学发展对于药物合成的重要意义，初步建立依据物质性质分析健康问题的意识。 |

续 表

| 主题 | 证据推理与模型认知的表征 |
|---|---|
| 主题5：<br>化学与社会<br>发展 | 5.3 化学在自然资源和能源综合利用方面的重要价值：认识化学对于构建清洁低碳、安全高效的能源体系所能发挥的作用，体会化学对促进人与自然和谐相处的意义。<br>5.4 化学在环境保护中的作用：认识物质及其变化对环境的影响，依据物质的性质及其变化认识环境污染的成因、主要危害及其防治措施，以酸雨的防治和废水处理为例，体会化学对环境保护的作用。<br>5.5 化学应用的安全与规则意识：认识经济发展与环境保护等的关系 |

高中化学课程标准必修课程中的化学模型共12个，其中物质模型3个，符号模型6个，思想模型3个；模型类型以符号模型为主（50%），其比例较初中稍有增长；必修阶段"了解"水平（50%）占据主体地位，物质模型出现"应用"水平（表1-3-2）[①]。

表1-3-2　高中化学课程标准必修课程化学模型统计表

| 模型类别 | 具体模型 | 学业要求 | 能力水平 |
|---|---|---|---|
| 物质<br>模型 | 元素周期表 | 认识原子结构、元素性质以及元素在元素周期表中位置的关系；知道元素周期表的结构；能利用元素在元素周期表中的位置和原子结构，分析、预测、比较元素及其化合物的性质 | 了解 |
| | 原电池 | 能辨识简单原电池的构成要素，并能分析简单原电池的工作原理 | 应用 |
| | 有机物的立体模型 | 能搭建甲烷和乙烷的立体模型 | 应用 |
| 符号<br>模型 | 电离方程式 | 能用电离方程式表示某些酸、碱、盐的电离 | 了解 |
| | 离子方程式 | 能用离子方程式正确表示典型物质的主要化学性质 | 了解 |
| | 化学方程式 | 能用化学方程式正确表示典型物质的主要化学性质 | 了解 |
| | 核素 | 知道元素、核素的含义 | 知道 |

---

① 江合佩.化学学科核心素养与教学设计［M］.福州：福建教育出版社，2020.

| 模型类别 | 具体模型 | 学业要求 | 能力水平 |
|---|---|---|---|
| 符号模型 | 核外电子排布式 | 了解原子核外电子的排布 | 了解 |
| | 原子结构示意图 | 能画出1～18号元素的原子结构示意图，能用原子结构解释元素性质及其递变规律，并能结合实验及事实进行说明 | 理解 |
| 思想模型 | 化合价 | 认识元素在物质中可以具有不同价态；能依据物质类别和元素价态列举某种元素的典型代表物 | 了解 |
| | 化学平衡 | 能描述化学平衡状态，判断化学反应是否达到平衡 | 知道 |
| | 化学键 | 能判断简单离子化合物和共价化合物中的类型 | 理解 |

高中化学选择性必修课程证据推理与模型认知表征及模型统计见表1-3-3、表1-3-4。

**表1-3-3　高中化学选择性必修课程证据推理与模型认知的表征**

| 模块 | 主题 | 证据推理与模型认知的表征 |
|---|---|---|
| 选必1：化学反应原理 | 主题1：化学反应与能量 | 1.2 化学反应与热能：恒温恒压条件下化学反应的反应热可以用焓变表示，了解盖斯定律及其简单应用。<br>1.3 化学反应与电能：了解原电池及常见化学电源的工作原理。了解电解池的工作原理 |
| | 主题2：化学反应的方向、限度和速率 | 2.1 化学反应方向与限度：知道化学反应是有方向的，知道化学反应的方向与反应的焓变和熵变有关。认识化学平衡常数是表征反应限度的物理量，知道化学平衡常数的含义。了解浓度商和化学平衡常数的相对大小与反应方向之间的联系<br>2.2 化学反应速率：知道化学反应是有历程的，认识基元反应活化对化学反应速率的影响。 |
| | 主题3：水溶液中的离子反应与平衡 | 3.2 电离平衡：认识弱电解质在水溶液中存在电离平衡，了解电离平衡常数的含义。认识水的电离，了解水的离子积常数，认识溶液的酸碱性及pH。<br>3.3 水解平衡：认识盐类水解的原理和影响盐类水解程度的主要因素。<br>3.4 沉淀溶解平衡：认识难溶电解质在水溶液中存在沉淀溶解平衡，了解沉淀的生成、溶解与转化 |

| 模块 | 主题 | 证据推理与模型认知的表征 |
|------|------|--------------------------|
| 选必2：物质结构与性质 | 主题1：原子结构与元素的性质 | 1.1 原子核外电子的运动状态：知道电子运动的能量状态具有量子化的特征（能量不连续），电子可以处于不同的能级，在一定条件下会发生激发与跃迁。知道电子的运动状态（空间分布及能量）可通过原子轨道和电子云模型来描述<br>1.2 核外电子排布规律：知道原子核外电子的能级高低顺序，了解原子核外电子排布的构造原理，认识基态原子中核外电子的排布遵循能量最低原则、泡利不相容原理和洪特规则等。知道 1～36 号元素基态原子核外电子的排布<br>1.3 核外电子排布与元素周期律（表）：认识元素的原子半径、第一电离能、电负性等元素性质的周期性变化，知道原子核外电子排布呈现周期性变化是导致元素性质周期性变化的原因 |
|  | 主题2：微粒间的相互作用与物质的性质 | 2.1 微粒间的相互作用：认识物质是由原子、离子、分子等微粒构成的，微粒之间存在不同类型的相互作用。根据微粒的种类及微粒之间的相互作用，认识物质的性质与微观结构的关系。认识离子键、共价键的本质。知道配位键的特点，认识简单的配位化合物的成键特征。认识分子间存在相互作用，知道范德华力和氢键是两种常见的分子间作用力。<br>2.2 共价键的本质和特征：认识原子间通过原子轨道重叠形成共价键，了解共价键具有饱和性和方向性。知道根据原子轨道的重叠方式，共价键可分为 σ 键和 π 键等类型；知道共价键可分为极性共价键和非极性共价键。共价键的键能、键长和键角可以用来描述键的强弱和分子的空间构型。<br>2.3 分子的空间结构：结合实例了解共价分子具有特定的空间几何结构，并可运用相关理论和模型进行解释和预测。知道分子的结构可以通过波谱、晶体X射线衍射等技术进行测定。知道分子可以分为极性分子和非极性分子。<br>2.4 晶体和聚集状态：了解晶体中微粒的空间排布存在周期性，认识简单的晶胞。借助分子晶体、共价晶体、离子晶体、金属晶体等模型认识晶体的结构特点。知道介于典型晶体之间的过渡晶体以及混合型晶体是普遍存在的 |
|  | 主题3：研究物质结构的方法与价值 | 3.3 研究物质结构的价值：初步认识物质的结构与性质之间的关系，知道物质结构的研究有助于发现具有预期性质的新物质，以及为设计与合成这些新物质提供理论基础。认识研究物质结构有助于了解材料的结构与性能的关系，对优化物质结构、改善材料性能具有重要意义 |

续 表

| 模块 | 主题 | 证据推理与模型认知的表征 |
|---|---|---|
| 选必3：有机化学基础 | 主题1：有机化合物的组成与结构 | 1.1 有机化合物的分子结构：认识有机化合物的分子结构决定于原子间的连接顺序、成键方式和空间排布，认识有机化合物存在构造异构和立体异构等同分异构现象。<br>1.2 有机化合物中的官能团：认识官能团的种类（碳碳双键、碳碳三键、羟基、氨基、碳卤键、醛基、酮羰基、羧基、酯基和酰胺基），从官能团的视角认识有机化合物的分类。<br>1.3 有机化合物中的化学键：认识有机化合物分子中共价键的类型、极性及其与有机反应的关系，知道有机化合物分子中基团之间的相互影响会导致键的极性发生改变 |
| | 主题2：烃及其衍生物的性质与应用 | 2.1 烃的性质与应用：认识烷烃、烯烃、炔烃和芳香烃的组成和结构特点，比较这些有机化合物的组成、结构和性质的差异。<br>2.2 烃的衍生物的性质与应用：认识卤代烃、醇、醛、羧酸、酯、酚的组成和结构特点、性质、转化关系及在生产、生活中的重要作用，知道醚、酮、胺和酰胺的结构特点及应用。<br>2.3 有机反应类型与有机合成：认识加成、取代、消去反应及氧化还原反应的特点和规律，了解有机反应类型和有机化合物组成结构特点的关系 |
| | 主题3：生物大分子及合成高分子 | 3.1 聚合物的结构特点：了解聚合物的组成及结构特点，认识单体和单体单元（链节）及其与聚合物结构的关系。了解加聚反应和缩聚反应的特点。<br>3.2 生物大分子：认识糖类和蛋白质的组成和性质特点。了解淀粉和纤维素及其与葡萄糖的关系，了解葡萄糖的结构特点、主要性质及应用。<br>3.3 合成高分子：认识塑料、合成橡胶、合成纤维的组成和结构特点 |

### 表1-3-4　高中化学选择性必修课程化学模型统计表

| 模型类别 | 具体模型 | 学业要求 | 能力水平 |
|---|---|---|---|
| 物质模型 | 原电池 | 能分析解释原电池的工作原理，能设计简单的原电池 | 应用 |
| | 电解池 | 能分析解释电解池的工作原理，能设计简单的电解池 | 应用 |
| | 有机物的立体模型 | 能搭建甲烷和乙烷的立体模型 | 知道 |

续 表

| 模型类别 | 具体模型 | 学业要求 | 能力水平 |
|---|---|---|---|
| 物质模型 | 晶体结构模型 | 借助分子晶体、共价晶体、离子晶体、金属晶体等模型认识晶体的结构特点 | 了解 |
| 符号模型 | 核外电子排布式 | 知道1～36号元素基态原子核外电子的排布 | 了解 |
| | 热化学方程式 | 能用热化学方程式表示反应中的能量变化 | 了解 |
| | 有机物的结构式、结构简式 | 能写出烃及其衍生物的类别通式、官能团、简单代表物的结构简式 | 了解 |
| 思想模型 | 化学平衡 | 能利用平衡常数和浓度商的关系判断化学反应是否达到平衡状态以及平衡移动的方向;能运用浓度、压强、温度对化学平衡的影响规律,推测平衡移动方向 | 理解 |
| | 有效碰撞理论模型 | 能用一定的理论模型说明外界条件改变对反应速率的影响 | 理解 |
| | 核外电子运动模型 | 了解有关核外电子运动模型的历史发展过程 | 了解 |
| | 原子轨道模型 | 知道电子的运动状态可通过原子轨道和电子云模型来描述;知道根据原子轨道的重叠方式,共价键可分为σ键和π键等类型 | 知道 |
| | 电子云模型 | 知道电子的运动状态可通过原子轨道和电子云模型来描述 | 知道 |
| | 化学键 | 能运用离子键、配位键、金属键等模型,解释离子化合物、配合物、金属等物质的某些特征性质 | 理解 |
| | 氢键理论模型 | 能说明分子间作用力(含氢键)对物质熔点、沸点等性质的影响,能列举含有氢键的物质及其性质特点 | 理解知道 |
| | 催化化学理论模型 | 了解支持现代化学发展的最核心、最基础的概念原理的内涵,能从模型的角度认识这些概念和原理 | 了解 |
| | 表、界面化学理论模型 | 了解支持现代化学发展的最核心、最基础的概念原理的内涵,能从模型的角度认识这些概念和原理 | 了解 |

　　高中化学课程标准选择性必修阶段的化学模型共有16个，其中物质模型4个，符号模型3个，思想模型9个；模型类型以思想模型占绝对优势（56%），远远超过初中和必修阶段；选择性必修阶段对模型认知水平要求整体比较高，"了解"水平（44%）占据主体地位，"理解"（25%）和"应用"（12%）水平较必修阶段稍有增长。

　　高中化学课程标准关于证据推理与模型认知的素养追求，不仅有助于锻炼学生的逻辑思维能力，更有利于培养学生良好的思维习惯，优化学生学习化学的方法，通过严密的逻辑推理将相互孤立的知识串联起来，助力学生的终身学习，有力地促进学生化学学科核心素养的全面发展。

第二章

# 证据推理与模型
# 认知的体现

# 第一节　证据推理在高中化学实验中的应用

《普通高中化学课程标准（2017年版2020年修订）》提出：化学实验是化学学习过程中研究和学习物质及其变化的基本方法，是科学探究的一种重要途径，实验教学实施应充分认识化学实验的独特价值，精心设计实验探究活动。除此之外，化学是一门以实验为基础的科学，它能为学生学习化学理论知识提供客观事实，有助于淬炼学生的逻辑思维，促进学生形成化学思维，培养学生的科学态度。

化学学科经过长期的发展已经形成了一套完整的理论系统，可以为学生从理论角度解决问题提供依据。化学作为一门中心自然科学，强调以实验为基础，通过实验过程来激发学生的学习兴趣，引导学生思考实验现象和结果，帮助学生探寻真相。通过结合理论证据和实验证据，证据推理的过程将会更加科学和严谨，从而提升学生的证据推理和科学精神等化学学科核心素养。

化学实验在一定程度上具有非常强的逻辑性和严密的推理性，所以它能够培养学生的证据推理能力。高中化学实验对学生的推理能力、逻辑能力有着很高的要求，整个实验过程贯穿着化学基础知识内在的联系和推理，其教学功能不仅是为学生传播基础化学知识，还承担着培养学生的科学探究能力的责任。高中化学实验教学，通过选择与教学内容相适切的教学素材创设实验情境，让学生在化学实验中寻找事实证据，辨析证据，获得结论，习得科学探究的方法和能力。在化学实验中助力学生证据推理意识的生根发芽，最大限度地提高学生的证据推理能力，帮助学生建构化学核心观念，充分利用化学实验的优势，促进学生化学学科核心素养的养成。

郭乙丁在《高中化学实验教学中学生证据推理意识的培养》①一文中论述了推理能力是学生思维能力的体现，高中化学教育应当注重培养学生的推理能力，积极地为学生开展化学实验教学，在实验教学中提高学生的证据推理能力。郭老师认为证据推理能力的培养是实现教育全球化的一个要求，有利于促进学生的全面发展。他还认为，必须将学生培养成具备解决复杂问题能力的人。化学实验情境是化学教学过程的一个重要组成部分，要将化学实验教学作为学生获得化学知识的一个重要途径，培养学生的证据推理能力。郭老师提出了高中化学实验教学中培养学生证据推理能力的三条策略：一是多创建实验课程激发学生的证据推理意识。教学过程中借助实验场景激发学生对化学学习的兴趣，调动学生的积极性和好奇心，让学生学会提出自己的问题，唤起学生迫切求证问题的意识，发展学生的证据推理意识，让学生在寻找证据的过程当中获得知识，加深记忆，进而形成证据推理的能力。二是优化实验手段提高学生的证据推理意识。尊重高中化学学科的抽象性及学生的思维特征（具体的形象思维向抽象的逻辑思维过渡）及身心发展规律，融合学生的生活经验去分析问题和解决问题，为学生选择有证据可作为依靠的、有证据可以开展调查的实验情境，调动学生对化学实验的积极性。三是优化实验方案提高学生的证据推理意识。科学合理的实验方案及有序有效的探究活动，在促进学生实验能力、思维能力的发展方面有重要作用。了解学生的生活经历、掌握知识的程度及生活经验差异，在此基础上设计实验方案，在学生与教育者的肯定或否定中，不断去寻找能够证明的证据或者是确定方案的可行性，让学生的证据意识植根于大脑，发展学生的证据推理能力。

通过证据意识的调动可实现学生积极思维状态的激发，化学教学活动中证据推理能力形成过程主要以借助实验的方式展开，引导学生借助分析、实践、观察等方式从化学实验中获取有效证据。教师在引导学生展开实证推理时，可引导学生以微观、宏观的视角完成对问题的思考，结合物质性质、结构对物质真实状态加以描述。证据推理过程即总结、归纳的过程，并对其中关键性证据加以提炼。同时，教师应引导学生注重各环节间的联系，实现学生证据推理能

---

① 郭乙丁. 高中化学实验教学中学生证据推理意识的培养［J］. 试题与研究，2018，965（26）：69.

力的培养。张亚琴在《初中化学实验教学中学生证据推理意识的培养》[①]一文中基于教育全球化、课程标准及化学学科的要求，论述了如何借助中学化学实验教学促进学生提高获取证据的意识、开拓寻找获取证据的途径、发展证实或证伪证据的推理意识。她谈及四方面的培养策略：一是创设实验情境唤起学生的证据意识；二是优化实验手段引发学生的证据推理意识；三是构建科学探究各要素关系强化学生的证据推理意识；四是优化实验方案深化学生的证据推理意识。

证据推理是化学学科核心素养的重要组成部分，也是学生思维能力的体现。高中化学课堂要重视教学内容的设计，激发学生的学习兴趣，促进学生学习方式的改变，从而帮助学生发展证据推理等化学学科核心素养。洪良腾在《基于证据推理的高中化学探究教学模式研究》[②]一文中，基于证据推理的内涵，提出基于发展证据推理素养的探究教学模式。证据推理能力的提升必须在以证据推理为核心的科学探究过程中完成。科学探究的一般过程是：首先基于事实或经验提出假设，然后收集客观的真实证据，以证明或证伪假设，最终得出正确结论。收集证据是整个证据推理环节至关重要的一步。教师要利用化学学科的独特优势，提高学生收集证据、审辩思维的能力。

洪良腾老师提出可用以"提出假设→理论分析→实验证明→做出评价"为基本流程提升学生证据推理素养的探究教学模式，并以"沉淀的转化"（苏教版选修4化学反应原理专题三第四单元"难溶电解质的沉淀溶解平衡"）为例应用此教学模式，探索如何在高中化学课堂中培养学生的证据推理素养。

## 沉淀的转化

### 一、教学目标

（1）创设真实的问题情境，让学生使用正确的化学用语正确表示沉淀的转化，思考沉淀转化的方向，提出关于沉淀转化方向的合理假设，同时让学生感

---

① 张亚琴. 初中化学实验教学中学生证据推理意识的培养［J］. 名师在线，2018，49（12）：60-61.

② 洪良腾. 基于证据推理的高中化学探究教学模式研究［J］. 中学课程资源，2021，17（8）：7-9.

受到化学与生活的密切联系。

（2）以氯化银与碘化银的转化为例，让学生能结合数据和实验等证据素材，对沉淀转化的假设、实验方案、实验结论进行完整的论证，掌握沉淀转化的知识，发展"变化观念与平衡思想"和"证据推理与模型认知"等化学学科核心素养，培养其系统思维能力。

二、设计思路

基于"提出假设→理论分析→实验证明→做出评价"的探究模式，教师首先以生活中含氟牙膏预防龋齿引入教学，让学生用化学用语表征，并引导学生从微观的角度认识沉淀转化，同时提出关于沉淀转化的假设，然后将化学平衡常数知识迁移到沉淀转化，利用溶度积常数等数据，从定量角度对沉淀转化的方向进行理论分析，接着通过化学实验和实验现象对假设进行证实或证伪，最后综合理论和实验两个方面的证据，得出关于沉淀转化方向的相关结论。教师要在设计过程中创设真实情境，让学生自然地融入情境，将生活问题转化为化学问题。

三、教学过程

本教学设计过程应用"提出假设→理论分析→实验证明→做出评价"的探究教学流程，以问题为驱动。学生通过交流讨论、数据分析、实验探究等方式，收集数据和实验证据，认识沉淀转化的本质，并学以致用。一系列问题递进式地提出，本质上营造了科学探究的氛围，能够促使学生思考沉淀转化的相关问题。

1. 创设情境，了解沉淀转化

【情境导入】生活中，人们为了预防龋齿通常使用含氟牙膏（图片展示）。使用含氟牙膏为何可以预防龋齿？请大家阅读材料（关于含氟牙膏预防龋齿的材料）。

【问题】为什么会产生龋齿？

【学生】牙齿的主要成分为羟基磷灰石$Ca_5(PO_4)_3(OH)$，其存在难溶电解质的沉淀溶解平衡$Ca_5(PO_4)(OH)(s) \rightleftharpoons 5Ca^{2+}(aq)+3PO_4^{3-}(aq)+OH^-(aq)$，食物腐败产生的酸性物质与$OH^-$反应，促进平衡正向移动，羟基磷灰石溶解，产生龋齿。

【问题】使用含氟牙膏可以预防龋齿的原因是什么？

【学生】因为羟基磷灰石与氟离子作用，转化成的氟磷灰石更难溶。

【问题】请用离子方程式表示沉淀的转化。

【学生】$Ca_5(PO_4)_3(OH)+F^-=Ca_5(PO_4)_3F+OH^-$

【提问】由以上讨论可知，沉淀可以转化，沉淀的转化方向有什么规律？请说出你的设想。

【思考并回答】沉淀从难溶的转化为更难溶的。

设计意图：教师首先通过"含氟牙膏预防龋齿"引入沉淀的转化，激发学生的探究兴趣，然后通过问题串引导学生思考沉淀的转化，并使用正确的化学用语表征，促使学生从宏观、微观两个角度认识沉淀转化，引导学生提出关于沉淀转化方向的假设，开启证据推理的第一步。

2. 理论分析，认识沉淀转化

【问题】在化学平衡的学习中，用什么物理量来衡量化学反应进行的程度？

【学生】平衡常数。平衡常数大，意味着一个过程进行的程度高，过程易于发生。

【问题】以氯化银和碘化银两种难溶物质来证明你关于沉淀转化方向的设想。已知：$Ksp(AgCl)=1.8×10^{-10}$，$Ksp(AgI)=1.0×10^{-16}$。

【学生】$AgCl+I^-\rightleftharpoons AgI+Cl^-$　$K=\dfrac{c(Cl^-)}{c(I^-)}=\dfrac{Ksp(AgCl)}{Ksp(AgI)}=1.8×10^6$。如果AgI转化为AgCl，$K$值将小于$10^{-6}$，由此可见，沉淀由难溶转化为更难溶比较容易实现。

设计意图：从理论角度进行定量分析，收集数据证据，迈出证据推理的第二步。这个环节迁移了平衡原理知识，教师要求学生结合数据，并引导其从理论上分析沉淀转化的可能性。这有利于学生认识沉淀转化的基本思路，培养学生的微粒观、平衡观和定量观。

3. 实验探究，验证沉淀转化

【实验准备】0.1 mol·$L^{-1}$NaCl溶液，0.1 mol·$L^{-1}$ AgNO₃溶液，0.1 mol·$L^{-1}$ KI溶液，试管若干。

【问题】请结合所给的试剂和仪器进行小组讨论，设计合理的实验方案，证明你关于沉淀转化方向的设想。

【讨论并形成方案】通过所给试剂设计实验，探究可否将一种沉淀转化成另一种沉淀，学生小组讨论确定合理的方案。

实验一：①1 mLNaCl溶液和10滴AgNO$_3$溶液。②继续滴入10滴KI溶液。

实验二：①1 mLKI溶液和10滴AgNO$_3$溶液。②继续滴入10滴NaCl溶液。

【实验现象】按照上述方案进行实验，观察并记录实验现象。

实验一：首先产生白色沉淀，后白色沉淀转化为黄色。

实验二：首先产生黄色沉淀，后无明显现象。

【实验结论】沉淀由难溶转化为更难溶比较容易实现。

**设计意图**：这个环节推进了证据推理的第三步。在前面的教学环节，学生利用平衡原理分析了沉淀转化的方向。学生期待看到自己的理论分析得到事实的支撑。教师让学生设计实验，引导学生从实验的角度验证沉淀转化的方向，形成认识沉淀转化的另一种思路，这样可以培养学生的实验探究能力、证据推理能力和科学精神。

4. 总结证据，得出相关结论

【问题】基于以上分析，同学们得出了什么结论？

【学生】一般来讲，沉淀由难溶转化为更难溶比较容易。数据分析显示，该反应方向的Ksp会比较大，转化容易发生。实验事实也证明了此结论。

【追问】更难溶的沉淀可以转化为难溶沉淀吗？

【学生】若两者的Ksp相差较大，则很难发生。若两者的Ksp相差不大，则有可能。

【举例】钡盐在自然界中主要以重晶石形成存在，$Ksp（BaSO_4）=1.1×10^{-10}$。工业上利用饱和碳酸钠将重晶石转化为碳酸钡，$Ksp（BaCO_3）=5.1×10^{-9}$，再进一步转化为可溶性钡盐。请思考转化过程中的条件控制。

【学生】$BaSO_4+Na_2CO_3 \rightleftharpoons BaCO_3+Na_2SO_4$，若要使平衡正向进行，需增大碳酸钠的浓度，可以采用饱和碳酸钠，同时定期分离产物，将溶液排出，重新加入饱和碳酸钠溶液。

**设计意图**：引导学生归纳总结，基于理论分析、实验验证，证实关于沉淀转化方向的假设，得到正确的结论。这有利于学生建立沉淀转化的认知模型，把握沉淀转化的本质和规律。以工业实际为情境素材，提出将更难溶沉淀转化为难溶沉淀，可以开阔学生的视野，促使学生应用模型进行分析，使学生更深刻地理解沉淀转化，同时增强学生思维的严密性，培养学生的创新精神。

案例教学设计中，洪老师将理论分析和实验证明相结合，拓宽学生收集证据的思路，切实提高学生逻辑思维的严密性，有效提高学生的证据推理能力，极大地提升学生的证据推理核心素养。值得一提的是，该模式下的教学应注重借助定量思维和化学实验，寻找充分的证据，解释证据与结论之间的关系。借助化学实验，提升学生证据推理素养。注重实验教学，引导学生掌握基本的实验方法和技能，体验科学探究的过程，进一步发展解决综合实验问题的能力，这对发展学生学科核心素养有独特的价值。一般而言，实验现象或能直接印证结论，或能引发学生的认知冲突，促使学生进一步探究，使学生反思原有概念模型的局限性，发展学生的证据推理核心素养。

综上所述，发展学生的证据推理素养的关键是充分把握"证据推理"的学习路径（图2-1-1），通过化学实验教学引导学生根据相关理论基础、已有的化学概念以及陈述性的化学知识，运用类比分析、抽象概括和演绎推理等抽象思维的方式，习得新知识以及获得思维上的升华。

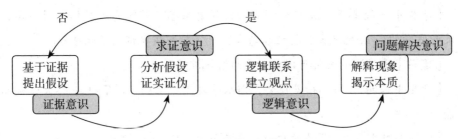

图2-1-1 "证据推理"学习路径

一是运用实验教学策略，实现学生深度思维的发展。在研究的过程中，我们运用了教学实践的模型：创设情境，引入课题——实验探究，证据推理——自主迁移，知识运用——问题解决，巩固提升。它通过创设问题情境，以问题为驱动，以实验探究为起点，以证据推理为抓手，启发诱导，形成概念与知识，由浅入深地推动着学生向深度思维发展，充分调动学生的主体性，符合中学生的认知发展要求。合理运用化学实验教学策略，实现有意义学习。

二是基于真实情境进行科学探究，发展学生的证据推理能力。素养为本的教学理念，从问题出发，进行实验探究，收集证据，形成"问题——证据——结论"的推理意识，培养和发展了学生的科学探究能力与证据推理能力；多样化的实验方式，引导学生自主进行实验，培养他们的交流与合作能力，帮助他们巩固相关的化学理论知识；在问题与实验相互交融的教学中，提高学生在解决生活问题的过程中的学科应用能力。

因此，基于化学实验培养学生科学探究与证据推理素养的研究，不仅能提高学生的主动探究意识，还能通过分析证据、推理论证来发展学生的高阶思维。

# 第二节　模型认知在高中化学理论学习中的应用

　　与科学理论相似，化学理论是借助化学科学过程获得的，是指反映物质及其变化的本质属性和内在规律的化学基本概念和基本原理。化学基础理论是高中化学知识的重要组成部分，它对高中化学的学习起到重要的指导作用。学好化学基础理论，对提高高中化学学习效果具有重要的作用。

## 一、高中化学基础理论学习内容

　　《普通高中化学课程标准（2017年版2020年修订）》中，化学基础理论主要包含的化学理论教学主题、教学内容及其在教材中的分布情况见表2-2-1。

表2-2-1　高中化学基础理论教学主题、教学内容及其分布情况

| 教学主题 | 教学内容 | 教材（人教版）位置 |
| --- | --- | --- |
| 化学科学与实验探究 | 离子反应，氧化还原反应 | 必修第一册 |
| 物质结构基础与化学反应规律 | 物质结构基础，元素周期表，元素周期律，原子结构与元素，化学键 | 必修第一册 |
| | 化学反应与能量，化学能与热能的转化，化学能与电能的转化 | 必修第二册 |
| 化学反应与能量 | 体系与能量，化学反应与热能，化学反应与电能 | 选择性必修1 |
| 化学反应的方向、限度和速率 | 化学反应的方向与限度，化学反应速率，化学反应的调控 | 选择性必修1 |
| 水溶液中的离子反应与平衡 | 电解质在水溶液中的行为，电离平衡，水解平衡，沉淀溶解平衡离子反应与平衡的应用 | 选择性必修1 |

| 教学主题 | 教学内容 | 教材（人教版）位置 |
|---|---|---|
| 原子结构与元素的性质 | 原子核外电子的运动状态，核外电子排布规律，核外电子排布与元素周期律（表） | 选择性必修2 |
| 微粒间的相互作用与物质的性质 | 微粒间的相互作用，共价键的本质和特征，分子的空间结构，晶体和聚集状态 | 选择性必修2 |

从表2-2-1可以看出，高中化学基础理论主要教学内容包括四个方面：①物质结构理论、元素周期律；②化学反应速率和化学平衡；③电解质溶液；④化学反应与能量。四个方面的内容相辅相成，以螺旋上升的模式先后出现在必修模块和选修模块中。其中，物质结构理论、元素周期律两个部分构成中学化学知识的主线，是研究元素及其化合物的重要依据。

## 二、高中化学基础理论的教学追求

化学理论的教学不仅要求学生掌握基本化学概念、化学原理，还强调帮助学生建立核心的化学观念，如微粒观、平衡观，帮助学生学习基本的科学研究方法和思想，如简单到复杂的研究顺序、静止到变化的动态思想、实践到理论再到实践的探索思路等。

### 1. 做好实验，得出化学理论知识

中学化学基础理论是在实验探究的基础上得到的，因此在学习过程中要明确实验的作用。例如，元素周期律的学习建立在对碱金属、卤族元素等典型元素及其化合物实验研究的基础上。做好相关的实验、认真进行实验探究，是学习化学基础理论关键的一环。在开展实验过程中，要注意实验条件的选择、控制与调整（如反应温度、溶液pH控制、试剂的选择、浓度的调整等）；同时做好实验现象的记录、实验事实的处理，并抓住事物的本质，通过严密的逻辑推理、科学的预测和验证，得出科学、准确的理论知识。

### 2. 重视类比，抓住化学理论内涵

在所学的化学基础理论中，有的"同类"，有的"对立"，学习时要善于挖掘，从"同类"中抓"异"，在"对立"中求"同"。例如，化学体系中的四类平衡：溶解平衡、化学平衡、电离平衡和水解平衡，它们都属于"同类"，共同点表现为：动（动态平衡，受外界条件的影响）、等（正、逆反

应的速率相等）、定（体系中的组成保持一定）、变（因外界条件改变而改变）等。虽然它们存在本质属性上的相同之处，但是它们之间也存在一定的差异，表现为：研究的对象不同，分别为宏观物质（固体、液体或气体）、可逆的化学反应、弱电解质以及能水解的盐类；侧重点不同。又如，"氧化与还原""原电池与电解池"等，它们相互间是属于"对立"的，我们不仅要明确它们的差异，而且要研究它们的共同之处。像"原电池"和"电解池"，它们在构造、工作原理、电极名称与反应、电解质溶液和能量转化上都是不同的，甚至是对立的，学习时要善于比较。但这还不够，还要明确它们的"同"——都发生氧化还原反应，所发生的反应都要遵循氧化还原有关规律等。只有重视类比，善于对比异同，才能更好地解释有关原理的内涵，把握其外延等。

**3. 联系归纳，构建理论知识体系**

由于知识水平的阶段性和认知发展的渐进性，对某一理论的学习总是循序渐进的、分布深化的，这就决定了教材对化学理论知识的安排以及学习是阶段性的。这就要求在学习过程中，随着学习的深入，要不断总结、归纳、完善所学的化学理论，从而构建系统的化学理论体系。例如，氧化还原反应的学习贯穿了整个中学化学阶段，随着学习的深入，不仅要求掌握氧化还原反应的实质，而且要求掌握有关氧化还原反应的规律，并从定量的角度来认识氧化还原反应。此外，氧化还原的学习还将从无机发展到有机。因此，随着学习的深入，要对该部分内容进行归纳总结。又如，电化学是氧化还原反应的一个分支，安排在高中后阶段学习，这也要求学习时，把这一知识纳入氧化还原反应理论体系之中。

**4. 学以致用，促成理论理解的深化**

化学基础理论的建立，总是为解决化学现象或预测化学变化规律的，因此，在学习理论知识时，要经常从化学理论的视角去分析、解释、预测或说明某些事实、现象与问题。这样不仅能增强对原理的理解、培养学习兴趣，还对发挥理论指导作用、提高学习效果很有帮助。例如，在学习物质结构理论之后，要善于用相关原理分析物质的性质、制法和用途等，从而有效地构建化学知识网络、提高学习效率、深化对理论的认识。

### 三、基于模型认知发展高中化学基础理论教学

在教育领域，模型是人们对认知或研究对象所做的定性或定量、图形图表、模具化的简约直观的描述。模型方法在科学研究和发展过程中有极其重要的作用，当然在高中化学教学中也有着重要的作用。《普通高中化学课程标准（2017年版2020年修订）》要求教学者在教学中引导学生主动应用"模型"来分析和解决问题，如"用球棍模型搭建常见的简单有机化合物的分子结构""引导学生经历化学平衡常数模型建构的过程"等。化学基本理论既是物质变化的基本规律，又是研究物质变化的基本方法和重要手段。在高中阶段，学生除了要学习化学基本理论，更重要的是通过学习化学基本理论形成科学的思维方法，建立完善的化学知识体系，形成正确的化学学科观念。

化学基础理论是进行化学知识学习的重要基础，是高中化学教学的重点与难点，因此在高中化学教学中处于核心地位。也可以说，化学基础理论教学在整个高中化学教学过程中起到了统率全局的作用。学生如果在化学基础理论的学习过程中能够通过体验基础理论的意义和模型建构，不断深化对理论的理解与运用，实现深度学习目标，那么将对提升学科核心素养起到至关重要的作用。因此，化学基础理论教学的核心任务是引导学生形成正确的化学学科观念，建立清晰的化学认知模型，在有效化解化学基础理论教学难点的同时帮助学生不断完善化学认知方法和进一步发展化学学科能力，落实化学学科核心素养的培养，促进学生的全面发展。

李似麒、黄达辉两位老师的《基于模型认知发展的高中化学基本理论教学的实践与思考——以苏教版"弱电解质的电离平衡"为例》[①]依据对模型和模型方法的认知、对弱电解质电离平衡教学定位的分析，以弱电解质的电离平衡的教学案例为载体，设计"弱电解质的电离平衡"教学设计思路图（图2-2-1）予以教学示范。其核心是引导学生从模型建构的视角，通过对化学平衡理论认知模型的理解与迁移，高效建立弱电解质电离平衡理论的认知模型，促进学生模型认知能力的进一步发展，进而实现对学生学科核心素养的培养。文章通过

---

① 李似麒，黄达辉. 基于模型认知发展的高中化学基本理论教学的实践与思考——以苏教版"弱电解质的电离平衡"为例［J］. 理科考试研究，2020，27（3）：57-60.

探索如何依托对已有认知模型的理解分析和迁移应用，开展基于模型认知发展的高中化学基本理论教学的实践，进而提出教学过程中有效促进学生模型认知能力和化学基础理论素养提升要关注的两个方面：①重视学科观念的过程渗透。学科观念是学习者对学科研究对象或研究过程的本质属性及内在规律的一种客观的、积极的、具有可迁移性的自觉意识，最终可成为学习者科学素养的一部分。在实际教学中，教师要围绕高中生的思维水平，充分利用现代认知理论、化学教育理论及研究方法，引导学生积极主动地融入教学情境进行系统分析和深入探究，从而完成对理论模型的建构，并让学生通过体验模型建构过程巩固学科观念，促进学生认知水平的发展。②重视模型建构的过程体验。基于化学认知模型对帮助学生认识和理解化学基础理论起到重要作用，化学基本理论的教学既要重视理论模型的建构，又要重视模型建构的过程体验。教学中需要从具体的例证出发，通过对例证的分析比较和辨识辨别，提取有效的特征信息，并进一步抽象和概括。

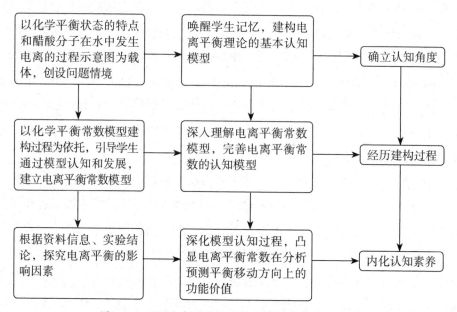

图2-2-1 "弱电解质的电离平衡"教学设计思路图

综上所述，本研究是立足于建构主义学习理论的高中化学基础理论教学，强调发挥学生的主体性和教师的主导性，充分利用化学模型方法帮助学生在反复的"感性—理性"互动下形成化学理论，再在反复的"应用—反馈"互动下深化对化学理论的理解。着眼于创设化学问题、体验问题解决，以"演绎—归纳"法进行教学模式构建，即先以"演绎"方式在建构主义学习理论指导下对高中化学理论课教学进行初步建模，再以"归纳"方式针对系列优秀教学案例进行科学分析，提炼有效教学模式的具体操作流程，从而提高高中化学理论课教学的效果，使得学生能够更好地学习化学基础理论知识，提高学生的思维能力与思维品质，发展学生的化学学科核心素养。

# 第三节　证据推理与模型认知在高中化学问题解决中的应用

化学学科核心素养将化学知识与技能的学习、化学思想观念的建构、科学探究与问题解决能力的发展、创新意识和社会责任感的形成等多方面的要求融为一体，体现了化学课程在帮助学生形成未来发展需要的正确价值观、必备品格和关键能力方面所发挥的重要作用。

《普通高中化学课程标准（2017年版2020年修订）》中出现"情境"一词达62次，"问题解决"18次，"解决问题"16次，分别分布于学科核心素养与课程目标、课程内容、学业质量、实施建议和教学与评价案例等部分。在真实情境中解决真实问题，是以融合化学学科核心素养、中国国家高考评价体系为目标的学业水平测试的重要特征。试题的有效情境体现在情境本身蕴含着科学素养，对于情境中呈现的问题，需要基于科学课程核心素养来解决。这类情境本身有科学知识结构，在解决真实情境中的真问题时需要科学思维的参与，把学生的探究实践过程如实地还原为试题的情境，从而彰显科学态度与社会责任，体现科学精神，回归科学本质。

2022年，教育部教育考试院党委书记、院长孙海波解读《中国国家高考评价体系》时指出：科学服务选才，实现高考由"解题"到"解决问题"的转变。高考命题探索"价值引领、素养导向、能力为重、知识为基"的综合考查模式，不断增强试题的应用性、探究性、开放性，把考查的重点放在学生的思维品质和综合应用所学知识解决实际问题的能力上，不断完善人才选拔标准和方式方法，服务高校招生和人才培养改革。

新课标、新高考都注重考查学生基于真实情境的问题解决能力，以引导一线教学扎实推进核心素养的落地。问题解决是指在一定的情境下，学生综合运用知识和技能完成目标任务的一系列思维活动过程。它不同于解决问题，解决问题注重的是结果性评价，而问题解决更注重过程性评价。通过真实的情境来承载核心知识、学科方法和学科素养，根据真实情境中产生的真实问题设计活动任务，在任务解决的过程中逐步发展学生的核心素养。

## 一、基于证据推理视角发展的问题解决

真实的问题情境是思维的起点，更能激发学生的问题意识，教师在教学中应积极创设真实的问题情境，使学生在解决与化学相关的真实问题中形成质疑能力、批判能力和创新意识。教学始于问题，结合学生已有的经验和知识，通过证据推理解决问题或产生新的问题，这是一种问题解决的过程。因此，证据推理始于问题，终于结论或新的问题。证据推理是学生以其经验为基础、以问题为起点，根据教师提供的一个或几个学习材料（已知判断），得出目标概念（新判断）的深度思维过程，通过梳理和界定证据推理的概念、证据类型、证据推理过程及核心要素，建构出实验探究教学中以"问题、解释、假设、证据、推理、结论"为要素及其之间关系的证据推理线形模型和循环模型。

基于证据推理视角发展的问题解决教学，以开展实验探究教学为重要推手。基于实验操作而创设问题情境：一是把实验过程分解为多个问题解决环节，教师要围绕教学重点和难点来设计相应的化学实验，细化实验过程，为每个关键的过程设置一个探究性任务，即将整个实验过程分解为多个问题环节，形成一个问题链。二是引导学生按问题顺序逐个探究解决，随着实验的完成，问题链也得到相应解决。

杨梅、莫尊理、张英、王培老师的《从证据推理视角对"离子反应"教学案例的分析及其启示》[①]一文，通过对证据推理内涵、证据类型及证据推理过程这些要素的分析，发现证据推理过程包含两种路径：第一种是线性模型，在明确问题之后，运用证据进行推理得出结论。第二种是循环模型，在明确问题之后，依据已有的原理、推论或知识等证据对问题进行初步分析解释，这一

---

① 杨梅，莫尊理，张英，王培. 从证据推理视角对"离子反应"教学案例的分析及其启示
　　［J］. 化学教育（中英文），2020，41（17）：60-65.

过程更侧重于调用逻辑证据，旨在拆解问题，若无图示激活则形成新的问题，继续从记忆中寻求旧的知识或寻求新的知识，若有图示激活则形成假设。之后进一步收集证据，若无法证实或证伪原假设，则需要拆解假设，即提出新的问题，进行分析解释，形成新的假设，根据所收集的证据对新的假设进行证实或证伪，最后得出结论。文章结合实际教学案例研究，建构出实验探究教学中证据推理过程的模型（图2-3-1）。

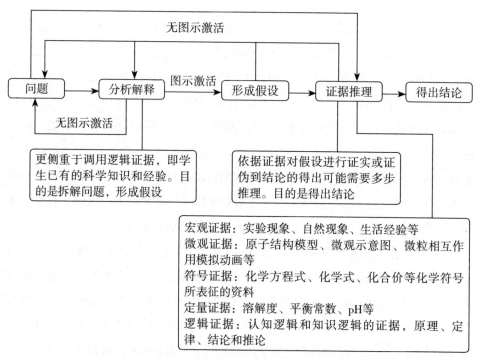

图2-3-1　实验探究教学中的证据推理过程的模型

　　证据推理在实验探究教学中被认为是"依据科学事实进行逻辑推理得出结论的过程，应用在假设检验或问题解决的活动中"。杨梅等老师针对"基于微粒观的离子反应多元探究"课例（长沙市明德中学胡天雷），分析其证据推理的过程，得出实验探究教学中证据推理的启示与建议。

　　一是教师要提出具有探究性、层次性的问题。实验探究是一种综合运用所学的化学学科知识与掌握的化学实验技能、科学方法，针对解决一定的化学"问题"而展开的活动系统。它要求教师提出具有探究性的问题，促使学生提取已有认知作为推理的前提，并且融合学生的想象力。同时，问题要有一定的层次性，在进行问题解决的过程中既要重视宏观求证，又要进行微观辨析；既要重视直接证明，又要学会间接证明。

二是教师要引导学生调用结构化的知识进行分析解释。解释指的是在探明现象本质、寻找事件因果关系，以及发现事物发展规律过程中的思维活动。学生搜寻的证据的种类和对证据的证明方式，反映了学生运用证据进行推理的深度；学生化学知识结构化的丰富程度影响学生调取证据进行推理的广度。若要调用学生结构化的知识，在日常教学过程中教师需要按照思维品质的条理性特点，设计符合学生认知规律的教学过程，教学过程的严密程度将影响学生选择何种论证方式来进行证据推理。因此，教学过程的逻辑化影响知识结构化程度，从而影响认知结构化，进一步影响学生证据推理的深度和广度。

三是教师要以学生已有知识为依据，提供事实性证据支持学生合理的猜想假设。在实验探究教学中，假设是以一定的事实为基础，以学生已经掌握的科学知识或经验知识为依据，通过理论思维的能动作用，对物质性质、规律、结构、检验、分离、制备的本质和规律所提出的猜想和推断。教师在教学过程中要以学生已有的知识、经验为基础，提供事实性证据，让学生在处理信息的过程中发现问题、分析问题、调取旧知。同时，教学活动的设计要有一定的诱发性，诱发出每一位学生已有的经验、知识、对问题和现象的个人观点和认识，使学生产生新的观点和想法，合理地进行猜想和假设。

四是教师要提供与问题紧密相关的科学证据。教师可以通过提供具有支撑性的情境素材，激活学生与问题解决密切相关的知识、经验。同时，教师在教学中要按照"始于问题—进行猜想—收集证据—推理论证—得出结论"的过程，让学生在日常学习中培养收集证据的意识，形成证据要具有科学性和严谨性的观念。

五是教师要设计严密的、符合逻辑的推理过程。推理过程的严密性和逻辑性取决于问题的层次性和驱动性。在教学过程中，教师需要以知识逻辑、探究过程、问题解决、认知发展等为教学取向设计不同的问题线索及活动类型，通过严密的逻辑推理解决学生的认知冲突，使学生获得新知。

六是教师要给学生明确的基于推理得出的客观判断，培养学生严谨求实的科学态度。在实验探究教学中，教师根据所提供的证据以及学生已有的知识、经验进行"提出问题—分析解释—形成假设—提供证据—推理论证—得出结论"的一系列教学活动。在此过程中，无论是假设的形成还是结论的得出，都需要借助科学的证据进行严密的推理，找到现象和结论之间的因果联系，并且在推理过程中将宏观证据、微观证据、定量证据、符号证据、逻辑证据结合使用，同时需要基于问题的层次性开展具有逻辑性的推理，这种客观的推理过程可以培养学生严谨求实的科学态度。

部分学者从试题的角度分析试题中的证据、证据推理水平及学科能力测试，研究主题涉及"无机元素化合物、化学反应原理、物质结构、实验探究"等。耿道林在《基于证据推理的问题解决——构建高二化学学业水平测试"定量分析"解题模型》[①]一文中结合试题研究，从证据推理的角度寻找问题解决类试题的共性，通过分析题中给定的信息（证据）的特点，提出如何在解题时快速而准确提炼信息，并使用流程法使文字信息脉络化、可视化（图2-3-2）。

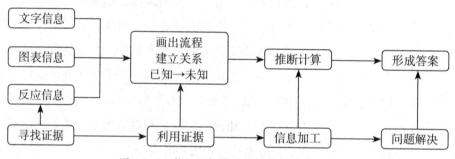

图2-3-2　基于证据推理的问题解决流程图

以学科核心素养为导向的命题框架强调"情境"与"知识"同时服务于"问题"的提出与解决，在课堂教学中创设复杂实验情境，采用问题解决的方式学习，引导学生在应用内容性知识解决真实问题的过程中，自主合作习得程序性知识和认识性知识。在教学过程中，从证据推理视角，构建解题模型。按照"寻找证据（列举信息）—利用证据（画出流程、厘清关系）—信息加工（推断计算）—问题解决（形成方案）"的逻辑顺序，选取真题进行建模训练，这对提升学生证据推理的核心素养，起到事半功倍的效果。基于证据推理视角，构建解题模型，这需要对典型试题进行专项精讲精练。

---

① 耿道林.基于证据推理的问题解决——构建高二化学学业水平测试"定量分析"解题模型
[J].高考，2018，310（24）：196-198.

综上，开展以化学实验为主的多种探究活动，要从宏微结合、变化守恒的视角，运用证据推理的思维方式，解决综合复杂问题，获得结构化的化学核心知识或解题模型，建立运用化学学科思想解决问题的思路方法，培养科学探究与创新意识、科学态度与社会责任，促进化学学科核心素养的发展。

## 二、基于模型认知视角发展的问题解决

问题解决是由一定的情境引起的，它是按照一定的目标，应用各种认知活动、技能等，经过一系列的思维操作，使问题得以解决的过程。化学问题解决是指以化学知识为主要载体而进行的认知活动，化学核心素养必须且只能在化学问题解决学习中形成和发展[①]。这是因为化学问题解决过程包括提出问题、分析问题、提出假设、检验假设和解决问题，其最终目标在于克服障碍并发现问题的答案，同时在此过程中进行思维建模，掌握解决一类化学问题的思路和方法。

王磊等认为，知识的功能价值只有在基于真实学习情境的丰富多样的学科能力活动中才可能转化为学生自觉的、合理的认识方式（认识角度、认识思路和认识思维方式），形成核心素养[②]。因此，将化学问题镶嵌在紧密相关的真实情境中，构建从真实问题情境中学习的认识及路径，是帮助学生克服化学学习障碍的有效策略，也是知识通向素养的应然要求。

高中化学问题解决型课堂关注学生主体作用的发挥，注重培养学生分析和解决问题的能力，有着积极的应用价值。要构建问题解决型课堂，需要注意充分分析问题，创设相应的问题情境，让学生置身其中分析和探究问题，抓住问题本身含有的提示性信息，找到解决问题的思路，调用既有的化学概念和原理知识，实现问题的完美解决。

化学问题解决学习是培养学生化学核心素养的最有效途径。它在真实的大情境主题中提出问题，在任务驱动中分析问题和提出假设，在实验探究中检验假设，最终在问题的解决中进行思维建模（图2-3-3），有效发展学生的模型

① 吴星. 对高中化学核心素养的认识［J］. 化学教学，2017（5）：3-7.
② 王磊，魏锐. 学科核心素养发展导向的高中化学课程内容和学业要求：《普通高中化学课程标准（2017年版）》解读［J］. 化学教育（中英文），2018，39（9）：48-53.

认知素养。

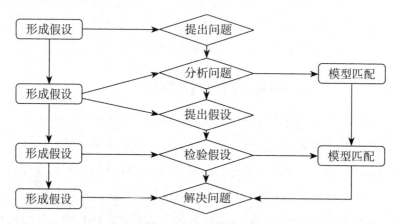

图2-3-3　化学问题解决中发展模型认知素养的一般模型

邓衍民、陆亮在《提升问题解决能力 发展模型认知素养》一文中以其所在地市的市级公开课为例，阐述了如何在化学问题解决中发展学生的模型认知素养[①]。

### 揭秘"暖宝宝"的面纱

【情境创设1】

师：现在天气开始逐渐变冷，班里很多同学都开始用"暖宝宝"了。小小一包物质中有何成分能起如此大的作用呢？

生：查看标签，主要成分有铁粉、水、活性炭、蛭石、吸水性树脂、食盐。拆开内袋，里面是一层薄薄的黑色物质。提出问题：黑色物质真的是铁粉吗？

【任务驱动1】从铁粉的物理和化学性质入手，交流设计实验方案。

【实验探究1】（学生实验并汇报现象。）

操作1：用磁铁吸引样品。

操作2：用镊子夹住棉花，使其沾满样品，于酒精灯火焰上点燃。

操作3：在试管中加入半药匙样品，倒入少量稀盐酸。

① 邓衍民，陆亮. 提升问题解决能力发展模型认知素养［J］. 化学教与学，2019，498（6）：37-40.

操作4：在培养皿中放入一张滤纸，滴入$CuSO_4$/$AgNO_3$溶液至刚浸没滤纸，加入少量样品。

【模型建构1】

定性检验物质的一般思路和方法主要从物理性质和化学性质两个维度展开。检验模型由学生自主构建完成，如图2-3-4所示。

铁粉 —— 物理性质：有磁性，黑色粉末被吸引

化学性质 —— $O_2$：粉末燃烧，火星四射

盐酸/稀硫酸：有气泡产生

硫酸铜/硝酸银溶液：有红色/银白色固体析出

图2-3-4　化学物质检验的一般模型

通过实验证实"暖宝宝"中确实含有铁粉，选取2名同学，通过投影展示他们课前梳理的有Fe参加和生成的反应的化学方程式以及自主构建的"铁网"，典型知识网如图2-3-5所示。

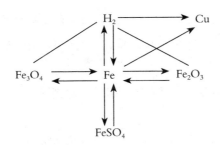

图2-3-5　核心物质知识网构建的一般模型

【情境创设2】

师：同学们通过实验证实暖宝宝中确实有铁粉，那热量从何而来呢？

生：撕开明胶层，感受热量。这是因为无纺布袋暴露在空气里，空气中的氧气通过透气膜进入里面。链接教材铁的生锈，铁粉与进入的氧气和水发生氧化反应：$Fe+H_2O+O_2 \rightarrow Fe_2O_3 \cdot xH_2O$。这是一个放热反应。

师：那除了利用这个原理获得热量，联系前面所学，这个原理还有什么用途呢？

生：是否能利用这个原理来测定空气中氧气的含量呢？

【任务驱动2】

根据提供的实验器材设计实验，简述实验步骤，分析需要测定的数据。

在"红磷燃烧测定空气中氧气含量"这个原型的指导下，学生有效迁移知识，设计实验，如图2-3-6所示。

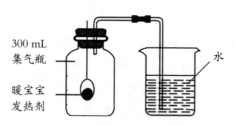

图2-3-6　"暖宝宝"测定空气中氧气含量

【实验探究2】

<分组实验>学生按照图2-3-6所示进行操作（暖宝宝取用整包），能观察到烧杯中的水迅速倒吸进入集气瓶中。

<问题思考>若要用此实验准确测定空气中氧气的含量，有哪些注意事项呢？

<交流汇报>确保暖宝宝是足量的，能耗尽集气瓶中的氧气。同时，反应前要量取烧杯中水的体积，等完全反应后，要再量取烧杯中剩余水的体积。

【模型建构2】

测定空气中氧气含量的一般模型如图2-3-7所示。

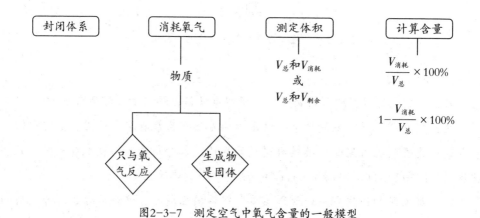

图2-3-7　测定空气中氧气含量的一般模型

【情境创设3】

师：刚刚我们通过实验证实了铁粉发热的原理，那市面上各种"暖宝宝"的发热效果很大程度上取决于什么呢？

生：透气膜的质量、铁粉的含量、无纺布的隔热效果等。

师：铁粉的含量直接制约着"暖宝宝"的发热效果，那我们如何测定"暖宝宝"中铁粉的含量呢？

【任务驱动3】

根据铁粉定性检验的方法，设计实验方案，简述实验步骤，标出测定哪些物理量，并在学案上以流程的形式完成。

<方案汇总>

方案Ⅰ：暖宝宝 —①称量$m_{样品}$→ —②用磁铁吸引→ —③称量铁粉$m_2$→

方案Ⅱ：暖宝宝 —①称量$m_{样品}$→ —②加入足量稀硫酸，搅拌，充分反应→ —③过滤、洗涤、干燥→ —④称量剩余固体的质量$m_2$→

方案Ⅲ：暖宝宝 —①称量$m_{样品}$→ —②称量反应前所有药品和仪器$m_1$→ —③加入足量稀硫酸，搅拌，充分反应→ —④称量反应前所有药品和仪器$m_2$→

方案Ⅳ：暖宝宝 —①称量$m_{样品}$→ —②加入足量硫酸铜溶液，搅拌，充分反应→ —③过滤、洗涤、干燥→ —④称量生成铜的质量$m$→

方案Ⅴ：暖宝宝 —①称量$m_{样品}$→ —②加入足量稀硫酸，充分反应→ —③测量气体的体积为$V$→

<方案评析>

生1：方案Ⅰ不可行，析出铁粉的同时，会混入其余粉末状的成分。

生2：方案Ⅱ不可行，"暖宝宝"的成分中含有氯化钠，虽不参加反应，但它是易溶的，会损耗掉，导致计算的结果偏大。

生3：方案Ⅳ不可行，过滤得到的不溶物中除了生成的铜外，还有"暖宝宝"中许多不溶的成分，会导致计算的结果偏大。

师：根据同学们的汇总与评析，方案Ⅲ和方案Ⅴ在理论上是可行的。但是氢气的质量很轻，普通的托盘天平无法精确测量出它的质量。所以，我们往往优先测量氢气的体积。

【实验探究3】

<演示实验>如图2-3-8所示，利用量气管测氢气体积。由于反应时间较

长，此套装置的实验已在课前完成，教师先投影展示并详细阐述实验步骤，然后请一名学生上台，读出最终量气管的示数。

图2-3-8  量气管测氢气体积

<定量计算>根据"暖宝宝"样品的质量、反应前量气管的示数，加上学生所读最终量气管的示数，计算"暖宝宝"中铁单质的含量（保留一位小数）。已知数据：标准状况下，氢气密度为0.0899 g/L。

【模型建构3】

气化法测定物质含量的一般模型如图2-3-9所示。

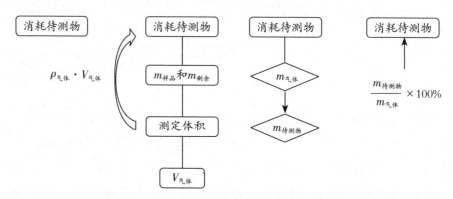

图2-3-9  气化法测定物质含量的一般模型

《提升问题解决能力 发展模型认知素养》文章最后就案例提出三点思考：一是要创设真实问题情境，促进学习方式转变；二是要基于任务解决问题，注重高阶思维培养；三是要针对问题解决进行建模，提高自主迁移能力。

张唐海在《基于真实情境的高中化学实验设计类问题解决策略教学研

究——以物质分离除杂的实验设计策略为例》[①]一文中，研究了"基于真实情境的高中化学实验设计类问题解决策略"的建构、表征、教学模式、教学难点及其应对，采用建构主义的观点，让学生亲身经历物质分离除杂实验的设计与实施的全过程，并引导学生自主建构并修正"物质分离除杂的实验设计策略"的思路模型（图2-3-10）并进行实践，以提升学生的创新精神和实践能力，进一步提高学生的化学学科核心素养。

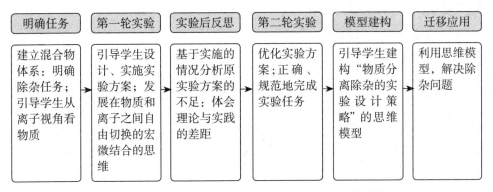

图2-3-10 "物质分离除杂的实验设计策略"的教学模式

### 物质分离除杂的实验设计策略的教学

#### 一、真实问题情境

水污染是目前生活中常见的环境污染问题，高中生更应该有意识地去保护水资源，防止废水随意排放到水体中。某工业废水中含有大量$Na^+$、$Cu^{2+}$、$Cl^-$、$SO_4^{2-}$、$NO_3^-$，当该废水中含有超出排放标准的离子（如$Cu^{2+}$、$SO_4^{2-}$等）时，需要集中处理后才能排放。运用已学习的知识和经验来设计实验方案除去该废水中的$Cu^{2+}$和$SO_4^{2-}$，并利用化学反应来分离除杂。

#### 二、教学过程

明确任务：教师在实验之前要让学生明确实验的任务，即运用已学习的知识和经验来设计实验方案除去该废水中的$Cu^{2+}$和$SO_4^{2-}$，让学生以小组为单位进行合作，设计出自己的实验方案，并在学案上用流程图表示。

第一轮实验：学生设计好实验方案后，利用实验室模拟的"工业废水"进

---

① 张唐海. 基于真实情境的高中化学实验设计类问题解决策略教学研究——以物质分离除杂的实验设计策略为例［J］. 数理化解题研究，2022，550（21）：127-129.

行小组实验。通过实施实验，对自己设计的实验方案进行验证，体会设计蓝图与实践的区别和差距。实验过程中努力尝试用实验手段消除差距，培养解决实际问题的实验能力。

实验后反思：通过展示和完整描述实验方案，引导学生梳理在物质分离除杂实验设计中的核心思路与基本方法，为形成分离除杂思维模型做铺垫。教师选取甲组同学和乙组同学分别展示并解读他们的方案（图2-3-11），学生要描述清楚每步操作选择试剂的目的及加入该试剂的原因。

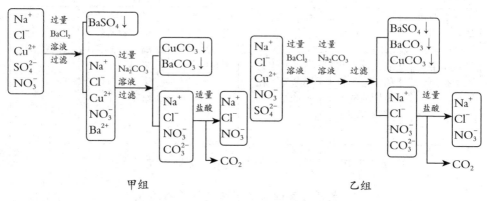

图2-3-11　方案

设置如"如何检验甲组的产品是否合格呢？""没有除杂干净，可能的原因是什么？"等问题，使学生进行讨论、评价等，加深对多组分混合体系中所加除杂试剂用量、顺序等问题的理解，培养分析多组分混合物体系中分离提纯问题的能力。

第二轮实验：通过上述分析，师生一起改进设计方案后再实施实验，在保证除杂效果的基础上节省时间。实验结束后组间互相检验产品合格率。通过再次实验获取证据，引导学生理解理论设计与实际操作的不同及差距。

模型建构：各组总结、汇报、互评、补充。学生基于实验过程，在教师的引导下，构建"物质分离除杂的实验设计策略"模型。通过把分析"除去该废水中的$Cu^{2+}$和$SO_4^{2-}$"这一分离除杂问题，上升为分析一般的分离除杂问题，培养学生构建模型认知的核心素养。

迁移应用：布置另一个基于真实情境的物质分离除杂实验的方案设计任务，培养学生对所习得策略的迁移应用能力。

陈键、沈绍波在《真实情境中基于关系模型的高中化学推理类问题解决研究》[①]一文中以实验室或工艺制备中"操作—目的"关系模型为例，阐述了真实情境中基于关系模型的高中化学推理类问题解决的相关研究结果，即在建构关系模型的基础上，运用认知任务分析的方法建构该类问题解决的思维模型，归纳相关问题解决的关键障碍点，并提出应对之策：提升学生"关系模型"建构的质量，提高学生运用"关系模型"解决真实情境问题的能力。

综上所述，问题解决能力的提升是以思维的提升为前提，而模型建构又是促进思维提升的重要手段。在多样、可变的问题情境中，学生通过模型建构可以掌握一类问题的解决思路和方法，切实提升问题解决能力。在高中化学教学中，教师应该引导学生根据所给的问题情境，挖掘复杂、抽象问题背后的本原性知识，抽象提炼出一类问题背后的本质，厘清解决问题的一般思路和正确方法，建构认知模型，由单一的知识记忆转向知识的有序建构与整合，优化认知结构，加深对知识的理解；学生在建立和优化模型、运用模型解决真实复杂问题的过程中，建构解决问题的思维模型，逐步发展学科核心素养，发展学科观念，提升思维品质与问题解决能力。教师要注重运用建模思想解决问题，培养学生的建模意识，结合具体的教学内容设计建模环节，培养学生的建模思想和模型运用能力，帮助学生深化理解复杂的、抽象的知识点，并鼓励学生做好对化学模型的反思和总结，使其正确认识到化学模型的重要性，提高学生建模能力、解题能力，推动其学科核心素养的发展。具体做到：一要关注新旧知识联系，培养学生建模思想；二要将抽象化问题具体化，提高解决问题效率；三要结合化学物质基础，强化学生建模思维；四要以物质特性为基础，帮助学生理解化学反应实质；五要精心设计课堂评价，提高学生模型运用能力。

---

① 陈键，沈绍波.真实情境中基于关系模型的高中化学推理类问题解决研究［J］.福建基础教育研究，2022，164（8）：121-123.

# 第三章

# 证据推理与模型认知的
# 教学实施路径

# 第一节　设计有效的实验活动促进证据推理与模型认知

《普通高中化学课程标准（2017年版2020年修订）》明确提出：重视开展"素养为本"的教学，倡导真实问题情境的创设，开展以实验为主的探究活动。而化学学科核心素养中专门把"证据推理与模型认知"作为一个方面进行描述，同样说明了基于证据的逻辑推理能力和对模型的认知应用能力在学生核心素养发展中的重要作用。

高中化学教学要求学生能通过观察和实验收集物质及其变化的证据，基于证据进行分析推理形成结论；能解释证据与结论之间的关系，确定形成科学结论所需要的证据和寻找证据的途径；能依据物质及其变化的信息对其进行抽象概括并建构模型，用模型思想认识物质及其变化的一般规律。如何在课堂教学中发展学生的证据推理及模型认知能力，如何让学生在学习过程中形成有效的思维模式，这是高中化学教学中应予以正视的课题。"证据推理与模型认知"作为化学学科的基本思维方式之一，在具体落实的过程中，难免要涉及对具体化学实验现象的观察和联想，以及对现象背后微观解释的探寻，并以取舍后的实验证据为载体进行分析、判断，即进行推理（收集证据—提出假设—分析推理—得出结论），同时能使学生认识化学现象与模型之间的联系，依据物质及其变化的信息建构模型，提高建构模型、应用模型等能力。

孙佳林、郑长龙[①]指出：发展学生化学学科核心素养离不开化学实验。化

---

[①] 孙佳林，郑长龙. 发展学生化学学科核心素养离不开化学实验［J］. 化学教育（中英文），2019，40（5）：59-63.

学实验教学是化学教学中经常进行的一种教学实践活动。教学中师生根据一定的化学实验目的，运用一定的试剂、化学实验仪器、设备和装置等物质手段，在人为的实验条件下，改变实验对象的状态和性质，从而获得各种化学实验事实，达到化学教学目的。教学中教师要高度关注学生的学习状态，研究学生的最近发展区，让学生"跳一跳就能摘到桃子"，科学设计化学实验进行探究。教师要结合实际教学引导学生进行深层次的学习，融合问题思考提出合理假设，基于探究目的制订计划、设计实验，通过观察等途径获取事实或证据，检验、解释假设。教师要通过化学实验教学引导学生通过不断猜想、求证、设计方案，学会用证据推理构建模型，进而利用模型认知让学生自主寻找解决问题的方法并用发散思维解决复杂问题，从而逐步提升学生的化学学科核心素养。

## 一、注重实验探究教学，培养学生"证据推理与模型认知"素养

化学模型建构必须建立在实验观察、测定、研究所取得的现象、数据等信息的基础之上。化学模型如化学方程式就是概括、抽象和简化了的反应原理的原型，它的合理性需要通过逻辑推理和实验探究来检验。先通过实验探究发掘形成化学规律所需要的证据信息，再将化学实验现象抽象概括为有关化学概念、化学规律并建构有关化学模型，从而用化学模型思想规范化学现象、化学反应变化的一般规律认识。

在进行化学教学设计过程中，教师必须遵循化学实验探究是学习进阶视角下培育"证据推理与模型认知"的基础的原则；在课堂教学中，将证据推理与模型认知彼此渗透作为学习进阶中的重要化学思维方法，通过化学课堂教学中的实验探究促进模型认知对原型的精准认识，发挥化学实验探究在学生学习进阶过程中的作用。通过教师指导，学生学会学习，掌握学习方法，重视探究过程中的证据收集、分析，习得探究之后对结果的整理方法。以上为建构解决问题的一般思路和方法，并最终形成思维模型。因此，教师在化学课堂上要多开展探究性教学活动，培养学生证据推理能力与模型认知素养。

尚晓凯、赵钰、车琼等在《实验引导与启迪思维相结合发展学生"证据推

理与模型认知"的核心素养》<sup>①</sup>一文中以"原电池"为载体，以原电池工作原理实验探究为主线，采取实验引导与启迪思维相结合的方法，启发学生思考、分析、归纳与总结，发展学生证据推理与模型认知能力，让学生进行探索，提出策略：一是实验引导，唤醒证据意识；二是问题驱动，助力推理分析；三是构建模型，启迪思维。文章着重就初学原电池的疑难问题采用实验引导和启迪思维相结合的方法分别予以解决突破，帮助学生在克服学习困难的同时，形成证据推理与模型认知素养。

### 解决初学原电池疑难问题

原电池疑难问题汇集：

1. 铜锌原电池实验中，电流表指针发生偏转，能说明有电流产生，但为什么得出锌是负极、铜是正极的结论？

2. 单液原电池存在哪些缺陷？为什么要选择双液原电池？

3. 在做练习题时，遇到很多原电池装置中有离子交换膜，加离子交换膜有什么作用和优点呢？

**一、实验探究 1：认识原电池**

1. 实验方案

实验A装置：在干电池的两端串联一个电流表（图3-1-1），观察电流表指针偏转方向。

实验B装置：将锌片和铜片插入盛有稀硫酸的烧杯中，用导线在锌片和铜片之间串联一个电流表（图3-1-2），观察现象。

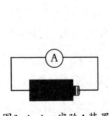
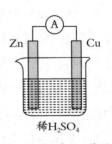

图3-1-1　实验A装置　　　　图3-1-2　实验B装置

---

① 尚晓凯，赵钰，车琼，等. 实验引导与启迪思维相结合发展学生"证据推理与模型认知"
的核心素养［J］. 广州化工，2022，50（22）：179–182.

2. 实验现象

干电池的电流表指针向正极方向偏转；铜锌原电池中，锌片逐渐溶解，在锌片、铜片上均有气泡产生，电流表指针偏向铜片一端。具体原理见表3-1-1。

表3-1-1  探究原电池工作原理

| 问题驱动 | 分析 | 结论 |
|---|---|---|
| 在干电池中，电子是如何定向移动形成电流的？电流表指针指向干电池的正极还是负极？锌片与稀硫酸反应生成氢气，为什么在铜片一端观察到气体产生？锌和铜哪个是正极，哪个是负极？ | 依据物理中电学知识可知，在干电池中，电子由负极定向移动至正极产生电流，且电流从正极流向负极，电流表指针指向电池正极。锌失去电子发生氧化反应，失去的电子沿着导线到达铜片一端，铜片周围的氢离子得到电子，发生还原反应，生成氢气 | 铜片和锌片浸入稀硫酸中，并用导线连接，相当于一个电池的结构，能产生电流，且锌片是电池的负极，铜片是电池正极。负极失电子，发生氧化反应：$Zn-2e^-\!=\!Zn^{2+}$正极得电子，发生还原反应：$2H^++2e^-\!=\!H_2\!\uparrow$ |

## 二、实验探究2：再探单液原电池

1. 实验方案

实验C装置：将锌片和铜片浸入硫酸铜溶液中，并用导线串联一个电流表（图3-1-3），观察电流表指针偏转角度，一段时间后，观察现象。

实验D装置：将锌片和铜片分别浸入硫酸锌溶液和硫酸铜溶液中，并用导线串联一个电流表（图 3-1-4），观察现象。

实验E装置：在D装置中的两个烧杯之间加入盐桥（含有KCl饱和溶液的琼脂）（图3-1-5），观察现象。

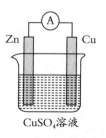

图3-1-3  实验C装置

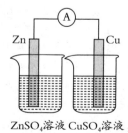

图3-1-4  实验D装置

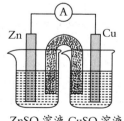

图3-1-5  实验E装置

2. 预测现象

提问：预测实验C装置中锌片和铜片两极有什么现象，并找出实际现象与预测现象有何不同。

分析：根据原电池工作原理可知，锌是原电池的负极，失去电子发生氧化反应，生成锌离子，且电子沿着导线流向铜片；铜是原电池的正极，溶液中的铜离子得到电子发生还原反应，生成铜单质，所以现象应该是铜片表面有红色物质产生。

3. 实验现象

实验C装置铜片上有红色物质产生，锌片上也有红色物质产生，一段时间后，锌片表面逐渐被红色物质覆盖，同时电流表示数逐渐降低；实验D装置无明显现象，电流表指针无偏转；实验E装置铜片上有红色物质产生，电流表指针偏转且电流恒定。

双液原电池的优点见表3-1-2。

### 表3-1-2 探究双液原电池的优点

| 问题驱动 | 分析 | 结论 |
| --- | --- | --- |
| 实验现象与预测的现象有何不同？<br>锌表面为什么会生成铜单质？<br>电流表示数为什么会逐渐降低？如何避免铜离子在负极的锌片表面还原？<br>实验D装置为什么没有电流产生？氧化剂与还原剂不直接接触，就一定不能发生反应吗？<br>如何设计双液原电池？<br>盐桥中加入饱和KCl溶液，电池工作时，盐桥中的$K^+$和$Cl^-$如何移动？<br>双液原电池是否能有效弥补单液原电池的缺陷？其中盐桥的作用是什么？双液原电池的优点有哪些？ | $Zn$与$CuSO_4$反应，$Cu^{2+}$在$Zn$表面发生还原反应。<br>铜覆盖在锌片表面，阻止了锌与硫酸铜自发的氧化还原反应，电池效率会逐渐降低，甚至完全无电流产生。<br>用两个烧杯，避免锌片直接接触硫酸铜，且能让锌失去的电子流向铜一端，将阻止铜在锌片上还原。<br>实验D装置中没有形成闭合回路。氧化剂和还原剂可以不直接接触，在有盐桥的特定原电池装置下，也能发生氧化还原反应。在实验D装置的两个烧杯之间加入盐桥。<br>电池工作时，负极失去的电子沿导线到达正极，同时在负极生成阳离子，为了保持溶液电中性，盐桥中的$Cl^-$会向负极一端移动；同理，$K^+$会移向正极 | 盐桥的作用是：使两烧杯的溶液形成闭合回路；电池工作时，盐桥中的离子会使电解质溶液保持电中性。<br>双液原电池能够弥补单液原电池的不足，且存在以下优点：在很大程度上避免了氧化剂与还原剂直接接触发生反应，使反应尽可能通过外电路实现电子转移；电池的效率较高，电流相对稳定 |

### 三、实验探究3：探究离子交换膜电池

1. 提出问题

双液盐桥原电池在一定程度上解决了单液原电池由于氧化剂与还原剂直接接触产生的问题，但是在盐桥中的电解质是有一定量的，随着 $K^+$ 和 $Cl^-$ 分别进入两个电解质溶液，就无法保证电池产生持续的电流。那么，如何解决盐桥容量有限的问题呢？

知识拓展：离子交换膜是一类具有离子交换功能的高分子材料，在溶液中它能将本身的离子与溶液中的同号离子进行交换。按交换基团性质的不同，离子交换树脂可分为阳离子交换树脂和阴离子交换树脂两类。由于离子交换是可逆的，用过的离子交换树脂一般用适当浓度的无机酸或碱进行洗涤，可恢复到原状态以重复使用，这一过程称为再生。阳离子交换树脂可用稀盐酸、稀硫酸等溶液处理，阴离子交换树脂可用氢氧化钠等溶液处理，以便重新利用。

2. 实验方案

改进铜锌原电池装置，在溶液之间加入离子交换膜（图3-1-6），离子交换膜使离子选择性定向迁移，能够平衡整个电解质体系中离子电荷守恒。

ZnSO₄溶液 CuSO₄溶液

图3-1-6　实验F装置

3. 实验现象

铜片上有红色物质产生，锌片上无红色物质产生，电流表指针会偏转且指针偏转位置固定。

4. 结论

含有离子交换膜的原电池能够一直保持电解质溶液的电中性，产生持续稳定的电流。

### 四、模型的构建与分析

双液原电池知识结构模型如图3-1-7所示。

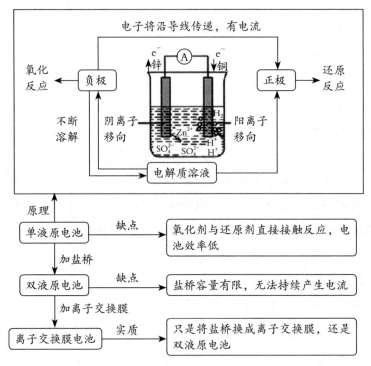

图3-1-7 双液原电池知识结构模型

在日常教学中,大部分教师会采用提纲式归纳法将知识简单地加工整合,缺少结构化的整理,学生得到的依然是零散的知识碎片。以"模型认知"素养为基础,结合上述探究过程,构建图3-1-7的知识结构模型,能够启发学生在学习过程中用整体的思维完善知识体系,减轻记忆负担。

利用模型可以简化核心知识,整合知识体系,解决实际问题。模型的构建需要准确地理解知识间的逻辑结构。课堂上,学生通过"认识原电池—再探单液原电池—探究离子交换膜电池"的逐步学习,在教师的引导下进行推理分析。符合认知规律的教学更能促进学生对知识的理解,所以在教学实践中,学生可以明显感觉到知识的逻辑性,并且思路清晰地进行科学探究,这符合化学学科核心素养的要求。而证据推理也需要借助宏观辨识与微观探析、科学探究与创新意识等素养的配合才能完成。因此,实验引导与启迪思维相结合发展学生证据推理与模型认知能力是落实化学学科核心素养的有效途径。

培养学生的证据推理与模型认知素养是双新背景下教学的客观要求，是高中化学教学过程中促进学生综合发展的关键。证据推理与模型认知素养的培养要以具体案例研究为载体反思教学，遵循新课程标准的要求，设计更加符合学生学习习惯的、富有创新意识的实验教学方案，综合实验教学建立直观模型引发学生思考和论证，以培养学生的证据推理与模型认知素养。

## 二、优化实验教学设计，发展学生证据推理与模型认知素养

化学实验教学是培养学生实践能力和科学思维能力的重要途径之一。然而，化学实验教学中部分案例往往只注重实验操作的正确性却忽视学生的思考，部分化学实验素材存在着教学设计不够科学、学生学习效果不佳等问题。因此，我们应改进实验设计，优化实验教学素材，增进实验思考和探究元素，提升化学实验教学的有效性，培养学生的科学观察力、数据处理能力和科学解释能力，发展学生的证据推理与模型认知素养。

陈柳青、刘江田、钱华在《实验探究中培养学生"证据推理和模型认知"素养——以"闪电固氮中硝酸的检验"为例》[1]一文中捕捉高中化学"氮及其重要化合物"中重要的情境素材（闪电固氮），对人教版（2019年版）和鲁教版（2019年版）教材中关于氮氧化物性质的实验方案进行比较，重点研究以下问题：闪电固氮过程中氮及其化合物如何转化？在放电条件下空气中的氮气与氧气和水真的能反应生成促进植物生长的硝酸盐吗？如何设计实验并检验？围绕该实验探究需要解决的问题进行解构：①怎样设计安全的高压放电装置？②选择什么方法和仪器来检验产物？③受课堂教学进度限制，怎样尽可能缩短实验时间？从价态变化和物质类别变化的角度分析物质转化认识元素化合物，引导学生设计、改进探究实验，借助手持式硝酸根离子传感器和pH传感器的数据变化验证硝酸的存在，进一步揭示本质和规律，发展学生基于实证的科学探究模型的建构能力以及化学学科核心素养。文章通过改进实验设计，开启基于证据推理进行实证研究解决融合真实问题，培养并发展学生证据推理与模型认知、科学探究与创新意识等核心素养的教学模式。

---

① 陈柳青，刘江田，钱华. 在实验探究中培养学生"证据推理和模型认知"素养——以"闪电固氮中硝酸的检验"为例［J］. 化学教与学，2021，561（18）：91-93.

陈柳青团队经历近一个月的不断摸索、反复实验，解决了一个又一个问题，并最终实现闪电固氮中产物硝酸的检验，进一步推理"雷雨发庄稼"最终产生硝态氮肥的实验改进，在创新设计实验教学的课例实践研究基础上提出感想：一是要基于证据推理，建构科学探究模型（图3-1-8）。二是要敢于质疑，培养批判性思维。呼吁教师具有批判性思维，发现并完善教科书的不足，敢于质疑、不断创新，如此才能真正意义上培养学生的批判性思维，不断培养、完善、发展学生证据推理与模型认知这一化学核心素养。

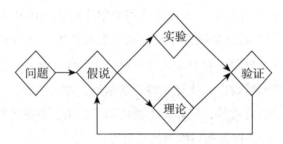

图3-1-8　科学探究模型

通过陈柳青团队的研究以及学界化学实验教学设计优化的实证研究结果可以看出，改进优化实验教学设计对学生的证据推理与模型认知素养的发展具有积极的影响。首先，引入科学思维的培养和科学问题的引导，使学生在实验中习得提出问题、收集数据和进行分析的能力，深化学生对实验现象的解读和理解，培养他们的科学思维和独立思考能力。其次，采用互动性强的教学策略，使学生能够深入参与实验活动，积极探索问题，从而培养学生的科学思维和团队合作能力。最后，对实验结果进行探讨和分析，有助于学生发展数据处理与模型建构的能力，运用数学和逻辑工具来构建和分析模型，使学生能够更好地理解和解决实际问题，提高他们对化学科学事实的理解和推理能力。

然而，需要指出的是，在改进优化实验教学设计的过程中仍然存在着一些挑战和问题。首先，实验教学的设计和实施需要教师具备较高的科学素养和教学能力，因此，教师的专业能力和培训水平需要不断提升。其次，实验教学活动的组织和管理需要充分考虑学生的个体差异和兴趣特点，以保证教学活动的有效性和合理性。最后，教育部门和学校需要加大对实验教学的支持和投入，提供必要的资源，为教师和学生提供良好的学习环境和平台。

综上所述，改进、优化实验教学设计是发展学生证据推理与模型认知素养的有效途径，是实现高质量化学教育的重要途径。通过加强对教学策略和方法的研究与应用，能够促进学生科学思维和创新能力的培养，提高学生在实验活动中的参与度和主动性。然而，为了更好地推动实验教学的改进和优化，教师需要加强专业能力的培养，学校需要加大教育资源的投入，以确保实验教学的有效性和质量。

## 三、外显实验教学现象，提升学生"证据推理与模型认知"素养

信息技术对教育改革有着巨大的影响，手持技术在教育领域的应用日益普遍和广泛。化学实验教学是学生学习和探索化学知识的重要途径之一，然而传统的化学实验在一定程度上存在一些问题，如实验器材昂贵、实验条件受限、实验现象难以观察等。而数字化实验技术手段凭借着其强大的实时性、准确性和可视性可以促进学生对化学现象的深入理解，为学生证据推理与模型认知素养的提升奠定良好的基础。

近年来，随着信息技术的快速发展和智能手机的普及，在化学实验教学中，恰当、科学地利用手持技术来赋能外显化学实验现象，有利于提升学生的证据推理与模型认知素养。首先，手持技术可以为学生提供更为直观、生动和贴近实际的化学实验体验。传统的化学实验往往需要大量的实验器材和化学试剂，这不仅给学校带来了经济压力，也限制了学生实践的机会。而使用手持技术进行化学实验，学生只需要在手机或平板电脑上下载相应的模拟实验软件，就可以进行丰富多样的实验操作。这不仅解决了实验条件受限的问题，还给学生提供了更多的实践机会，让他们可以随时随地进行化学实验，感受科学的乐趣。其次，手持技术还可以通过展示实验现象的视频、图片和动画等，让学生更深入地理解化学实验现象。化学实验中的一些现象和反应过程往往是很难直接观察到的，这给学生理解和掌握化学实验所涉及的原理和概念带来了一定的困难。然而，利用手持技术教师可以利用多媒体资源，将实验现象以动画、视频等形式展示给学生，让他们更加直观地理解实验过程和实验结果。这种多媒体的展示形式不仅能够激发学生的兴趣，还可以帮助他们建立起对实验现象的清晰和准确的认知。最后，手持技术还可以通过数据采集、分析和处理等功能，提高学生的证据推理能力，并培养他们的模型认知素养。在化学实验中，

数据的采集和分析是一个重要的环节。在传统的化学实验中，学生需要手工记录实验数据，然后进行分析和处理。这不仅费时费力，还容易出现错误。而利用手持技术，学生可以通过相应的应用程序进行数据的自动采集、分析和处理，大大减轻了负担。同时，学生还可以通过对实验结果的比对，对假设和理论模型进行验证和修正，从而提高证据推理与模型认知素养。

余腾、李欣在《基于数字化实验发展"证据推理与模型认知"素养的教学设计——以2019年湖北省好课堂展示课"原电池"为例》[1]一文中指出：数字化实验系统是现代信息化发展的产物，利用数字化实验定量化、可视化的特点，从定量及微观的角度收集不同层次的证据，有助于学生对复杂现象形成直观理解，便于收集证据，进行推理研究。利用计算机软件进行数据的分析和呈现，能有效地帮助学生构建模型认知。文章以人教版《化学》选修4第四章第一节"原电池"为课例进行研究，将数字化实验与素养教学进行深度融合，通过真实数据的变化，将"微观过程宏观化"，以此形成证据加以推理，让学生能自主比较两种模型的优缺点，进一步揭示原电池工作原理的本质，发展学生的抽象思维和逻辑思维能力，形成解决原电池问题的一般思路和方法，从而促进学生证据推理与模型认知这一核心素养的提升。课例教学设计思路和证据推理与模型认知素养的渗透教学流程如图3-1-9所示，整个教学设计基于数字化实验开展，使用了温度传感器、电流传感器、钾离子浓度传感器，将证据推理与模型认知的核心素养以潜移默化的方式渗透在教学的各个环节中。具体过程如下：先通过发现单液原电池"负极Zn片"上有气泡这个小问题，引发学生认知冲突，激发学生的兴趣；接着利用温度传感器和电流传感器找到单液原电池存在的不足，引导学生改进实验装置，自然而然引出盐桥；再利用钾离子浓度传感器探究盐桥的作用，构建双液原电池工作原理的模型；最后让学生自制课本上的滤纸盐桥，体验双液原电池模型，强化模型认知，同时布置开放性的课堂作业，增强学生的社会责任感。

① 余腾，李欣. 基于数字化实验发展"证据推理与模型认知"素养的教学设计——以2019年湖北省好课堂展示课"原电池"为例［J］. 高中数理化，2020，336（18）：75-77.

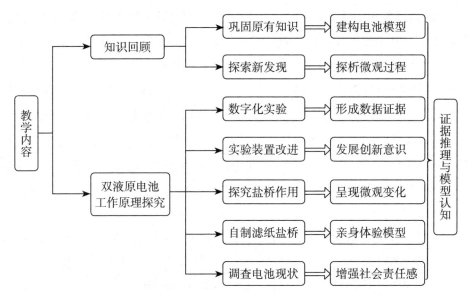

图3-1-9 "原电池"教学设计思路和"证据推理与模型认知"素养的渗透教学流程

文章最后,余腾、李欣通过课例实践研究形成教学反思。《国务院办公厅关于新时代推进普通高中育人方式改革的指导意见》中明确指出:积极探索基于情境、问题导向的互动式、启发式、探究式、体验式等课堂教学,认真开展验证性实验和探究性实验教学,推进信息技术与教育教学的深度融合,加强教学研究和指导。数字化实验是教育信息化的产物,有效地推动了教育教学的发展,弥补了传统实验的不足,使微观过程"可视化",模型构建"证据化"。比如在文中,利用温度传感器探测$Zn$片附近温度变化,用电流传感器监测单液原电池电流变化,均以直观的图形曲线进行呈现,让学生更加直接地观测到实验进程。在引入盐桥后构成双液原电池时,再利用"$K^+$浓度传感器"探测$K^+$的迁移方向,将难以理解的微观过程真实地展现出来,以此为证据构建和强化双液原电池模型,从而帮助学生深刻地理解原电池的基本原理,给学生提供更多有意义的思考和培养高阶思维。

陈祺天、侯丹、占小红认为,发展证据推理与模型认知素养的教学模式有五个重要模块:提出合理的假设/猜想、收集信息与证据、基于证据推理、构建/优化模型、应用模型。这五个模块是互相联系、不断循环、螺旋上升式的关系[①]。宋蕊借鉴这一观点，在《基于数字化实验发展证据推理与模型认知的教学设计——以"氢氧化铝的两性"教学为例》[②]一文中提出发展证据推理与模型认知素养的教学设计思路（图3-1-10），通过循环上升的五个模块，不断提出更高阶的问题与假设，在教学过程中不断发展学生证据推理能力，并在螺旋上升的过程中不断优化学生认知模型素养。使用由数据采集器和传感器组成的定量采集数据的实验系统进行数字化实验，可以将不易观察到的实验现象用数据、图表等方式呈现，进而让学生定量进行实验探究、分析定量数据、基于数据进行证据推理，构建新的认知模型，促进学生对化学反应定性到定量的认识。

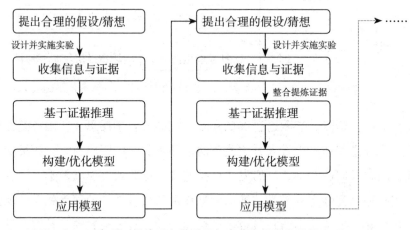

图3-1-10　发展证据推理与模型认知素养的教学设计思路

**氢氧化铝的两性（教学环节部分）**

教学内容共分为三大部分：从定性与定量的角度再认识氢氧化铝和酸、碱的反应；通过数字化实验从宏微结合的角度了解氢氧化铝和酸、碱反应的实质；深化对氢氧化铝化学性质有关反应原理的模型构建与认知。如图3-1-11所示，本节课以Al（OH）$_3$在酸和碱中的溶解性为骨架，设计真实情境，引发学生认知冲突。

① 陈祺天，侯丹，占小红. 基于3DTG发展学生"证据推理与模型认知"核心素养——以"科学使用含氯消毒剂"为例［J］. 化学教学，2021（3）：51-56.
② 宋蕊. 基于数字化实验发展证据推理与模型认知的教学设计——以"氢氧化铝的两性"教学为例［J］. 化学教与学，2022（12）：29-33.

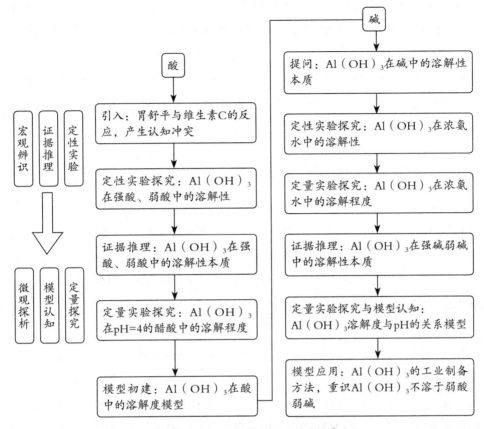

图3-1-11 氢氧化铝的两性教学流程

学生在体验定性实验探究和肉眼观察的局限性后，基于证据分析推理进行数字化定量实验设计，通过实验数据认识Al（OH）₃在酸和碱中溶解的本质，实现从对物质间化学反应的宏观认知到微观原理的探析。

在理解Al（OH）₃溶解的本质的基础上探究Al（OH）₃在哪些pH范围内才能完全溶解，学生通过数字化定量实验设计、分析实验数据，认识氢氧化铝在不同pH环境中的存在形式，并发掘实验数据，运用氢氧化铝的溶解本质解释该实验数据图与高中阶段常见沉淀质量和NaOH体积关系图的偏差。最后结合实验结果与不同酸碱的pH数据，重新认识教材中的Al（OH）₃溶于强酸、强碱这一内容，从对化学反应的定性认识与机械记忆，转变为对化学反应变化的本质与平衡对化学反应量变到质变的影响的探究；体会强酸弱酸、强碱弱碱对体系pH的影响程度，重新认识强弱电解质。

　　文章最后，宋蕊结合课例实践研究形成教学反思：本节课通过层层探究 $Al(OH)_3$ 在酸和碱中的溶解程度，让学生体验收集证据，对 $Al(OH)_3$ 的性质提出可能的假设，基于证据进行分析推理，形成科学结论，分析定性实验现象、定量实验数据和物质性质，建立解决复杂化学问题的思维模型；引导学生从定性角度认识 "$Al(OH)_3$ 能溶解与不能溶解"，转变到定量角度认识 "$Al(OH)_3$ 溶解的量变到质变"，体会化学变化的绝对性与相对性，探析影响 $Al(OH)_3$ 溶解的本质因素；从定性角度认识 "强酸与弱酸"，转变到定量角度体会强酸、弱酸对体系pH的影响能力；从定性角度认识 $Al(OH)_3$ 和酸、碱反应，转变到从酸碱性环境角度考虑物质的存在形态；鼓励学生通过实验数据优化 $Al(OH)_3$ 溶解的模型，根据所学知识解释与传统模型的偏差。

　　手持技术的发展与应用为化学教学带来了许多新的机遇与挑战。通过手持技术赋能外显化学实验现象，可以提升学生的证据推理与模型认知素养。通过手持技术进行化学实验，学生可以获得更为直观、生动和贴近实际的实验体验，打破传统化学实验的时间和空间限制。通过多媒体资源的展示，学生可以更深入地理解化学实验现象，加深对实验原理和概念的认知。而通过数据的采集和分析，学生还可以提高证据推理能力，并培养模型认知素养。尽管手持技术在化学教学中的应用还面临一些挑战，但随着手持技术的不断发展和普及，相信它将会在化学教学中发挥越来越重要的作用，为学生提供更加丰富、灵活和个性化的学习体验。

# 第二节　引导学生进行模型构建与模型解释

　　新课标对高中化学教学的要求越来越高，在当前高中化学教育课堂中，教师要以提升学生核心素养为主来开展相关的教学活动，不仅要让学生加深对相关知识内容的印象，还要促进学生全面素质的有效提高。教师要在核心素养背景下加强对学生化学建模能力的有效培养，帮助学生在脑海中构建完善的知识体系，从而促进学生更加高效率和有逻辑地进行知识内容的学习，提高课堂教学的效果。

　　通过精心设计教学环节，选取符合学生认知的问题情境，以解决情境中的问题为目标，用模型辅助思维构建初步模型，结合证据改进模型，在教师的干预下评价与效化模型，验证模型的可靠性后引导学生尝试利用模型解决新的问题，再在运用模型的过程中进行不断改进与完善。

　　基于模型构建与模型解释的学习过程，学生不断探索化学知识的本质，对知识的理解不断深入，每个基础知识点的突破，都是学生建模能力提升的标志。这有利于激发学生的学习动机，使学生的化学学科核心素养得以发展、进阶。

## 一、化学建模能力

　　新课程标准实施的理论基础主要是建构主义的多元智能理论与学习理论，大部分建构主义者表明学生是生活于社会当中的，因此，学生是带着经验步入教室的。化学研究的重要对象之一是复杂抽象的微观世界，抽象的微观事物常难以用语言表述。模型构建是化学学科核心素养的组成部分，教师通过指导学生经过分析、推理，发现相关化学知识的本质特征、构成要素之间的关系，并构建科学化化学模型，从而使学生充分掌握相关化学知识与化学规律。

课堂教学需立足于学生的需求与兴趣，化学教师需将教学的重点放在强化学生的理解上，学习并非教师将相关知识讲解给学生的过程，而是学生对知识进行主动构建的过程。化学教师在课堂教学时，需注重通过模型构建的形式，引导学生通过概念的提炼、原理与公式的归纳，对知识创造的思维过程进行揭示，并通过模型构建促使学生学会科学观察，推断问题成因，最终通过推理获得知识，并促使学生形成应用化学知识解决化学问题的能力。

在中学化学教学中，学生模型构建能力的培养，通常能够使学生自身的学习能力以及思维能力得到明显提升。化学教师需注重培养学生自身的建模能力，通过相关模型的构建，促进学生知识体系的构建，提高学生问题解决能力，从而使学生自身的综合素质得到有效提升。

教师要在化学教学中挖掘教学资源、发展学生建模能力，遵循学生主体作用，借助建模实现教与学转型，驱动学生从浅层学习过渡到深度学习，在提升分析和解决问题能力的同时发展高阶思维，切实提升高中生的化学核心素养，助力高中生未来的成长与发展。

基于构建学生建模能力的化学课堂，能在一定程度上为学生提供更多自主学习的空间，让学生有足够的机会进行化学问题的自主思考。这在一定程度上可以有效地培养学生的思维能力，并且符合新课改的发展目标。构建学生建模能力的化学课堂教学，打破以往灌输式教学模式的限制与影响，在充分了解学生学情的基础上，引领学生高效理解和掌握化学知识与技能，让学生了解即将学习的新知识是需要其主要完成的课堂任务，提升学生的知识应用与理解能力。学生在建模教学引导下从最初的浅层学习转至深度学习，学会运用所学知识分析和解决问题，提升综合能力。

## 二、化学建模策略

为加深学生对原子核外电子排布规律的理解，帮助学生快速掌握核外电子排布的书写，韦吉崇、张宛茹、孙振范等[①]设计了两种教学模型——"台阶模型"和"台阶房子模型"，并向学生介绍了这两种模型；韩晓、王朝晖引

---

① 韦吉崇，张宛茹，孙振范，等. 高中化学原子核外电子排布教学模型设计及应用 [J]. 化学教育（中英文），2019，40（15）：37-40.

导学生用生活中常见的塑料串珠等材料建构了两种化学模型，一种用来表示路易斯理论中的电子式模型，另一种用来表示有机物分子结构模型[①]。通过学生动手操作，提高学生对模型的理解，培养学生的建模能力和模型认知素养。

数图模型既是"现象与表征"和"原理与本质"的枢纽，又是"知识与技能"和"能力与素养"的介质。蔡玲燕[②]利用数值图模型开展高中化学平衡单元教学，帮助学生构建化学概念，理解勒夏特列原理，解决化学平衡的实际问题，促进学生形成科学的理性思维模式，提高化学学习能力和核心素养。

杨佳祎、孙可平[③]从模型认知、模型建构的不同角度出发，提出信息技术能搭建微观结构与宏观世界的认知桥梁，体现出事物及事物之间关系的本质；在模型要素识别和生成的基础上，信息技术有助于表征学习者对事物及事物之间关系的思考探索过程。其研究综合借鉴国外信息技术在物质结构模型建构教学中的实施情况，就信息技术与物质结构模型的融合为化学教学未来的发展方向开辟了新的思路，将一种新型教育理念融入化学教学，契合指向"模型认知"核心素养的化学实践，有效促进模型认知与模型建构过程。文章重点研究：3D打印（三维打印）技术赋能化学物质结构教学——凸显复杂概念的模型理解和表征（3D打印技术与化学粒子的微观模型、理解复杂概念的3D打印模型、表征思考过程的3D打印模型）、VR（虚拟现实）技术之增强沉浸感与动态理解力（VR技术与物质结构模型、VR模型体现要素与关系的动态变化、VR模型有助于提炼观念模型）、VR技术之空间结构的表征与探究应用（VR技术与物质空间结构的三维表征、VR技术促进空间结构与分子概念的可视化、VR技术指导性质与结构关系的探究）。信息技术增强型的学习环境提供了模型要素识别与理解的脚手架，满足学生自主学习、协作学习的需要。信息技术作为教学工具，在帮助学生深入理解概念本质的同时渗透思维方法的培养，实时反

---

① 韩晓，王朝晖. 基于常见材料建构并应用化学模型 [J]. 化学教学，2016，357（12）：29−32.

② 蔡玲燕. 基于数图模型的化学平衡教学的实践与反思 [J]. 化学教与学，2018，477（9）：29，32−34.

③ 杨佳祎，孙可平. 浅谈信息技术在化学物质结构建模教学中的应用 [J]. 化学教学，2023，431（2）：26−31，64.

映学生在模型构建与应用中的思维过程，帮助他们动态把握要素与关系的变化，学会在学习过程中不断建立并应用思考模型解决问题，在结构与性质相关联的探究活动中进一步深化物质的结构观。信息技术凭借其独特的优势为化学教育提供多种可能性，不仅促进学生模型构建能力的培养、学科核心素养的提升，还将在促进概念理解、思维可视化、增强动态理解、促进三维认知等方面发挥积极作用。

作为教学工具，技术助力学生深入领悟概念本质，同时融入思维方法培育，实时呈现学生在模型构建与应用过程中的思维动态，帮助他们把握要素与关系的变化，学会在学习过程中逐步构建并运用思维模型解决问题，以及在结构与性质相互关联的探究活动中进一步深化对物质结构的认识。信息技术以其独特优势为化学教学带来多元化可能，不仅推动学生模型构建能力的培育和学科核心素养的提升，还在促进概念理解、思维可视化、增强动态认知、推动三维认知等方面发挥积极作用。

邓文杰、胡林涛、赵雷洪在《信息技术支持下的高中化学建模教学研究》[1]一文中以"如何将计算机建模工具融入学科教学以发展核心素养"为重要的研究课题，融合建模教学的理论基础，选取虚拟实验平台PhET与Scratch两种计算机建模工具，以高中化学原子结构为教学内容，对探索性建模和表达性建模两种建模策略进行研究探讨，为信息技术支持下的化学建模教学实践提供了参考和借鉴。

付小茹、姜璇、刘存芳等[2]认为，模型和建模是科学教育的主要内容，建模教学是用科学的方法培养学生的思维品质和综合能力，提出以"科学探究为导向构建思维模型"的教学策略发展学生学科核心素养，提高学生解决实际问题的能力。借助"探究氯气与水反应"的课例教学进行实践探索，通过创设情境、做出猜想、实验探究、得出结论等步骤实践化学建模教学，让学生从中学会思维与探究的方法和途径，在学习中自主建构模型，充分练就学

---

[1] 邓文杰，胡林涛，赵雷洪. 信息技术支持下的高中化学建模教学研究 [J]. 教学与管理，2022，901（36）：81-85.

[2] 付小茹，姜璇，刘存芳，等. 基于科学探究和科学思维的化学建模教学实践：以"探究氯气与水反应"教学为例 [J]. 中学化学教学参考，2023，594（14）：44-47.

生的"四能力一精神"，全面提升学生的综合能力和探究意识。

吴翀云在《浅谈在SOLO分类理论指导下的化学建模教学策略》[①]一文中提出：建模教学促进学生将认知从具体发展到抽象的过程与SOLO分类理论所依据的思维层次的发展是一致的。教师需要根据学生的原有知识和技能确定教学目标，需要了解学生学习成果的结构究竟在哪一个层次上，以监控预定的教学目标是否已经达成，并通过适当的形成性评价来纠正教学过程。这种基于学习成果的教学模型可用图3-2-1来表示。

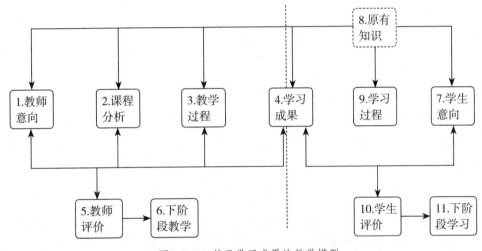

图3-2-1　基于学习成果的教学模型

SOLO应用于化学建模教学的策略，解决了在化学建模教学过程中学生要学什么才能使教与学不脱节，教师如何监控学生对资料性知识和技能的学习质量，教师如何通过一定顺序的教学，帮助学生建构适当的模型，教师何时才能引导学生对已有模型进行分化和整合，以形成较高层次的模型，以及建模过程中学生发展不平衡等问题。SOLO应用于建模教学的程序如图3-2-2所示。

① 吴翀云. 浅谈在SOLO分类理论指导下的化学建模教学策略［J］. 化学教与学，2023，601（13）：6-12.

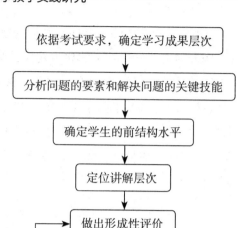

图3-2-2 SOLO应用于建模教学的程序

　　建模教学的意义在于，采取与学生现有认知水平相匹配的教学方式，通过不断将学生的认知模型进行分化和整合来促进学生认知结构复杂性的增长，提高学生学习的质量。

　　综上，建模教学作为一种以模型与建模为中心的教学模式，是落实化学学科核心素养、转变教学方式的重要手段。在建构的过程中，应促进学生掌握化学核心概念，培养学生的思维能力和建模能力，提高学生解决化学问题的能力。化学教师在开展建模教学时，要充分考虑学生学情与知识目标、能力发展与素养达成，力促教学成效及学生综合素养与能力的提高。在化学建模教学的过程中，学生在教师的指导与点拨下，围绕课程知识点收集相关信息并建立相关模型，合理科学运用生活化素材、化学反应原理与数理关系、信息技术及计算机建模软件搭建模型，基于教育理论支撑的凝练优化模型，建构更为系统化、结构化、外显化、关联化的模型，从而在完成学习任务的过程中进行自主探究与思考、发展科学探究和科学思维，运用所学知识分析和解决问题，达成高阶思维等深度学习目标。

## 三、化学建模教学

　　建模教学最初是由美国亚利桑那州立大学教授海斯特斯（Hestenes）于1984年提出的，是指一种模型构建与教学活动相结合的新的教学模式。通过查阅整理文献，可将建模教学的具体内涵概述为：将建模思想融于普通教学过程的新教学模式。具体包括教与学两部分：教的方面，即对于教师来说，它指的是教师通过展示或构建化学模型（物质模型或思想模型）向学生解释、描述、说明化学知识和化学现象，引导学生更好地运用观察、比较、分析、推理、演绎、归纳等化学思维方法来揭示化学事物的本质特征、一般规律和因果联系的过程；学的方面，即对于学生来说，它指的是学生借助模型或通过构建模型来帮助自己获取更牢固透彻的知识，同时发展自己的建模能力，并在此过程中习得一种重要的科学思维方法，通过建模来自主建构知识和解决实际问题。

建模教学，其本质是一种新的教学模式，是将一般的教学模式与建模思想结合而成的新的教学模式。"模型与建模"是其核心内涵，培养学生的模型思维和建模能力，从根本上提升学生的化学学科核心素养则是其终极目标。

早在20世纪80年代霍伦（David Hodson）提出化学建模教学，1995年海斯特斯对其进行补充，提出化学建模教学的基本步骤包括模型建立、模型分析、模型验证。海斯特斯的建模步骤如图3-2-3所示。

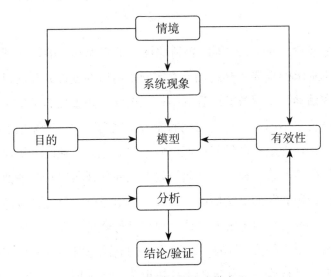

图3-2-3　海斯特斯的建模步骤

1996年，霍伦在海斯特斯的建模步骤的基础上将模型与教学过程相融合，分为以下五个阶段，具体如图3-2-4所示。

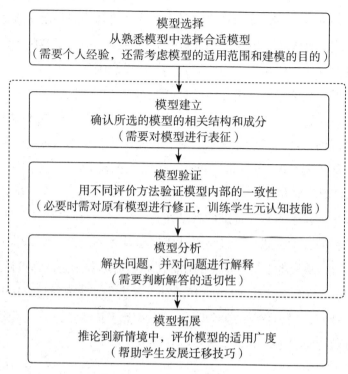

图3-2-4　霍伦的建模教学过程

　　李金燕、杨剑、钟奕玲[①]等结合新课标"素养为本"的教学理念，提出了化学课堂教学追求的重要目标：倡导真实问题情境的创设，开展以化学实验为主的多种探究活动，重视教学内容的结构化设计，注重培养学生学科思维，以及解决陌生情境下不同复杂程度问题的能力。他们以"电解原理之放电顺序的探究"为素材，让学生从已学的惰性电极电解氯化铜溶液的分析模型进阶到惰性电极电解氯化钠溶液的探究，从离子放电顺序的视角完善电解池认识模型，创设"净水器推销商"的真实情境，开展铁铝电极电解氯化钠溶液的探究，进一步从电极材料的视角对电解原理认识模型进行修正。在已有模型的基础上通过实验探究发展学生的推理预测、简单设计的高阶思维，将模型应用到真实情境中检验模型并进行修正，发展学生分析评价、系统探究的高阶思维，具体框架如图3-2-5所示。

① 李金燕，杨剑，钟奕玲，等.基于建模教学发展化学高阶思维的教学研究：以"电解原理之放电顺序的探究"为例［J］.化学教与学，2021，550（19）：47-51.

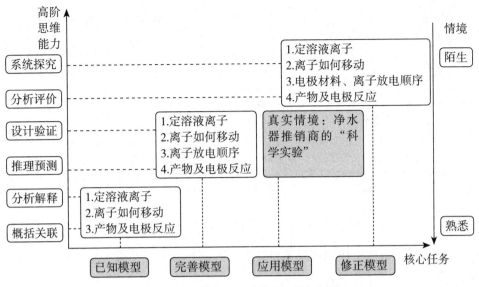

图3-2-5　建模和高阶思维的二维框架图

李金燕等通过引导学生对已有的模型再思考，进行问题驱动和实验探究进而完善模型，在真实情境中应用模型进行系统探究，并在此基础上修正模型。模型建构过程如图3-2-6所示。

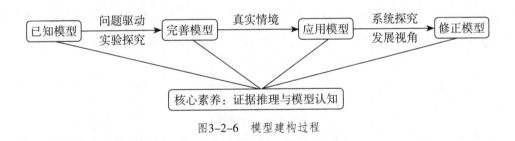

图3-2-6　模型建构过程

建模教学在建构化学知识的同时促进学生的化学高阶思维能力和素养的有效发展。建模教学体现的是一种微型科研过程。结合化学学科的特点，唐洁、陈迪妹、叶剑强[1]对化学建模教学基本步骤进行总结，具体如图3-2-7所示。

---

[1] 唐洁，陈迪妹，叶剑强. 建模教学在高中化学课堂中的应用——以"原电池工作原理"教学为例［J］. 中学教学参考，2021（20）：60-63.

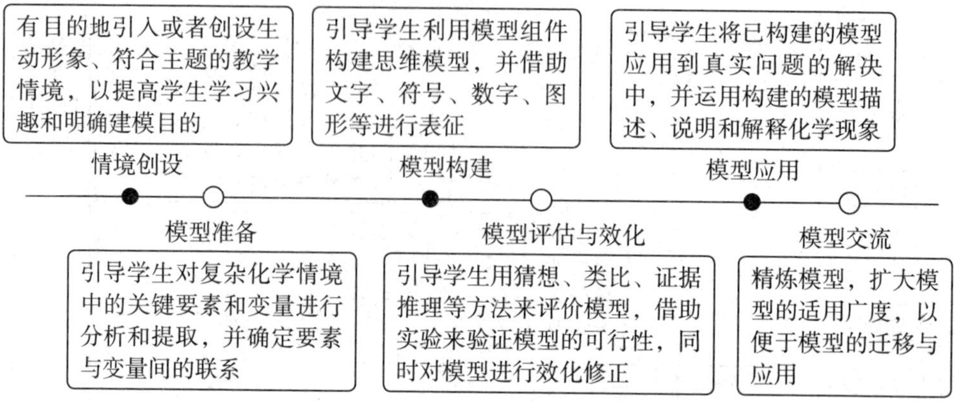

图3-2-7 唐洁、陈迪妹、叶剑强的建模教学过程

他们以原电池工作原理教学设计为例开展教学实践，探索建模教学的教学辅助功能、思维发展功能。

## 基于建模思想的"原电池工作原理"教学设计

### 一、教学设计思路

"原电池工作原理"教学设计是基于建模教学的一般模式，融合建模教学的六个环节，以教学目标和教学重难点为导向，利用视频创设情境，引导学生逐步体验双液原电池模型构建的过程。教学环节主要包括情境创设、模型准备、模型构建、模型评估与效化、模型应用、模型迁移与讨论，每个建模教学环节主要涉及的教学活动与设计意图见表3-2-1。

### 二、教学过程

表3-2-1 教学过程

| 教学环节 | 教师活动 | 学生活动 | 设计意图 |
|---|---|---|---|
| 情境创设 | 播放燃料电池使火箭升空的视频 | 观看视频，理解电池的能量变化原理，了解其在生活中的广泛应用 | 有目的地创设符合教学主题的教学情境，结合生活实际，提高学生学习兴趣，渗透原电池建模思想 |
| 模型准备 | 展示人教版高中《化学》必修2中的简单锌-铜原电池装置图，并提出三个回顾性问题： | 回顾旧知，调动知识储备，交流讨论。 | 首先，通过引导学生对原电池的构成要素和概念进行提取和分析，提 |

| 教学环节 | 教师活动 | 学生活动 | 设计意图 |
|---|---|---|---|
| 模型准备 | 1.什么是原电池？<br>2.原电池由几个部分构成？有哪些基本要素？<br>3.原电池的工作原理是什么？<br>梳理、辨析学生的答案，并让学生根据原电池的构成要素与原理，自己动手画出一个简易原电池装置示意图（除锌-铜原电池以外） | 回答问题，并通过对问题的回答与梳理，透彻理解原电池构成的本质。<br>根据自己理解的原电池构成要素与原理，画出简易原电池装置示意图 | 炼出原电池模型构建所需要的关键要素；其次，通过让学生根据理解自主画出简易原电池装置示意图，检测学生是否真正理解原电池的构成要素与原理，并初步了解学生的模型构建能力，为下一步模型的构建做好准备 |
| 模型构建 | 组织评价学生的原电池装置图，并以某一学生的装置图为例，提供实验器材，让学生根据该装置图组装原电池模型，并动手操作，看是否可行。<br>基于一个成功的学生实验装置，创新实验并演示：在其他条件不变的前提下，将原电池的其中一个电极放入另一个装有电解质溶液的烧杯中，引导学生观察实验现象；随后，在两烧杯的介质中放入盐桥，再次引导学生观察实验现象，在单液原电池的基础上引出教学重点——盐桥与双液原电池的概念与作用 | 讨论、评价各原电池装置图的可行性，并利用实验器材自主实验，组装原电池，观察实验现象，体会化学模型的真实性与趣味性。<br>观察实验现象，猜测并分析实验现象发生的原因。<br>通过自主阅读和教师讲解，理解盐桥和双液原电池的概念与作用 | 以单液原电池模型作为进阶学习双液原电池模型的起点，符合学生的思维特点；同时，通过"学生自主实验+教师演示实验+微观模拟动画"的方式，使学生充分理解单液原电池和双液原电池的异同，以及双液原电池的构成要素与原理 |
| 模型构建 | 播放双液原电池微观模拟动画，分析说明双液原电池的微观构成原理（电子和电流的流向、正负电极的判断、原电池的反应原理和电极反应式的书写、盐桥的作用与原理等），引导学生在单液原电池模型图的基础上画出双液原电池模型图 | 观看动画，听教师讲解，深入理解双液原电池的微观构成原理并画出双液原电池模型 | 以知识内容以及学生的思维过程作为模型进阶的中间水平，引导学生利用模型组件构建思维模型，借助文字、符号、数字、图形等进行表征 |

续 表

| 教学环节 | 教师活动 | 学生活动 | 设计意图 |
|---|---|---|---|
| 模型评估与效化 | 通过课堂习题引导学生对已建立的双液原电池模型进行验证与分析,说明模型的使用范围与注意事项 | 对双液原电池模型进行验证与分析 | 引导学生用分析、类比、证据推理等方法来评价模型,并借助实验或习题来验证模型的可行性,同时对模型进行修正 |
| 模型应用 | 展示水果电池动画视频,组织学生用原电池的工作原理来解释水果电池为什么能导电。请学生改用不同的电极材料和电解质溶液来设计原电池,并分别写出它们的电极反应式 | 观看视频,解释水果电池导电的原因。发散思维,利用原电池的构成与原理设计新的原电池模型 | 引导学生应用已构建的模型解决问题,并运用构建的模型描述、说明和解释化学现象 |
| 模型迁移与讨论 | 与学生交流讨论原电池模型的构建过程,并引导学生归纳总结得出适用于一般原电池的思维模型 | 分析回顾本节课的整个学习和建模过程,理解模型构建的步骤 | 引导学生对学习和建模过程进行分析和回顾,便于模型的迁移与学生建模能力的提高 |

综上,开展化学建模教学重在助力学生形成化学认识视角和化学认识思路,根据已有知识、理论和经验构建出初步模型,再经过验证、修正等若干操作表征研究对象的模型,丰富他们对化学反应原理的认识角度,提高他们对反应原理的认识深度,从而使他们建立具有学科特质的化学认识视角和化学认识思路,发展学生的化学学科思维方式,真正落实从化学知识进阶到高阶思维能力再到素养发展的目标。化学建模教学的过程,即情境创设、模型建构、模型应用、模型修正、模型评估的建构模型过程,其核心是解决复杂问题的过程,利用证据推理和经验来建构模型,借助图画、表格、符号、数据、文字表征等具体过程,然后利用模型帮助学生解决实际问题,理解客观事物的本质,提高认知发展水平。这既是创造性地应用科学模型的过程,又是帮助学生提高综合素养、培养化学思维的过程。

总之,化学建模教学有利于落实新课标的课程理念,培养学生的学科核心素养,提高学生的综合素质、科学思维以及解决实际问题的能力。教学设计时一是要关注学生的现有模型水平和学生的模型思维发展历程,牢记共同参与原则，时刻谨记学生是建模教学的主体，教师只是引导者与辅助者；二是要辩证地看待化学建模教学，即建模教学并不是一成不变的，也不是绝对完美的，且模型与原型相似而不相等，模型的使用具有条件性和局限性，因此建模教学只是化学教学的辅助手段，而不是化学教学的全部。

# 第三节  创设情境与问题激发学生的
# 证据推理与模型认知

以"素养为本"为大导向，以真实生活情境为背景，发展学生证据推理能力与建构模型认知，让化学学科核心素养真正"落地"，培养学生终身发展的品格和能力，这是我们所有一线教师为之努力奋斗的目标。

证据推理能力的发展，有赖于在化学学习中以实验事实、学科概念和理论知识为基础，提出可能假设，然后收集证据并基于这些证据进行分析，唤醒证据意识，根据实验或理论，预测反应可能进行的方向，并利用合理的实验或理论进行论证，对假设进行证实和证伪。

落实化学学科核心素养，可以选取有助于落实化学学科核心素养的情境素材，设计有助于发展化学学科核心素养的教学情境，运用已知模型认知推理假设，引导学生自主构建新模型。将知识之于情境，以建构化学模型认知为桥梁，如同盐之于汤而入味。在情境中，学生认知和吸纳知识，建构系统的化学认知模型，并能将所学知识应用于真实情境，从而解决实际问题。

## 一、问题情境

情境认知与学习理论认为：①学习不仅仅是知识的构建，也是学生在共同体中的意义、"身份"与共同体的持久发展的构建。②教学应该是促进学生在真实情境中实现文化适应。③教师不应满足于学校课堂中的情境资源，应整合社会背景下的真实情境资源，增加学校课堂与社会实践、文化活动的互动，让学生在真实问题情境中形成证据推理能力，建构认知模型并运用于新的问题情境。

苏联教育学家马丘斯金将问题情境定义为：问题情境是主体与客体思维上相互作用的一种特殊类型，它的特点首先是当主体完成要求发现揭示或掌握新的、主体所尚未具备的知识或动作方式的作业时产生的一种心理状态。丁念金在《问题教学》一文中提出，问题情境是学生在发现问题后所面临的一种"有目的但又不知如何达到"的心理困境，一种学生遇到学习内容与原有的认知水平不和谐、不平衡时，对疑难问题急需解决的心理状态。

"问题情境"是"问题"与"情境"的结合，将问题寓于情境之中。"问题情境"是指教师以教学目标为基点，挖掘与之相关的"环境或背景"素材，根据学生的学情，设置学科问题，创设能形成认知矛盾的学习氛围，让学生在问题情境中根据已知证据做出科学推理，建立认知模型，实现认知发展和思维提升，最终实现学生核心素养的达成。

教学情境是指对教学行为有重要影响的各种物质的、制度的、精神的因素构成的课堂环境和氛围。[1]化学教学情境是指化学课堂教学上教师就具体教学内容所创设的具体情境的认知逻辑、情感、行为、社会发展等方面背景的综合体。[2]《普通高中化学课程标准（2017年版）》中各个主题增加了"情境素材建议"内容，王伟、王后雄[3]就这一变化进行研究，从情境素材到教学情境的生成逻辑、影响情境素材使用的化学教学情境内涵分析两个维度理解化学教学情境特点，从情境素材分布学科性指向、情境素材结构表述、情境素材使用建议的导向等方面解构化学课程标准"情境素材建议"特点，并就《普通高中化学课程标准（2017年版）》中"情境素材"的使用提出建议：一是搜集素材，理解情境素材建议的指向性；二是完善结构，确保情境创设结构的完整性；三是回归生活，从情境素材中发掘研究问题；四是整体设计，注意情境素材呈现的连贯性。

化学情境素材是化学知识储备的仓库，其使用要结合学生已有经验，其形

① 陈佑清. 教学论新编［M］. 北京：人民教育出版社，2011.
② 耿莉莉，吴俊明. 深化对情境的认识，改进化学情境教学［J］. 课程·教材·教法，2004（3）：72-76.
③ 王伟，王后雄.《普通高中化学课程标准（2017年版）》中"情境素材建议"内容特点及使用建议［J］. 化学教学，2018，379（10）：15-19，26.

成的教学情境要有利于学生解决基于当下及未来的角色以及由此衍生的各种现实生活问题。了解课程标准情境素材建议特点，把握课程标准对情境素材的指导，构建情境、活动、问题解决"三位一体"的化学课堂教学情境，是正确使用化学情境素材，落实好发展学生化学学科核心素养的重要环节。

## 二、基于真实问题情境培养"证据推理与模型认知"素养

### （一）真实问题情境创设原则①

教师在教学中的主导作用是精心创设教学情境。良好的教学情境具有动力功能、发展功能、育人功能。良好的教学情境是学生有效探究的"催化剂"。但问题情境的创设并不是随意的，它不仅要与教学内容、教学目标保持一致，还要结合学科特点，符合学生的已有认知结构以及学生的心理状态。创设真实问题情境不仅可以增加课堂趣味，更重要的是能把化学知识蕴藏于情境之中，帮助学生发展高阶思维、理解并运用知识、建立完善的认知结构、促进证据推理与模型认知素养的形成。

#### 1. 科学性原则

化学是一门研究客观世界的变化规律的学科，教学中所创设的问题情境科学、严谨才能保证知识真实全面。教师在进行教学设计时应针对化学史实或STSE（科学、技术、社会、环境）问题等相关素材进行精心选择，将有思考价值的化学学科问题与真实情境有效结合。具备科学性的问题情境不仅能给学生提供真实、有价值的学习资料，生动活泼的学习氛围，还能给学生提供运用所学知识解决实际问题的机会，帮助学生学以致用。学生根据科学的证据做出合理假设，经过推理得出的结论才会符合客观事实，有利于学生的认知体系建构和思维发展。因此，科学性原则应作为真实问题情境创设的最基本原则。

#### 2. 启发性原则

启发性原则是指在创设真实问题情境时，首先要体现学生的学习主体地位，引导他们通过独立思考、积极探索、生动活泼地学习，发展分析问题和解决问题的能力。其次要以思维活动为依据，引导学生主动思考、理解知识，实

---

① 潘玲.高中化学教学中创设问题情境教学方法的研究［J］.吉林教育，2022（3）：69-71.

现意义建构。创设真实问题情境前期，教师应认真研究学情，掌握学生的前置知识结构与能力素养（包括学生的原有的认知储备、对有效信息的提取和分析能力等），寻找新旧知识的契合点，从而创设让学生感到既熟悉又陌生、"心欲达而不能"的真实问题情境，制造认知冲突，唤醒学生对知识的渴望，因势利导地促进学生认知结构的同化或顺应，提高学生的模型运用能力。

**3. 适切性原则**

适切性原则是指创设真实问题情境应做到以下几点：一是对情境素材的选择应切合教学内容，情境中的问题设置应该为教学目标服务，突破教学重点和教学难点。二是问题难度应符合学生的最近发展区，设置的问题应该作为联系学生已知和未知的跳板，要让学生"跳一跳才能够得着"。遵循适切性原则创设真实问题情境，能有效激发学生学习动力，让学生在学习新知、化解疑难的过程中获得成就感和满足感，增强自信心。

**4. 层次性原则**

层次性原则是指在创设真实问题情境时，将复杂问题解构设计成一系列的小问题串，各子问题环环相扣，问题难度层次逐级上升，遵循由表及里、由具体到抽象的认识规律，让化学学习由浅入深、由现象到本质。教师在真实情境中设置一系列的小问题串，引导学生由易到难地分析问题，步步推进，思考问题的本质，通过系列问题的研究结论实现有机整合，形成系统的结构化知识、结构化思维、结构化的化学观念。学生通过收集证据，分析推理，最后解决问题，养成良好思维模式，建立认知模型。遵循层次性原则创设真实问题情境，有助于学生实现认知的"意义建构"，促进学生证据推理与模型认知素养的提升。

应用问题情境创设原则培养证据推理与模型认知素养应注意以下几点：一是要在真实问题情境教学中，帮助学生树立问题意识和证据意识，引导学生理解问题、分析问题的实质，基于问题有针对性地收集证据。二是要以真实情境中的化学问题为认知原型，引导学生根据学习目标正确分析物质的结构和变化规律，罗列问题解决的核心要素，并以学生的原有认知为基础，对原型进行形象化表征，个性化地建立化学认知模型；引导学生从问题的变化性中重新审视化学模型，对模型展开全面的分析和评价，最终改进不足、优化模型，以便更高效地运用模型，实现"运用模型—评价模型—优化模型—运用模型"的良性循环。三是要学以致用，运用模型解决化学问题，培养学生迁移能力，通过再现类似的问题情境，让学生从问题的相似性出发，从认知结构中提取合适的化学模型并运用，揭示宏观现象中蕴含的化学原理和变化规律。

综上所述，化学教师应围绕证据推理与模型认知素养，将化学知识镶嵌于真实的问题情境中进行教学。基于真实问题情境培养学生"证据推理与模型认知"素养的步骤如图3-3-1所示。

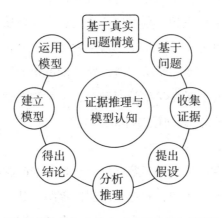

图3-3-1　基于真实问题情境培养学生"证据推理与模型认知"素养的步骤

### （二）真实问题情境创设途径

"学起于思，思源于疑。"创设真实问题情境教学，有利于培养学生的思维品质，提高学生的学习能力；有利于增强学生的问题意识，发展学生的创新精神；有利于激发学生的学习动机，培养学生的化学学习兴趣。真实问题情境不仅是课堂教学的"兴奋剂"，更是驱动学生思维的"马达"，其创设途径主要有以下几条。

#### 1. 以化学实验为载体，创设实践问题情境

化学实验具有生动有趣、形象直观的特点，利用化学实验的特殊魅力能够吸引学生注意力，启迪学生思维。以化学实验为载体，开展如"（$Na_2O_2$）滴水生火""（$NH_3$）喷泉实验""（蔗糖浓硫酸）黑色面包实验"系列趣味性实验或"金属钠分别与乙醇和水的反应探究乙醇的结构"等探究性实验，让学生真正参与实验、参与探究活动，从而引导学生通过宏观的实验现象探索微观的化学本质，培养学生基于证据的分析推理能力和科学探究精神，基于实验"探

索—理解—进阶"，认识、建立和完善化学模型认知。

**2. 以身边化学为素材，创设生活问题情境**

化学与生活如影随形，生活中很多常见问题都与化学有关。将这些实际问题创设成问题情境，让化学教学向生活、生产实践延伸，拉近学生的"生活世界"与"知识世界"的距离。以身边化学现象为素材，创设如"天然溶洞奇观探秘""补铁剂中的铁元素有什么形态""红酒中为什么会添加$SO_2$""家用84消毒液的成分和作用原理是什么""为什么有些人喝酒会脸红"等真实问题情境，让化学教学与生活实际联系起来。在化学中加入"人间烟火味"，往往会与学生的已有认知碰撞出思维的火花，让学生感受化学散发出的无限魅力，进而培养学生分析和解决与化学有关的生活实际问题的能力，提升学生证据推理与模型认知素养。

**3. 关注学科相关的社会热点话题，创设社会问题情境**

与化学学科相关的社会热点话题包括化学药品的安全使用、化学污染的治理等。以社会热点话题回归化学问题，创设真实问题情境，将新授化学知识建立在学生已有经验上，既降低学生对书本知识的陌生感，又充分利用丰富的感性素材引起学生的情感共鸣，让他们在学习知识的同时切身体会化学知识的实用价值，引导学生主动建构和完善知识体系，感悟化学的学科价值、学科本质价值和学科社会价值。

**4. 追溯化学发展故事，创设化学史料情境**

化学教学应重视化学科学的发展历史，让学生领悟化学知识不是静态的，而是动态的、发展的。教师利用化学史料创设真实问题情境，既能激发学生的学习动机，让学生理解知识的来龙去脉，建立证据意识，提升证据解读与证据评估能力，梳理证据与结论的逻辑关系，主动建立认知模型；又能利用化学科研先辈们在化学发现和发明过程中体现的真、善、美对学生进行人文教育，将化学教学与思想教育有机结合起来，揭示并反映出学生在认识过程中的科学态度和科学思想，使学生学到运用知识和发展知识的科学方法，对学生进行情感熏陶。

**5. 融合现代教育技术辅助，创设"微观"世界可视化问题情境**

化学作为自然科学，其研究领域涉及宏观和微观两个方面，学生需要具备很强的抽象思维能力才能理解化学知识。教师可采用多媒体技术、手持技术等创设真实问题情境，并通过音频、动画、影像或将物理量、化学量即时数字化等手段将微观世界直观展现给学生，从而帮助学生更好地理解化学的微观本质，促进学生的证据推理和论证能力的发展，引导学生主动在微观粒子和宏观现象之间建立联系，掌握重要的化学概念，更深入地理解化学知识，形成科学的认知模型。

　　总之，基于培养证据推理与模型认知素养的真实问题情境资源开发，可将化学实验、化学相关生活趣闻、化学史发展、学生常见经典错误以及习题资源作为创设真实问题情境的基本素材，融合信息技术，结合具体的课时或单元教学目标、教学内容和学生的认知特点精心设计，多角度、多方位地创设恰当的、合理的问题情境，有利于学生基于理解的角度认知化学、深化化学学习，发展证据推理与模型认知素养。

第四章

# 基于发展证据推理与模型认知的
# 高中化学教学策略

# 第一节　利用案例分析培养学生的证据推理能力

　　《普通高中化学课程标准（2017年版2020年修订）》突出了化学学科核心素养，强调了基础教育要着力于学生的创新意识、实践能力的培养。高中化学教学要立足于课堂，在关注知识学习的同时，重视学生分析、推理、质疑等能力的培养，关注学生的社会参与意识、自主探究能力的发展，让化学学科特有的教育价值在学生心里生根发芽；高中化学教师要进一步提升教学智慧，结合化学学科特色，充分遵循学习进阶理论，尊重学生的认知水平和规律，挖掘知识背后的价值、方法和学科特质，丰富实践性知识，优化教学行动逻辑，形成高质量的学科知识结构和推理过程的自成性，实现教学过程最优化。

　　证据推理是一个判断的过程，往往以一个或者几个已知条件为前提。证据推理又是一种思维方式，一种日常生活中人们惯用的思维方式。证据推理能力是在科学学习过程中，从已有经验、问题情境中识别、转换、形成证据，利用证据进行推理，从而获得结论和解决问题的关键能力。证据推理能力强调利用科学相关的证据进行推理，在理解和描述证据推理能力时，应强调"基于证据进行推理"的系统化过程[①]。

　　陈花在《基于证据推理意识和能力培养的高中化学教学实践》[②]一文中提出：立足学情，活用教材，从促进学生证据推理意识的养成、基于证实实践活动培养证据推理能力、基于证伪实践活动培养证据推理能力三个维度进行教学

---

① 罗玛."证据推理"能力的科学课程标准文本分析［J］.化学教育（中英文），2021，42（23）：17-22.

② 陈花.基于证据推理意识和能力培养的高中化学教学实践［J］.福建基础教育研究，2020（2）：123-124.

实践研究，寻求培养学生证据推理意识和能力的路径，落实证据推理核心素养培养目标。通过实践收获研究启示：一是证据推理实践活动需要创设真实有意义的情境。立足教材，选取教材中的探究实验、拓展材料、用途表述等进行拓展，设计真实有趣的情境与探究空间。在实践活动中，鼓励学生学会假设，学会证实或证伪，学会分析，放手让学生解决问题，赋予学生更丰富的认识角度和认识方式，促进学生证据推理核心素养的培养。二是在证据推理实践活动中要辩证地否定，在证据证实或证伪的实践活动中，强调实践与理论相结合，不能以偏概全，不能一味否定，也不能一味肯定。教师要引导学生用科学的方法寻求真理，培养严密的逻辑思维，进行证据推理实践，从而发现证据与结论之间的一般规律。三是科学看待培养证据推理能力是漫长的可持续发展过程。

王冬梅在《培养证据推理能力 提升化学核心素养》[1]一文中谈及高中化学学科是一门对学生思维、分析等能力具有重要影响力的学科，在高中化学教学中培养证据推理能力是提升化学核心素养的有效抓手。教师一是要善于将问题作为学习的起点、手段和目标，利用问题引导学生进行预测、推理等活动，从而在问题中发展学生的证据推理能力；二是要基于实验数据展开教学，引导学生进行严谨的数据分析活动，推动学生证据推理能力的发展；三是要注重充分凸显学生的主体地位，让学生在经历过程中活化思维，引导学生经历知识探索的过程，从而促进他们活化自身推理思维，经历自主探究获取新知的过程，完成真正知识意义上的自主建构，从而提高学生的化学核心素养。通过发展学生的证据推理能力，有意识地引导学生展开一系列的思维活动，真正帮助学生内化认知，挖掘潜能，真正掌握自主研究新知的技巧，从而提高学生的化学核心素养，发展学生的化学水平，达到更为有效地优化和提升教育质量的目的。

钱琴红在《学生证据推理能力的培养》[2]一文中阐述要在潜移默化中培养学生的证据推理能力，将证据推理的思维习惯主动融入教学中。钱琴红针对高中化学教学中学生证据推理能力的培养提出以下三点：一是追溯因果，培养证据推理能力。在研究物质及其性质变化的过程中，需要提取相关证据，

① 王冬梅. 培养证据推理能力 提升化学核心素养［J］. 数理化解题研究，2020（9）：74-75.
② 钱琴红. 学生证据推理能力的培养［J］. 中学化学教学参考，2021，554（22）：23-24.

然后进行假设，理论推理论证，证明或推翻假设，收集证据，论证假设是否成立。追溯因果，即对因果的推理和反推理，在于从结果中反向推理出原因，弄清事物的本质，并推断出原因。二是演绎推理，发展证据推理能力。演绎推理是在高中化学教学，尤其是在化学实验教学中广泛使用的推理方法之一。演绎推理是指通过分析一般规律提出猜想，再结合证据和事实得出相应结论的过程，可以说是一种从一般到具体的推理论证方法。三是逻辑推理，提高证据推理能力。逻辑推理可以加深学生对知识的理解，提高学生的化学学习效率，使他们深入领悟知识的内在逻辑和自己思维的变化过程，提高解决问题的能力。

於飞、陆国琴在《证据推理能力培养的探究性实验教学设计——以"铝及铝合金"为例》[①]一文中提出探究性实验是培养证据推理能力的重要途径，探索并形成指向证据推理能力培养的探究性实验教学设计流程（图4-1-1），并以苏教版"铝和铝的化合物"教学片段为例予以示范。

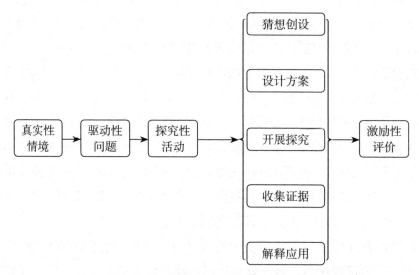

图4-1-1　指向证据推理能力培养的探究性实验教学设计流程

---

① 於飞，陆国琴.证据推理能力培养的探究性实验教学设计——以"铝及铝合金"为例
　　[J].中学化学教学参考，2021（15）：21-23.

## 铝和铝的化合物（教学片段）

### 一、内容分析

2003年版的高中化学课程标准中提出"了解钠、铝、铁、铜及其重要化合物的主要性质"，在"活动与探究建议"中提出实验建议"铝盐和铁盐的净水作用"；在"物质结构基础"中提出"学生能够查阅资料并讨论第三周期元素及其化合物的性质变化的规律"。2017年版的高中化学课程标准在必修课程主题2"常见的无机物及其应用"中虽然只保留了"钠、铁及其重要化合物的主要性质"，但在主题3"物质结构基础与化学反应规律"中要求学生"以第三周期的钠、镁、铝、硅、硫、氯，以及碱金属和卤族元素为例，了解同周期和主族元素性质的递变规律"，同时，在学习活动建议中提及"铝和盐酸的反应"，在情境素材建议中提到了"铝与氢氧化钠反应疏通下水管道"的处理。2017年版的高中化学课程标准降低了铝及其化合物的占比，但是也并非完全不提及铝及其化合物，说明铝及其化合物在高中阶段仍有其教学的必要性与重要性。

### 二、教学设计

本节课主要设计了三个探究性活动模块，即"铝与酸溶液的反应""铝与碱溶液的反应""铝与金属氧化物的反应"。根据指向证据推理能力的探究性实验教学设计流程，以"铝与碱溶液的反应"教学片段为例，介绍教学设计的具体操作。

1. 真实性情境

教师活动：展示日常生活中常见的铝制品图片，如铝锅、电线、铝箔。

学生活动：概括其物理性质，主要包括导热、导电、延展性、密度等。

**设计意图**：以日常生活中常见物品为情境导入新课，与学生已有的经验建立联系。

2. 驱动性问题

教师活动：展示普通压力锅图片及使用说明书。

（说明书内容如下：使用压力锅后，要及时清洗干净，以免残留的食物尤其是酸碱性物质腐蚀锅体。清洗时不能用钢丝球等磨损性大的东西擦洗。）

学生活动：仔细阅读说明书，提出问题："为什么铝锅要避免与酸碱物质接触？为什么不能用钢丝球擦洗？"

**设计意图**：形成驱动性问题，为后续探究做好铺垫。

探究性活动：铝与碱溶液的反应。

猜想假设：铝能与碱溶液发生反应。

学生设计实验方案：用教师提供的物品设计实验来证明铝能与碱溶液发生反应。

方案：向氢氧化钠溶液中加入铝条，观察现象。

**设计意图**：明确实验探究是得出结论的重要手段。

在开展探究时指出实验操作要点，呈现实验报告（包括实验目的、实验用品、实验步骤、实验现象、实验结论），引导学生逐步建立实验探究的基本模型。

学生分小组开展探究实验：在孔穴5中，观察铝条与 $6\ mol \cdot L^{-1}$ 氢氧化钠溶液的反应，并记录。

**设计意图**：以实验报告引领探究活动的开展，建立实验探究的证据收集模型，培养学生的证据收集意识。

收集证据：观察到什么现象？生成的气体是什么？如何检验？

学生活动：归纳观察到的现象，并用爆鸣法检验产生的气体。

解释运用：用氧化还原反应原理来分析，化合价有升必有降，所以是氢气。金属铝可以跟酸发生反应，也可以与碱发生剧烈反应，产生氢气，这是铝的一大特性，也是本节课的重点和难点。

那么，进一步思考：铁粉中混有少量铝粉，如何除杂？

学生活动：根据氧化还原反应原理书写化学方程式。

通过思考与讨论，得出可用氢氧化钠溶液溶解铝，再过滤就可除去铁等金属中的铝杂质。

**设计意图**：学生通过讨论及分组实验推理得出结论，由小组代表汇报本组的实验现象，培养口头表达能力；通过小组相互交流，共同学习，培养相互协作的精神；通过书写反应的化学方程式，加深对氧化还原反应的理解。

3. 激励性评价

教师活动：通过实验探究我们可以发现，铝不仅能够和酸溶液发生反应，而且能够与碱溶液发生反应。由此可见，以实验现象作为证据，并进行分析推理，可以探究未知领域的科学问题。同时，化学反应的发生有其本身的规律，依据氧化还原反应的原理可以揭示铝与碱溶液反应的本质。

学生活动：通过对未知领域的探究确立"收集证据，用证据解释"的基本方法，运用化学反应的规律解释化学现象，在一个个问题的解决中实现化学科学素养、能力的有效提升。

**设计意图：**通过评价使学生更加关注科学探究的过程，养成实事求是的科学态度，掌握严谨求实的科学方法。

本案例以压力锅使用说明书为切入口，以学生已有知识为基础，让学生猜想铝应当具备的化学性质，并开展方案设计与探究活动，以问题串的形式展开讨论，引领学生深入探究，帮助学生分析和解决问题，从而使探究性活动的开展更加清晰，有效指向学生证据推理能力的培养。

化学实验是培养学生证据意识的有效途径。基于证据的推理是连接问题与假设、证据与结论等环节的桥梁，涉及证据的整理、转换（数据分析）。学生对收集的数据（事实、现象、理论等）加以整合分析，获得"可利用"的证据形式，再运用推理思维，做出推断、决策，在所经历的基于有效证据的合情推理过程中，调动探究学科知识的积极性，激发想象、猜想、知觉、判断、推理等的活力，形成证据意识，掌握推理方法，提高应用推理结果等能力。

综上所述，在化学教学中，对学生证据推理能力进行培养，是提高学生素养的重要途径。根据证据进行推理能力训练，有利于学生全面提高逻辑思维能力。在化学教学中培养、发展学生证据推理能力的有效策略有如下几点：

一是强化教师的正面引导作用。教师的化学学科理解能力是前提，教师自身的证据推理能力是关键，教师的智慧课堂教学引导力是保证[1]。

化学学科理解是一个新概念，《普通高中化学课程标准（2017年版）》中提出，教师应注重通过多种途径和方法提高化学学科理解能力。教师应不断地学习，努力提升自己的思想品位、人文修养、专业能力和推理品质，强化自身教学推理的逻辑性，提升对化学课程内容中蕴含的化学学科知识、学科思维方式和方法的理解能力和理解高度，凝练教学内容中蕴含的学科本原性问题，综合权衡教学内容、教学方法、学生认知特点、探索与发展空间等因素，努力创设学生、教师与课程的三维对话空间，建立教学事件与教学知识

---

[1] 胡巢生. 培养学生证据推理能力：内在要求、实践探索、实现路径 [J]. 中小学教师培训，2022，433（8）：64-69.

的联系，形成具有学科特质的化学认识视角、认识思路和认识思维，实现学生素养与教师自身专业的双向发展。证据推理作为一种高阶的思维方式，其培养离不开一个个缜密的逻辑推理过程。教师需要掌握多种创造性推理方法，并在头脑中形成推理意识，依靠先进课程理念的指引，以科学方法深化课程内容理解，以推理过程分析文本，正确进行有效证据的选择与匹配、运用与评价，关注推理中逻辑结构的各个要素及其相互关系，鼓励学生解释与表达推理的过程，注重学生思考问题、分析问题、解决问题的过程和结果，进而将其高效实施。"推理"与科学探究密切联系，是一种思维要求和技能，"证据"则多与学习内容联系。教学中，学生知识和技能的发展、思维和方法的启迪、情意和品行的形成，是学生素养的表征指标。教师的引导力的大小、价值导向和落脚点，表达着不断超越既成、因时而变的创造性意蕴。化学教师的引导力主要表现为以化学学科核心素养为目标，在课程标准、教科书的指引下，在教学内容、学业水平和学情等具体实践要素中抽提认识视角、认识思路和核心观念，思考课程应该关注什么、准备如何教学及要实现的课程目标等，即以批判性的课程统整态度，甄选学习内容，制订学习目标，选择学习方法，以及寻找技术支持的能力。同时，教师需要抓好典型示范、实例体会、背景助悟、假说推敲、整合强化等环节让学生进行任务化学习，以优质活动、资源为知识确证提供条件，监控学生认知与课程目标之间的距离，以整体视野透视教学情境，强化学生学习的参与性和过程性，在知识、身体与环境交互的实践过程中，彰显知识的理解、构建和实践品性。不仅如此，教师还应加强教学实践的反思能力，提升教学思维批判力，以不断优化教学实践，将正确的教学规范融入教学实践，注重证据推理过程的自成性。正是这根植于传统与共性中的情境和创新，不断生成着个体的"人性能力"，在形之于外与内化成人的融通中，帮助学生逐步形成"证据推理"的规范性表达和化学文化规范，促使学生"推理"水平的提升与"推理"层级的升级，实现着学生化学学科核心素养的落地生根。

二是实施多元化的教学设计，深度体验证据推理过程，形成学科关键能力。

证据推理能力是严密的逻辑思维过程，教师在教学过程中只有实施多元化的教学设计，才能够凸显教学的主线。可以采用师生合作互动的方式、经验引导的方式、问题联结的方式、案例分析的方式，让整个教学中充满着趣味，激发学生的独立创造潜能。教学设计引用情境素材可以从生产生活实际出发，如污水治理、环境保护、生产流程展示等，也可以从具体实验事实出发，对具体实验中出现的实验现象进行原因分析或对实验结论进行说明论证；既可以围绕反应原理、反应规律展开设问，也可以围绕某种物质的具体性质、某个反应的具体转化过程等具体知识点进行分析推理。

　　教师对教学内容要善于科学重构，抓住知识的重点、难点和关键点，了解学生学习的盲点和思维障碍，对教学内容进行合理安排，设计出具有真实性、趣味性、探究性、开放性的问题，激发学生的认知冲突，培养学生独立分析问题、解决问题的能力，促进学生高阶思维的形成。教学设问重在培养学生"建立观点、结论和证据之间的逻辑关系"的自主性。设问角度的呈现方式较多，有时由解决的问题直接给出，要求学生遵循问题情境进行分析解释；有时将证据信息隐藏在解构问题中，需要学生通过问题剖析厘清证据来源、采集有效证据、科学推理与论证。多元化教学设计的问题解决过程需要学生将已有知识和题干中实质性的提示信息进行整合、筛选，确定分析解释的关键证据，每一个信息的取舍都要有理有据，体现证据意识，培养学生对信息获取、梳理以及重组、整合、应用的能力，实现将实际问题转化成化学问题。教学问题解决逻辑化、证据关联化，突出培养证据推理意识及关联性思维。分析推理建立观点、结论和证据之间的逻辑关系，实现对既定事实或结论的分析解释或推理论证，并用恰当的文字或者化学符号展现完整的思维路径，做到思路清晰、角度准确地将完整的逻辑推理链展示出来。例如，通过大单元教学，向综合性、信息性、实验性的方向转变。依据学生的认知水平设计一系列有层次的挑战性问题，引导学生深度思考，并通过实验培养学生寻找证据和解释证据的能力，建立起解决相关问题的模型，不断修正并优化模型，从而解决实际生产及生活中遇到的真实的问题。

　　三是激发学生的独立创造潜能，使学生理解内化证据推理素养，迁移应用外显证据推理能力。

　　在化学教学中，教师应该运用多种方法激发学生的独立创造能力，挖掘学生对客观事物认知的潜在能力。例如，让学生独立去做实验，学生可以自由构建知识网络系统，更可以采用自身认定的方法对学习内容进行情境化、过程化和结构化的设计。在化学学习中，学生需要通过现象看到事情的本质，而在化学教学中，传承科学的文化知识，激发学生潜在的创造能力，是化学教学的重点要求。对学生进行证据推理能力的培养，能够让学生更积极地学习知识，使学生在化学知识结构化的自主建构中形成认识视角和认识思路，理解化学学科核心观念，达到学科能力表现化、学科经验连续化、学科思想体系化之目的，以实现知识向素养转化的"质变"飞跃，使学生更为科学地认知事物，更好地利用化学视角思考、探究世界。

# 第二节　运用信息技术辅助学生的模型认知发展

　　"模型认知"是高中化学学科核心素养的主要组成部分，基于"模型认知"的高中化学教学活动是提升教学质量与水平的内在需要，是响应新一轮课程改革的具体体现，是激发学生学习潜力的重要举措。教学实践中除应遵循趣味性原则、参与性原则、鼓励性原则和优化性原则外，还应注重信息技术的应用、开展模型制作活动、创设模型应用情境，重视互动与交流，使学生在牢固掌握相关化学知识的同时，其"模型认知"核心素养也能得到有效的锻炼与发展。

　　随着信息技术学科的发展，认知目标越来越趋向个性化、智能化、精准化。面对大数据背景下专业性内容增加的情况，学生普遍存在不同角度的学习需求。教学过程中应提供适宜的认知模型，指引学生的学习行为，帮助他们及时构建所需的知识系统。认知模型是具有持续性和连续性的知识项目的集合，学生根据学习目标和学习属性的相似性来建立认知模型。

　　信息技术对教育发展具有革命性的影响，必须予以高度重视。教师应提高信息技术应用水平，更新教学观念，改进教学方法，提高教学效果。由于化学学科自身的独特性，学生需要技术的支持来更好地理解化学这门抽象的学科。不同的是，技术参与要求改变了原来的"技术辅助，教师主要"的观念，教师由原来的辅助者转变为教育的参与者。"数据化—模型化—自动化"[①]是信息技术的鲜明标签，而"在真实世界中感知—在数字世界中抽象—在技术世界中计算"则是信息技术学科核心素养培养的基本路径。"感知—抽象—计算"不

---

① 陈兴冶，李曼.面向具身认知的信息技术学科教学模型设计［J］.开放教育研究，2020，26（2）：111-119.

仅是学生个体思维加工的过程，也是学生与他人（教师、学生）、学生与环境（物理、人文、技术等）互动并不断提升的过程。基于此，面向具身认知的信息技术学科教学设计模型由具身学习（心智、大脑、身体）、教学活动、教学内容、环境和技术五部分组成，其中具身学习是模型的核心，决定教学活动的有效性，即教学活动各环节的有效运行依赖于具身学习的深度。融合信息技术的化学课堂教学有利于创建思维过程的环境、发展模型认知素养，为构建更为合理的教学设计、追求更为高效的教学效益提供强有力的支撑。

## 一、基于功能软件辅助发展学生的模型认知

ChemDraw 软件是一款专用化学绘图软件，作为ChemBio Office的核心工具之一，这款软件为化学研究者们提供了一套较为完整的绘图解决方案。其应用优势集中表现在三个方面：一是功能完善，二是使用方便，三是可视化。特别是在有机化学教学中，物质分子结构复杂，利用 ChemDraw软件快速成图，能够明显提升化学教学效率。文小刘、韩文静、独小祯等在《ChemDraw在高中有机化学课堂中的应用》[①]一文中介绍：ChemDraw软件是目前世界上使用最广泛、功能最强大、最受欢迎的化学绘图软件，集全面的应用功能于一身，主要由ChemDraw、Chem3D、ChemFinder及E-Notebook 四部分构成，主要功能为化学结构绘图、分子模型仿真和化学信息数据搜寻等，是化学生物学教学科研的必备软件，用途广泛。ChemDraw软件能形象直观地表达有机化学中的抽象过程，帮助学生理解和掌握有机化学知识，提高学生的学习兴趣，增强学生的创造性思维，发展学生的模型认知。文章围绕ChemDraw在高中有机化学教学中的常用功能举例说明绘制有机物分子结构式、绘制三维空间构型、展示重要仪器及搭建装置图、绘制反应流程图、提供化学结构信息等功能，发展学生有机化合物的空间认知、有机反应机理认知，辅助学生基于工具软件深化有机化学认知，提升模型认知素养。

化学编辑器软件具有物质结构及反应流程绘制、三维建模等实用功能，在中学化学课堂教学中起到了良好的辅助作用。国产代表性软件KingDraw具有

---

① 文小刘，韩文静，独小祯，等. ChemDraw在高中有机化学课堂中的应用［J］. 课程教育研究，2020（2）：194-195.

多平台支持、使用成本低等显著优势，在未来的中学化学教学中，特别是化学实验教学领域，具有广阔的应用前景。以KingDraw为代表的化学编辑器软件所具备的结构编辑、信息查找、三维建模等功能，可以提升中学有机化学教学的直观性和便利性，配合智慧课堂系统还可实现课堂中的实时应用。姚心宇、王琳、高志标在《化学编辑器软件在高中有机化学实验辅助教学中的应用——以KingDraw为例》[1]一文中就分子结构及反应流程、机理的绘制，物质基本化学属性与三维结构的呈现，化合物百科数据库等功能进行详析，并在此基础上就辅助教师进行课堂教学、辅助学生进行实验及自我学习、融合KingDraw实现智慧课堂系统兼容，分别例证阐述KingDraw软件在中学化学教学中的应用。

邓年伟[2]结合其所在实习学校的具体情况、教学进度安排，选择了交互性强、操作简单、资源免费的PhET仿真程序和CrystalMaker软件辅助2019年人教版高中化学"物质结构与性质"模块中分子的空间结构、离子晶体结构的教学，目的是降低教学内容的抽象性，促进学生的深度学习。教师使用PhET仿真程序和CrystalMaker软件辅助教学，激发了学生学习的兴趣和主动性，对改善课堂的整体氛围起到了重要作用；促进了学生对抽象、复杂概念的理解和学生空间想象力的发展，提高了学生的学习成绩；促进了学生模型认知、宏观辨识与微观探析化学学科核心素养的发展；培养了学生运用信息技术学习化学的能力，为他们今后的学习打下了一定的基础。

PhET仿真程序是由诺贝尔物理学奖获得者卡尔·威曼（Carl Wieman）于2002年创立的。PhET中的Ph来自Physics前2个字母，E是Education的首字母，T是Technology的首字母。PhET仿真程序包括了物理、化学、数学、生物学、地球科学5个学科的仿真模拟。PhET仿真程序具有资源丰富、免费和操作简单，以及直观性、交互性和自主性强等特点。教师在教学中，通过虚拟仿真，不仅可以激发学生的学习兴趣和探究欲望，还可以呈现课程中抽象的理论知识，加深学生对抽象内容的理解，培养学生模型认知、宏观辨识与微观探析等化学学

① 姚心宇，王琳，高志标. 化学编辑器软件在高中有机化学实验辅助教学中的应用——以KingDraw为例［J］. 现代盐化工，2021，48（1）：169-170.
② 邓年伟. PhET仿真程序和CrystalMaker软件辅助高中化学《物质结构与性质》教学的实践研究［D］. 云南师范大学，2023.

科核心素养。学生也可以在教师的指导下自己动手使用PhET仿真程序完成教师布置的任务，提升使用信息技术学习化学的能力，促进对抽象内容的深度理解。

CrystalMaker是晶体和分子结构可视化软件，具有模型资源丰富、功能齐全、操作简单、免费、直观性和交互性强等特点。在CrystalMaker软件中，通过鼠标可以对晶体模型进行缩放、平移、旋转等操作，便于学生清楚地观察晶体的空间结构特点；通过点击相关的工具还可以测量不同原子之间的距离以及显示化学键之间的夹角等信息；可以对重点强调的原子进行渲染以达到更好的观察效果；可以根据教学的实际需要，把制作好的晶体结构模型以视频资源的形式保存使用。除了可以使用现有的资源模型进行教学外，还可以让学生在教师的引导下自主探索并动手参与晶体结构模型的制作，促进他们的深度学习。与传统教学相比，使用CrystalMaker软件辅助高中化学"物质结构与性质"的教学，可以更直观地呈现微观的晶体结构，以三维立体的形式展现在学生面前，使空间想象力不好的学生也容易掌握相关内容，培养学生模型认知、宏观辨识与微观探析等化学学科核心素养。

余鑫海、余捷、余德润等将信息技术与化学教学深度融合，按照"宏观—模型—微观"教学策略，把开发模型作为创新点和突破点，运用3D Studio Max、Unity3D等多种软件开发优质的三维模型等学习资源，以解决优质资源缺乏的问题。目前已开发出化学教学中迫切需要的可视化、微观、动态、多维度操作的沉浸式VR软件近80个，软件中包括原子结构、化学键、晶体结构、杂化轨道理论等一系列三维模型化学符号，解决了化学教学中学生学习化学符号困难的问题。该团队在《开发三维模型化学符号　应用"宏观—模型—微观"策略——信息技术与化学教学深度融合的研究与实践》[①]一文中以杂化轨道理论三维模型及其VR软件的开发流程、杂化轨道理论应用"宏观—模型—微观"策略的教学设计（按照"宏观—模型—微观"策略系统化规划三维化模型及其VR软件、自主化学习）为例研讨信息技术与化学教学的深度融合。他们倡导创设自主学习条件：第一，建设了"化学"在线开放课程。在线开放课程入选北京超星泛雅平台，构建了网络学习空间。第二，开发的VR软件使学生实现了自主

---

① 余鑫海，余捷，余德润，等. 开发三维模型化学符号　应用"宏观—模型—微观"策略——信息技术与化学教学深度融合的研究与实践［J］. 江西化工，2023，39（3）：120-124.

化学习。VR软件发布生成了二维码，二维码可以发给学生，也可以在编排纸质教材时把二维码印在对应的化学概念或化学理论旁边，学生用手机随时随地扫描二维码运行学习VR软件，方便自主化学习，形成个性化的受教育方式。

综上所述，将信息技术与化学教学深度融合有以下作用：一是促进了教师教学方式和学生学习方式的改变，激发了学生的学习兴趣和积极性，加强了师生之间的交流与讨论；二是便于学生直观地了解物质微观结构，促进了学生对抽象概念的理解和空间想象力的发展，提升了学生分析问题和解决问题的能力，提高了课堂效率，促进了学生模型认知、宏观辨识与微观探析化学核心素养的发展；三是提升了学生运用信息技术学习化学的能力。

## 二、基于数字化实验辅助发展学生的模型认知

数字化实验的前身是传感器技术，一些发达国家在19世纪80年代就已经将传感技术运用在数学课堂、物理课堂、化学课堂中。数字化实验指利用传感器、数据采集器和计算机及相应软件进行的实验，是现代技术手段在中学化学教学中的应用。数字化实验又称"手持技术实验""手持技术数字化实验""掌上实验室""DIS实验"，最早在2003年由华南师范大学钱扬义教授等提出并给予定义[①]。它是利用手持技术仪器，实现自动、实时、快速地采集大量数据，并实时呈现曲线的数字化实验。利用数字化实验让学生在真实化学情境中进行探究与实践，在增进学生理解知识、提升学生探究水平、拓展学生认识领域及促进学生观念形成等方面起到了重要作用，既丰富了探究实践的手段和形式，又拓展了学生的认识领域。科学开展数字化实验教学，不仅能促进学生形成运用多学科知识、技术、工程融合解决问题的能力，还能使学生增强利用现代技术研究和解决实际问题的意识，理解科学与技术的关系，体会和认识技术手段的创新对化学学科的重要价值，形成严谨求实、勇于实践的科学态度，发展实践能力，促进证据推理与模型认知素养的提升，增强科学观念与社会责任感。

苏华虹、张道年、叶承军等在《利用手持技术和分子模型发展化学学科核

---

① 钱扬义，杜永锋，李佳，等. 掌上实验室（Lab in Hand）的特点及其功能 [J]. 电化教育研究，2003（10）：59-62.

心素养——以"分子间作用力"教学为例》[①]一文中，以分子间作用力概念学习为例，开展旨在发展学生化学核心素养的教学。以"水"为情境载体，设计五个教学活动（图4-2-1），引导学生主动参与知识建构。利用手持实验（宏观）表征分子间作用力（微观），通过模型形象地揭示氢键的本质和特征并解释氢键对物质性质的影响。测试结果表明，学生的模型认知水平和微观探析素养有一定程度的提升。研究成果表明：利用自制模型和球棍模型能降低教学抽象性，有利于学生理解氢键的本质特征；利用手持实验能帮助学生理解分子间作用力大小对物质性质的影响，使学生的"结构决定性质"模型认知水平和微观探析素养有一定程度的提升。

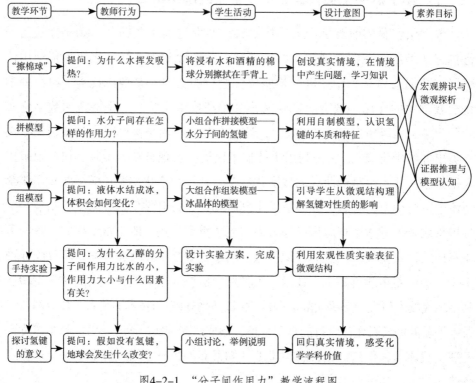

图4-2-1 "分子间作用力"教学流程图

---

① 苏华虹，张道年，叶承军，等.利用手持技术和分子模型发展化学学科核心素养——以"分子间作用力"教学为例［J］.化学教学，2019（11）：49-56.

基于从心理层面深入探讨手持技术如何促进概念学习的层面，王立新、钱扬义、苏华虹等在《手持技术数字化实验与化学教学的深度融合：从"研究案例"到"认知模型"——TQVC概念认知模型的建构》[①]一文中，以"认知—建构主义学习理论"为基础，在分析已有研究案例的基础上进一步研究。手持技术是教育信息化进程中产生的先进教育认知技术，集数据采集与分析于一体，具有定量化与可视化特点，可帮助学生克服抽象化学知识学习中的认知难点。手持技术数字化实验与化学教学的融合始于宏观层面的"研究案例"开发，并逐渐深入微观层面的"认知模型"建构。为丰富手持技术在认知心理层面的研究内容，根据"认知—建构主义学习理论"，首次提出基于手持技术的TQVC——概念认知模型，即转化（Transformation）—量化感知（Quantitative Yerception）—视觉感知（Visual Yerception）—比较（Compare）概念认知模型，并以高中微观化学概念"分子间作用力"为例，阐明该模型如何应用于教学实践，通过对学生和教师的调查研究，进一步验证模型的实际应用效果。研究发现，TQVC概念认知模型有助于教育工作者从心理学角度认识学生在手持技术环境下进行概念学习的认知规律，进而在化学教育实践中科学有效地开展基于手持技术的信息化概念教学。TQVC概念认知模型为学生科学建构概念提供新的思考途径，包括手持技术学习环境下概念的转化、测量、呈现与比较等过程，帮助学生建立起新旧概念间的实质联系，提高建构主义教学模式下学习的有效性。

TQVC概念认知模型是以"认知—建构主义学习理论"为理论基础，以手持技术为技术支持，让学习者将目标概念的关键内涵转化为认知结构中已有的概念关联属性，再量化感知由手持技术某种属性传感器同步测得的多种目标概念关联物质的属性数据，并进一步转化为视觉感知直观的属性曲线，在比较参照思维中，科学建构抽象的概念。模型内容如图4-2-2所示。

---

① 王立新，钱扬义，苏华虹，等.手持技术数字化实验与化学教学的深度融合：从"研究案例"到"认知模型"——TQVC概念认知模型的建构［J］.远程教育杂志，2018，36（4）：104-112.

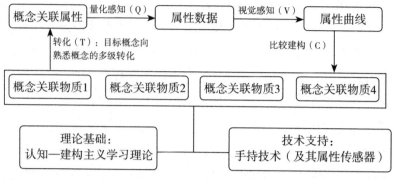

图4-2-2　基于手持技术的TQVC概念认知模型

　　王立新团队以"分子间作用力"概念学习为例，针对学习者开展教学实验研究，验证TQVC概念认知模型在化学教学中的应用效果。根据手持技术环境下学生的概念认知过程分析得出，学生通过联系生活常识和已学的科学知识，在教师的问题引导下，可完成转化环节，转化环节之后，手持技术开始发挥独特作用：一是定性结论精确化。"分子间作用力"不可直接测量，传统教学中呈现给学生的是定性结论。而在"分子间作用力"TQVC概念认知模型中，分子间作用力被转化为温度后，具有了可测量性，相对于传统教学中的定性结论更具有说服力，使学生在定量思维中量化感知抽象概念。二是微观本质直观化。手持技术所提供的温度曲线图像具有直观性特点，这种直观更侧重宏观实验现象之外，由微观本质转化而来的视觉直观刺激，给感性认识提供强有力的支撑，能有效地帮助学生直观地形成表象，促进"分子间作用力"这一概念的科学建构。三是片面信息综合化。高中生因自身认知发展水平所限，对抽象知识的理解存在片面性（容易顾此失彼）和表面性（难以深度感知），手持技术实验中的同步比较，可弥补高中生辩证逻辑思维发展的不足。学生不仅可以直观观察一条曲线的特点，分析曲线峰值、拐点以及各个时刻所代表的含义，还可以同时综合比较多条曲线，在比较参照思维中，科学建构抽象概念。四是减轻工作记忆阶段的认知负荷。工作记忆是人在认知任务过程中暂时加工和储存信息的记忆系统，其容量有限，成年人的工作记忆容量是7±2个组块，中小学生则更少一点。工作记忆的容量限制个体理解，当认知任务超出容量范围时，机械记忆便成为学习的唯一途径，这将导致最低限度的理解。认知负荷是指认知活动中工作记忆的负荷。工作记忆容量虽有限，但可以变化组块规模与复杂程度，一个图式可作为一个组块被加工。TQVC认知模型中手持技术所提供的直观曲线可作为"关键图式",帮助学生实现零散、孤立知识的图式化,在有限工作记忆容量内,以新建构的图式作为组块,减轻认知负荷,释放认知资源空间用于后续信息加工以及元认知监控,进而科学建构抽象概念。手持技术在概念学习中工作记忆阶段的作用过程如图4-2-3所示。

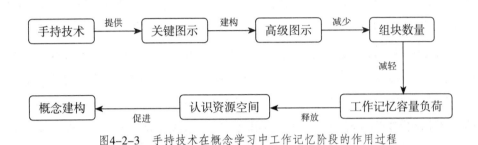

图4-2-3 手持技术在概念学习中工作记忆阶段的作用过程

综上所述,数字化实验教学力图将隐性的知识外显化,抽象的知识具体化、生动化,并与相关学科知识融合,借助信息化手段实现知识的可视化表征,促进学生的思维发展。数字化实验教学借助视觉表征形式将不可视的思维方法、思维路径、思维规律清晰地呈现出来,有利于知识的理解与记忆。数字化实验教学作为一种教学活动工具,对教育工作者具有实效性意义,可以有效提高教师的教学设计能力,帮助教师多维度准备课堂教学,优化课堂教学过程。手持技术作为一种学习工具,对学生学习起到积极的促进作用,在知识建构和形成过程中,为学生提供了新的记忆、思维、创造思路,便于学生将显性知识直接呈现,将隐性、抽象知识重组认知,优化学生的学习效果,发展学生的证据推理与模型认知素养。

随着《中国教育现代化2035》等文件的颁布,加快落实信息化教育变革、实现"信息技术+教育"模式已成为战略任务之一。作为一线教师,我们无力改变硬件设备的局限,却可以提升自身使用现代信息技术的意识和能力,尽可能借助其力量来构建高效、精彩的化学课堂,重视技术与教学的整合,强调显性信息技术下潜隐的技术思想。

运用现代信息技术可以打破讲授型传统教学的局限,以数字化技术资源为辅助手段在突破教学难点与素养发展瓶颈,创新教育教学模式,培养学生辩证、创新等高阶思维及发展学科核心素养等方面具有重要作用。现代信息技术与化学课堂教学渗透模型认知素养的深度融合，为化学教学开辟了新的思路，契合指向"模型认知"核心素养的化学教学实践，有效促进模型认知与模型建构过程。对于学生而言，学会从复杂概念中把握特性及相互关系至关重要。借助信息技术辅助教学创造增强型的学习环境为学生提供了模型要素识别与理解的脚手架，满足学生自主学习、协作学习的需要。在这一模式中，教师既是引导者和顾问，又是学生情感的激发者和保持者。运用信息技术辅助化学教学提高学生模型认知素养，合理使用数字化实验教学将是突破教学难点与素养发展瓶颈的助推剂。数字化实验教学作为一种"微观本质宏观化"的表征技术，是实现抽象内容具体化、晦涩内容清晰化的有效工具，教师在教学设计中要高度重视结果生成与分析的现象，强调以数字化实验证据材料为素材，以合适的导向性问题来激发学生进行深度学习，利用相应的技术成果表征来促进学生对必备知识的理解、关键能力的提升与化学核心素养的发展。

第五章

# 促进证据推理与模型认知
# 素养发展的教学模式

# 第一节　问题驱动式教学模式

　　化学学科知识具有较强的逻辑性及抽象性，问题驱动式教学法从学生的个性特点入手，基于学生的知识结构构建相关问题，致力于提升学生的应用能力与思考能力。问题驱动式教学法以学生为中心，借助化学领域的专业知识构建相关情境，利用问题引导学生探究和理解核心概念，培养学生的证据意识以及获取证据、分析证据与结论的关系、逻辑推理、基于证据推理建立模型认知、基于模型认知的视角解决化学问题的能力。

## 一、问题

　　什么是问题？美国学者纽厄尔和西蒙认为：问题是指个体内心想要做某件事，但是不能及时知晓所要采取的行动。根据问题的完整程度，可以将问题分为结构良好问题和结构不良问题。鲍尔和皮格弗德认为，问题是一种具体的情境，即人们在面对一项挑战任务时没有具体明确的解决办法。认知学派心理学家梅尔认为问题有三个特征：①已知的状态——已经具备的条件和情境；②目标状态——想要达成的状态；③困难障碍——无法立刻知晓通往目标的方法。当问题解决者不知道怎样跨越障碍时，就出现了问题。任红艳、李广洲从问题逻辑学的角度阐述了"问题"的本质：问题是一种思维形式和心智操作，是一套合理、定向的思维序列，教学实质就是用问题进行智力、思维训练。

　　问题有多种分类方式。根据问题答案的开放程度，可以将问题分为封闭性问题和开放性问题，也叫"聚敛性"问题和"发散性"问题。根据吉尔福特三维智力结构模型，可将问题分为认知问题、记忆问题、发散性思考问题、聚敛性思考问题、综合评价问题五种类型。最为著名的是根据布卢姆的认知操作领域，把教学问题由低级水平到高级水平分为以下六个层次，如图5-1-1所示。

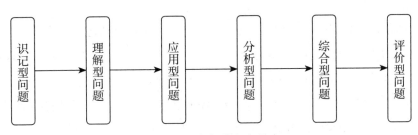

图5-1-1　问题的六个层次

从教育教学角度来说，"化学问题"是以促进学生的知识、能力、情感和课堂教学进度为目的，在教学过程中涉及化学学科相关内容的困难情境。依据以上图示六个层次的问题，结合化学课堂中不同的提问方式，化学问题通常可分为情景式问题、诊断式问题、探究式问题、对比式问题、深入式问题五种类型。在教学实践中，教师应根据不同的化学内容设计不同类型的问题，基于化学问题具有实验性和探究性的特点，引领学生科学地学习，在解决化学问题的过程中，有效培养学生证据推理与模型认知等化学学科核心素养。

## 二、问题驱动

20世纪70年代，兴起于北美的基于问题学习（Problem–Based Learning，PBL）成为医学教育史上重要的理论突破和实践改革。PBL的译法有"基于问题学习""以问题为基础学习""以问题为导向的学习""问题本位学习""PBL教学法""PBL学习法"等。PBL首次将以学生为中心的教育理念广泛地引入医学教育，从传统的授课型教学转向问题探讨型教学，突破了传统学科之间的界限，改变了单向灌输的教学方式，使学生在深入探究医学问题的过程中建立起构建知识的路径，进而掀起了全球医学教育改革的热潮。自此之后，问题驱动教学的方式被越来越多的领域使用。关于问题驱动在教学上的定义和研究，主要有以下观点。

（1）问题驱动是用问题来驱动学习，即教师不是直接讲授知识，而是将知识转化成巧妙的问题，让学生在解决问题的过程中学习新知识，培养了学生的探索精神和求知欲望，最终达到利用有效提问促进学生学习的目的。

（2）问题驱动是一种教学策略。在学生学习基础知识和基本技能的过程中，教师为学生创设有意义的、符合生产生活实际的情境，并提供相应的材料和指导[①]。

（3）问题驱动是一门课程，也是一个过程。问题驱动之所以为课程，是因为问题驱动是通过对问题的精心挑选，严密设计而形成的。同时它又是解决问题和应对生产、生活实际中挑战的一种方法，所以也是一个过程。

（4）问题驱动的实质是在真实的情境和案例中，让学生用已有的知识结构和生活经验去发现和解决问题，进而达到增长知识、提高能力的目的。

综上，化学教学中的问题驱动既是一种教学方法，又是一种教学策略。其关键在于，教师在对教学内容、学生学情充分认识的基础上，提前预设学生在学习中可能会遇到的问题，精心地将教学内容转化为真实的、层层递进的驱动性问题，其中每一个问题都有激发性和逻辑性，用问题来贯穿整个知识学习的过程，确定以学生为主体、以问题为起点，让学生通过解决化学问题，学会化学学科的思想方法，提高学科核心素养。

## 三、问题驱动式教学法

问题驱动式教学法即基于问题的教学方法。这种方法不像传统教学那样先学习理论知识再解决问题，而是一种以问题为核心的教学方法，它强调将学生置于一个真实、复杂的问题环境中，通过自主学习、合作学习和教师指导，培养学生的问题解决能力、创新能力和批判性思维。在问题驱动式教学法中，教师需要创设一个真实、复杂的问题情境，引导学生进入其中，并给予一定的指导和支持。学生则需要通过自主学习、合作学习和实践操作，寻找问题的解决方法，并在这个过程中不断反思、总结和提升自己的能力。

问题驱动式教学法涵盖了问题提出、问题剖析、问题解决过程以及结果评价等环节。问题驱动式教学的理论基础包括建构主义理论和最近发展区理论，教师应深入理解这一教学法的流程，尊重学生的主体性，并引导学生对相关问题进行系统性的剖析。在实施过程中，既要激发学生的求知欲望，又要提升他们解决问题的能力。教师应引导学生采用实践的方法，全面深入地理解化学的相关理论知识，实现从被动接受知识到主动学习知识的转变，以促进知识的内

---

① 胡端平，李小刚，杨向辉. 问题驱动教学法的研究与实践［J］. 高等数学研究，2013（1）：80-82.

化，从而取得更佳的学习效果。同时，教师还应引导学生在解决问题的过程中完善知识结构，积累解题经验，并深入理解和掌握化学理论知识。

在问题驱动式的教学设计过程中，我们需要对化学学科的课程标准、学生的学情以及各种教学资源进行深入细致的分析。在这个基础上，明确以化学学科核心素养为核心的化学教学目标和评价目标，并将这些核心素养切实融入问题驱动教学活动的每一个环节。例如，化学反应原理模块，我们需要通过精心设计的问题，引导学生逐步寻找证据、揭示规律、探讨原理，从而培养他们的证据意识和模型意识，有效发展学生的证据推理与模型认知学科素养。

在实施问题驱动式教学法的过程中，教师需将化学知识精心转化为一系列层层递进、环环相扣的化学问题，从而构建一个系统的知识阶梯，为学生展现攀登与探索的可能。认知学派心理学家奥苏贝尔曾指出：学生原有的认识是影响学习最重要的因素，我们要根据学生原有的知识进行教学。最近发展区理论也强调，教师提出的问题应符合学生的最近发展区。苏霍姆林斯基曾言，教学的最高境界在于使学生能够运用已有知识去发现新知识。因此，问题驱动式教学的实施需紧密围绕学生的认知水平和需求。教师应深入挖掘教学内容，提出与学生认知基础相契合的驱动问题。在追求"课堂效率"的同时，亦需关注学生的"吸收率"。

在问题驱动式课堂中，教师不再仅仅是知识的传授者，而是转变成引导学生自主学习、合作学习、探究学习的组织者和促进者。在这种模式下，教师需要密切关注学生在学习过程中产生的错误认识，并引发学生的认知冲突，进而使学生步步紧追，探究新知。同时，鼓励学生开展合作讨论、验证交流，通过自我评价、小组评价和教师评价，反思学习过程中的优点和不足，找到进阶的方向。学生在这个过程中，提炼出独特的化学思维和方法，完善认知结构，提升学习品质，发展化学学科核心素养。

总之，问题驱动式教学法是一种以学生为主体、以专业领域内的各种问题为学习起点并以问题为核心寻求问题解决方案的一种学习方法，它注重培养学生的问题解决能力、创新能力和批判性思维，是未来教育发展的重要方向之一。教师在教学过程中的角色是问题的提出者、课程的设计者以及结果的评估者。

## 四、基于发展证据推理与模型认知素养的问题驱动式教学

张发新在《利用模型建构促进学生化学学习》[①]一文中谈到，"发展学生的证据推理与模型认知素养关键要帮助学生树立模型意识；指导学生用适合的方式表达模型；通过对话促进化学模型的建构；创设情境促进化学模型的建构；从思维的起点出发逐步构建化学模型"。其中，在通过"对话"促进化学模型的建构环节，张老师强调"教学对话是一种通过老师的提问、鼓励和引导，促使学生自由思考、自由表达，进而获取知识、提升能力的教学方法"。在这种对话中，重点在于教师能够有效地设计化学模型的问题，认识与解决序列，不断深入了解学生对物质性质及其变化微观本质的理解程度，并引导学生迅速找到解决问题的策略。这种递进式的"对话"不仅关注知识本身，更重视思考和体验过程，从而促进学生构建具有逻辑内聚力的化学模型结构，并深化学生对模型的认识。

黄爱民在《关于证据推理与模型认知的一些思考》[②]一文中谈到，"出现非证据情况时，科学探究和问题解决就必须做出修正；要重视证据推理中逆向推理的学习；证据推理与模型认知在内涵和实践层面上都不可割裂理解，它们常常融合于探究和问题解决的过程之中"。

在设计凸显证据推理逆向推理发散思维产生多重证据的探究过程中，发展证据推理与模型认知学科核心素养的教学流程如图5-1-2所示。

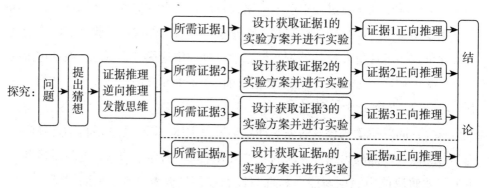

图5-1-2 凸显证据推理逆向推理发散思维产生多重证据的探究过程

---

① 张发新.利用模型建构促进学生化学学习［J］.化学教学，2017（5）：24-28.
② 黄爱民.关于证据推理与模型认知的一些思考［J］.教学月刊，2019（4）：3-8.

在具体教学实践中，证据推理与模型认知在内涵和实践层面上都是不可机械割裂的，它们常常融合于探究和问题解决的思维过程之中。一是基于新证据的推理对模型进行修正，促进模型认知对原型认识的精准体现；二是基于新证据的推理对模型进行修正，拓展模型认知的范围，同时加深对原型本质的认识；三是以证据推理为基础建构模型认知，其过程如图5-1-3所示；四是以证据推理为基础建构模型认知的探究过程，其过程如图5-1-4所示。

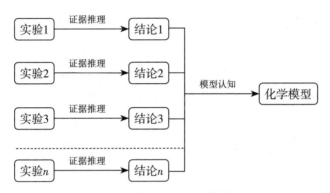

图5-1-3　以证据推理为基础建构模型认知的过程

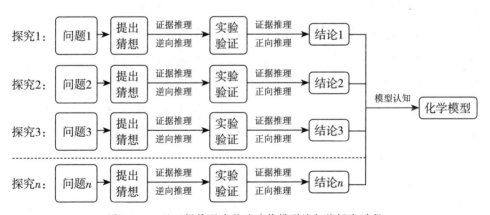

图5-1-4　以证据推理为基础建构模型认知的探究过程

吴星老师认为：从高中化学核心素养的建构来看，证据推理、模型建构是属于文化基础维度之下科学精神素养之中理性思维的两个基本的要点。[1]通过

---

① 吴星. 高中化学核心素养的建构视角［J］. 化学教学，2017（2）：3-7.

高中化学课程的学习，学生能解释证据与结论之间的关系，确定形成科学结论所需要的证据和寻找证据的途径；能依据物质及其变化的信息进行抽象概括并建构模型，用模型思想认识物质及其变化的一般规律。[①]

化学课堂教学要实现从教授知识到发展素养的转变，就要触发学生学习的内驱力，将"知识线索"转化为"问题线索"。以问题驱动为核心进行课堂教学的研究，国内外学者研究成果中具有代表性的教学模式或流程有：巴罗斯（Barrows）五步教学流程（组织学习小组、创设问题、执行问题、成果展示、反思评价），伊利诺伊州数学与科学学院（IMSA）的三元教学模式（问题理解、课程探究、问题解决），麦罗·希尔文（Hmelo-Silver）二阶七步教学流程（确定和分析问题、自主学习和评估两个阶段，经历"问题情境、鉴别事实、提出假设、发现知识缺陷、学习新知、应用新知和概括整合"七个步骤），王后雄教授的四环设计（核心目标→核心知识、核心知识→核心问题、核心问题→子问题群、子问题群→活动序列），郭树东的五步教学法（导、学、讲、练、总）。

笔者基于建构主义理论强调发展学生对知识的主动探索、发现和意义构建，基于证据推理与模型认知素养化学学科思维方法的属性，参照王后雄教授的四环设计，将基于发展证据推理与模型认知学科素养的问题驱动式教学模式设计为如图5-1-5所示，具体过程分解为：基于课程目标、素养发展与学情分析融合确定教学目标，基于真实问题情境及认知指向要求选择认知问题，基于问题解构与问题教学分析提炼核心问题，基于问题逻辑递进与问题解决程序分解子问题群和生成活动序列。在具体的教学实践中，设计的流程和环节的顺序并不一定完全按照既定流程。教师需要针对具体问题进行分析，并可直接根据教学内容设计出驱动问题。同时，在教学过程中，教师可根据学生反馈对驱动问题的顺序和呈现方式进行完善。通过优化设置核心问题，引导学生寻找关键证据，利用问题链串联教学，利用证据链有效推理，形成证据与模型之间的有效关联，从而培育学生的证据推理与模型认知学科核心素养。

---

① 吴星.对高中化学核心素养的认识［J］.化学教学，2017（5）：3-7.

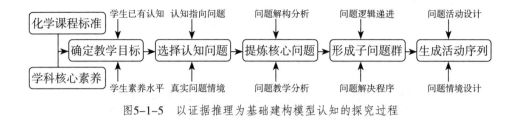

图5-1-5 以证据推理为基础建构模型认知的探究过程

建构主义理论强调，教学应致力于引导学生对知识进行深入的意义构建。因此，课堂教学应创设相应的教学情境，并聚焦于一个核心问题，该问题应能凝练课堂的教学内容。根据课堂实际情况和知识内容，核心问题可被分解为一系列相关且学生可以通过探究活动解决的子问题。这些子问题应构成一条内在关联的、符合教学内容自身逻辑的问题链。学生将通过查阅资料、实验探究、讨论等方法逐步解决问题链中的问题，并据此凝练出核心问题的结论，从而解决核心问题，完成对课堂教学知识的意义构建。这有助于学生建立知识体系，发散思维，提高学科核心素养。

综上所述，在开发基于问题驱动式教学的证据推理与模型认知学科素养发展案例时，一是教师要深入了解和分析学生的学情，以贴近学生的实际需求为出发点，以具体简单的问题作为建模的起点。初始问题多围绕实验现象、事实结果等展开，以引导学生运用已有知识进行类比联想和证据推理，搭建认知的基本框架。二是问题设置应遵循最近发展区理论，为学生设置具有难度梯度的问题，调动学生深度学习的积极性。教师应重视核心问题的分解与学习支架的搭建，逐步引导学生将知识串线成面，从个别到一般，从宏观到微观，从形象到抽象，促进证据推理、模型建构思路的形成。三是教师在证据推理与模型建构过程中应重视认知冲突问题的发现与解决。当原有知识结构与化学模型不匹配时，应鼓励学生交流讨论、反思质疑，对冲突的一方进行调整和修正，从而锻炼学生思维外显的表达能力，并促进学生对证据、模型的准确理解和深刻掌握。四是教师应长期不懈地致力于推动学科理解的课堂建设，通过优化问题和不断解决新情境问题，训练学生采集有效证据的思维和应用建立的模型的能力，以彰显学习的意义，提升学生的学科思维品质，从而促进证据推理与模型认知素养在化学课堂中的有效落实。

# 第二节　探究式学习教学模式

化学是一门兼具实践性和探究性的自然学科，对培养学生的科学素养具有重要作用。在新课程改革的背景下，化学教学更加强调从科学角度培养学生的综合能力和学科核心素养。教师要立足课堂，结合化学的探究特性，探索适合学生能力发展的探究模式。在化学教学中，教师可以通过问题激发学生的探究意识，利用情境推动学生自主探究，通过合作发展学生的探究精神，利用实验强化学生的探究技能，最后通过评价巩固学生的探究成果。通过探究式教学，优化化学课堂学习方式，多角度融通探究学习，培养学生收集证据、分析证据、证据推理、建立模型、完善模型、运用模型的能力，从而更好地促进学生化学技能的发展，并培养其"证据推理与模型认知"的化学核心素养。

## 一、探究

什么是探究？探究是指深入研究事物的本质和规律，旨在获取知识或信息，寻求真理。它是通过提问和质疑，以及搜寻、调查、研究、检验等途径进行的一种认识活动。探究需要深入探讨和反复研究，其目的在于追求知识、真理，以增进人类对世界的认识和理解。探究基于问题，通过探究引发提问和质疑，并在此基础上进行搜寻、调查、研究、检验等活动。探究是科学研究中非常重要的一环，是推动科学进步的重要动力之一。

根据探究的途径、获得知识的性质以及意义的差异，探究活动可分为两类：普通探究和科学探究。普通探究，通常是一种较为自由的探究方式，存在于人们的日常生活中，它是人类与生俱来的本能，对于任何事物和情况都具有探索的价值。这种探究不受研究范围和研究程序的严格限制，人们可以根据自己的兴趣和需求自由地进行探究。与之相比，科学探究则更加系统化和专业化。它致力于探索那些尚未被人类知晓的知识，对整个人类社会都具有重要的意义。在科学探究中，科学家们需要遵循一系列严格的研究方法和程序，具备广泛的知识背景和创造性逻辑思维。他们通过科学实验、观察和推理等方式，对自然界进行深入研究，并基于实证对自然现象和科学问题做出合理的解释。这种探究活动需要以科学认识论为指导，遵循一定的研究程序，并且其结论需要通过同行评审或验证，以确保其科学性和可靠性。

教育部制定的普通高中各学科课程标准均对科学探究进行了深入阐述。科学探究不仅在课程学习中被视为至关重要的学习方法，还被明确地纳入了课程目标和内容标准，成为课程实施不可或缺的一部分。"证据推理"与"模型认知"作为重要的化学学科思维方法，是化学学科核心素养的重要组成部分。证据推理贯穿于科学探究过程中，是具有假说特性的"模型"，其构建和发展皆必须建立在证据推理的基础上。该核心素养的培育有赖于探究学习的深入开展，需重视证据推理在整个探究过程中的统摄作用，以模型认知搭建宏微联系以及通过高质量的对话提升论证水平等①。

## 二、探究式学习

科学探究是科学家从事科学研究的基本方法，也是人们认识科学现象、解决各种问题、获得并理解科学知识的重要途径。科学探究的基本过程可概括为提出研究问题、建立假设、收集数据、检验假设、表达或交流结果。科学探究的基本操作活动包括观察、提问、实验、比较、推理、概括、表达、运用等。与其他的认识方式相比，科学探究是一种独特的活动，它遵循一定程序，采用一系列科学方法，科学方法是科学探究的灵魂。

探究式学习倡导学生的主动参与，这是一种科学的学习过程。探究式学习（Hands-on Inquiry Based Learning），又称为研究性学习，是指从学科领域或现实生活中选择和确立主题，在教学中创设类似于学术研究的情境，学生通过动手做、做中学，主动地发现问题、实验、操作、调查、收集与处理信息、表达与交流等，获得知识，培养能力，发展情感与态度，特别是发展探索精神与创

---

① 杨玉琴，倪娟. 证据推理与模型认知：内涵解析及实践策略［J］. 化学教育（中英文），
2019，40（23）：23-29.

新能力。

在教育过程中，探究式学习充分利用了学生的探究本能，有效激发了学生的探究意识和学习兴趣，增强学生的学习动机，并培养学生的问题意识。这不仅保证了学生在教学过程中的主动性，也保证了学生在学习中的主导地位。然而，关于如何引导学生进行探究，以及如何确保学生通过探究获得正确的答案，这并非普通探究的"职责"。这些问题需要借助科学探究的方法来解决。科学探究在教育领域中扮演着重要的角色，它能够提供更为精确和深入的探究方法，帮助学生获得正确的知识和理解。

探究式学习与科学探究在发生、发展过程中具有相似性，并不矛盾。由于知识、经验的差异，学习者建立的假设与事实之间的符合程度以及某些环节开展的质量存在固有的差别，但基本过程和要素是相同的。科学家和学生针对自然现象和研究对象提出问题、分析并解决问题，这是一个有内在联系的过程。另外，探究式学习与科学探究之间也存在区别。科学家的探究是独立的研究，具有较强的创新性，可能会走许多弯路。而探究式学习是在教师的指导下进行的，大多遵循前人已经制定的规则和方法，是一种再认识。

从教育内涵的角度出发，探究性学习是指学生在学习过程中进行的探究问题的活动，这种学习方式被广泛认为具有诸多优点，并体现了先进的教育理念。从专业知识的角度来看，探究性学习属于专题学习研究的一种形式。在探究式学习活动中，教师运用专业知识对学生进行指导，引导学生围绕社会生活和自身生活中的问题展开专题研究。这种研究方式与科学研究类似，注重实践应用，将获取的知识运用到实际中。

探究式学习既是一种学习方式，又是一种融合了知识、经验的生成性课程。探究式学习是提高学生科学素养的重要手段。它通过培养学生的问题意识，能够有效提升学生学习的自主性，从而促进学生知识结构的丰富和对科学方法的掌握，有助于培养学生的科学精神和科学价值观，有助于提升学生的化学学科思维品质、证据推理与模型认知素养。

## 三、探究式教学

关于探究式教学，学术界主要有以下三种观点：一是主张在教学中引入科技领域的探究方式，让学生在学习过程中经历类似于科学家的探究过程，从而深入理解科学概念。这种观点强调探究教学应将科学探究的本质与学习过程相结合，使学生从中受益。二是认为探究教学是一种实践活动，学生通过教师预设的探究活动进行主动探索、学习知识并提高相关能力。这种观点凸显了学生在探究教学中的主体地位，强调探究学习对于学生能力发展的重要性。三是部分学者认为探究教学的本质在于模拟性，探究教学应明确以"学"为中心的探究环境，同时他们认为教师应为学生提供必要的帮助与指导，以确保学生的探究方向明确。这种观点强调了教师在探究教学中的指导作用，并认为这是探究教学取得成功的关键因素之一。

根据学术界的共识，探究式教学是一种以学习者为中心的教学方式，强调教师在学习者获取知识的过程中给予一定的指导，而学习者则通过主动探究的方式来获取知识。这种教学方式旨在帮助学习者建立自己的认知过程，体验科学探究的过程，并培养其创新精神和实践能力。探究式教学属于科学探究活动，创设的教学活动和教学过程基本符合学生进行探究性学习的基本特征和所需要素，对学生进行探究式学习具有明显支持和促进作用。

探究式教学具有模拟性的特点，其基本教学环节包括提出问题、收集证据、形成解释、评价结果和交流发表。探究式教学，作为一种独特的教学模式，具备以下显著的特点：

第一，它以问题为导向，旨在激发学生思考。问题不仅是探究过程的起点，还是探究式教学的核心。通过将新知识置于问题环境中，促进学生主动提问、自主分析并独立解决问题，从而获取新知识。

第二，探究式教学注重引导学生自主学习。它以"做"为基础，教师作为辅助者，引导学生进行观察、提问、收集资料、实验等活动，使学生在这些活动中获取新知。通过多元化的教学活动，学生能更快地建立知识间的联系，从多角度理解知识，并提升学习内驱力。

第三，探究式教学强调从已有经验向新知识的延伸。它注重利用已有知识经验或生活实际作为连接点，帮助学生建立已有经验与新知识的联系，从而激发其探索欲和学习兴趣。

第四，探究式教学重视学生间的合作与交流。在探究过程中，教师鼓励学生合作，共同探讨问题。这不仅能促使学生对同一知识进行多角度思考，拓宽视野，还能增强学生的合作意识和团队精神。

第五，探究式教学的结果是多元化的。由于探究目的和过程的多样性，探究结果也呈现出多元化的特征。这种探究过程允许学生偏离预期结果，但能促进其个性发展，增加探究的多样性和乐趣，实现殊途同归的效果。

总之，探究式教学是生本教育理念的具体体现，在探究学习的过程中，学生不仅可以在自主性的作用下掌握学科知识，还可以锻炼探究学习能力、发展学科素养。因此，探究式教学被视为一种有效的教学方法，能够提高学生获取知识的效率和质量。通过采用探究式教学的化学教育，可以有效培养学生的化学学科思维。探究式教学强调基于证据获取的推理论证、基于深化理解认知形成的模型建构与应用迁移，这不仅有利于学生的探究能力的发展，还能助力学生养成用探究的视角探索化学的优秀品格，更有利于培养学生坚持用探究的眼光认识化学本真的学科观念。

## 四、基于发展证据推理与模型认知素养的探究式学习教学

蒋欣恬、叶漫在《基于"证据推理与模型认知"素养发展的教学实践——以"乙醇与钠反应"中杂质气体的探究为例》[①]一文中以教材"乙醇与钠反应"实验中气体检验为背景，构建情境、设置问题，制造认知冲突，强化学生在教学中的主体地位，提出引导性问题，启发学生在实验探究过程中发现新问题，深度挖掘课本实验教学资源，让学生亲身经历探究过程，体验自然科学的一般研究方法。

蒋欣恬、叶漫基于发展学生化学学科素养的目标，设计了以问题为主线、探究为明线、发展为隐线的教学过程，具体如图5-2-1所示。通过对杂质气体进行假设及验证、除杂装置的设计与改进等核心环节进行探究式教学设计，引导学生通过对实验过程进行评价，获得解决问题关键能力的提升，推动以化学实验为载体的"证据推理与模型认知"的核心素养发展。"证据推理与模型认知"素养是化学学科的核心素养之一，其实质是由证据意识、证据推理、建立模型以及运用模型解释四个维度组成的。课例首先通过反应气体成分的猜测、检验、除杂实验设计、除杂实验改进、改进思路反思五个环节，推动学生证据

---

[①] 蒋欣恬，叶漫.基于"证据推理与模型认知"素养发展的教学实践——以"乙醇与钠反应"中杂质气体的探究为例 [J].贵州师范学院学报，2021（12）：33-39.

意识的形成；其次，利用定性、定量实验以及改进实验，助力学生证据推理能力的提升；最后，从实验评价的角度完成实验改进思路模型的建立。以上三部分分别对应"证据推理与模型认知"素养中的前三个维度，随着学生学科知识的不断充实以及学习能力的不断提升，学生的化学学科核心素养也将得以发展。蒋欣恬、叶漫在课例实践研究的基础上提出，教师应注重课堂教学环节的设计，高度重视教材实验，把对学生化学学科核心素养的培养渗透进常态化教学中。

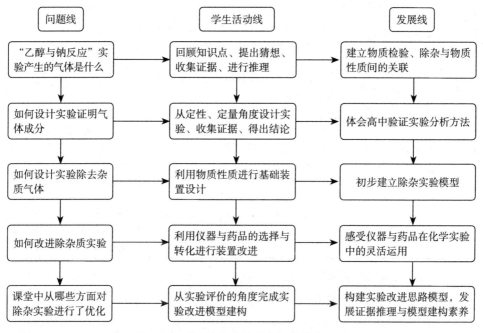

图5-2-1 "乙醇与钠的反应"教学流程图

李娜在《基于"证据推理与模型认知"核心素养的高中化学探究性教学实践——以"化学能转化为电能"为例》[①]一文中，探索通过打造探究型的化学课堂，贯穿以"证据推理与模型认知"为主调的核心素养，联系生活实际、创设问题情境，引导学生主动参与、合作学习，培养学生科学探究能力，激发学生创新意识，使学生树立正确的情感态度与价值观，促进学生的核心素养全面发展。（表5-2-1）

---

① 李娜. 基于"证据推理与模型认知"核心素养的高中化学探究性教学实践：以"化学能转化为电能"为例［J］. 化学教与学，2019（5）：57-60.

表5-2-1　基于"证据推理与模型认知"的内涵及培育目标设计的
"化学能转化为电能"探究性课堂

| 序号 | 教学行为 | 探究活动 | 培育目标 |
|---|---|---|---|
| 1 | 6组水果电池实验 | 对比、质疑：电极和介质对原电池构成的影响 | 学会收集证据，对物质的组成及其变化提出可能的假设 |
| 2 | 锌-铜-硫酸原电池实验与干电池对比 | 锌和铜哪个作为原电池的负极？ | 基于证据进行分析推理，证实或证伪假设；能解释证据与结论的关系，确定形成科学结论所需的证据和寻找证据的途径 |
| 3 | 手持技术实验 | 两个电极和介质能形成电势差是形成原电池的基本条件之一 | |
| 4 | 观察有色离子$MnO_4^-$在锌-铜-硫酸原电池中的移动方向 | 原电池需要电解质及阴阳离子的移动方向 | |
| 5 | 画出原电池模型及写出电极反应式 | 用宏观—微观—符号三重表征构建出原电池模型 | 能认识化学现象与模型之间的联系，运用模型描述和解释化学现象，预测物质及其变化的可能结果 |
| 6 | 钢铁的电化学腐蚀 | 利用原电池模型进行腐蚀原理分析 | 能利用物质及其变化的信息构建模型，建立解决复杂问题的思维框架 |

　　李娜认为将传统的探究性教学与化学核心素养结合，打造出基于"证据推理与模型认知"的探究性化学课堂，既可以发挥探究性教学中问题情境对教学的促进作用，又可以通过探究活动帮助学生树立独立分析的意识，提高依据目标设计实验的能力以及依据物质变化的内在规律做出模型假设与模型构建的能力，形成解决化学问题的基本框架，由此实现"从化学的视角认识事物和解决问题的思想、方法、观点"的化学学科价值，使探究性教学的真正落实明确方向，在着重发展学生"证据推理与模型认知"素养的同时，使学生其他核心素养也能得到全面发展。

　　卢文静、周海欧在《基于"证据推理与模型认知"素养的深度学习活动设计——探究温度、压强对化学平衡移动的影响》[①]一文中以"在科学探究

① 卢文静，周海欧. 基于"证据推理与模型认知"素养的深度学习活动设计：探究温度、压强对化学平衡移动的影响［J］. 化学教与学，2023（12）：33-37，49.

中贯穿证据推理，在证据推理的基础上构建和应用模型"为教学设计思路（图5-2-2），以"探究温度、压强对化学平衡移动的影响"为例，通过创设问题情境、设置实验探究，结合手持技术实验和理论证据，从定性、定量以及实验和理论角度，培养学生收集证据、分析证据、证据推理、建立模型、完善模型、运用模型的能力，发展学生"证据推理与模型认知"的化学核心素养。

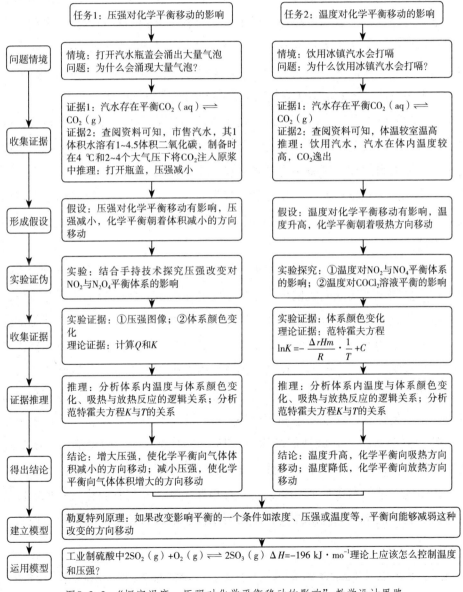

图5-2-2 "探究温度、压强对化学平衡移动的影响"教学设计思路

  王兰、刘聪在《基于"证据推理与模型认知"的电化学深度探究》[①]中借鉴杨玉琴关于"证据推理与模型认知"素养的解读（"证据推理"是指从问题情境及已有知识经验中识别、转换或推演，形成主张，并多方收集证据进行论证，从而获得结论，解决问题），深度讨论证据推理建构"电极名称"认知模型、证据推理建构"电极反应中后续反应"认知模型、证据推理建构"电解氯化钠溶液阴极电极反应的书写"认知模型和根据"模型认知"解决实际问题等四个基本问题，并形成深度思考：对于教学过程中遇到的疑问，需要主动寻找证据，用科学的方法深入探究其本质原因，对探究结果加以提炼小结，建立认知模型。这样不仅能够提高教学效率，还能在这个过程中促进学生深度探究，激发学生积极性，帮助学生建立复杂化学问题的基本思维框架。

  在化学教学过程中，教师要善于选用合适的教学内容，以问题为核心，以发现为目的，以情意为引导，并将"证据推理与模型认知"素养为本视角下提高学生探究能力的教学策略渗透到教学设计中，以促进学生科学探究能力的提升。具体到高中化学课堂，就是让学生通过自主、探究与合作等多样化学习形式，形成和发展化学思维方式、探究能力、学科观念，从而树立和发展科学精神和价值观。

  综上分析，基于发展学生证据推理与模型认知素养的探究式学习教学策略如下：一是创设真实的问题情境，激发学生的求知欲，激活学生的问题意识，使学生能够发现并提出有价值的化学问题，从而在掌握知识的同时提升思维能力，发展学生的证据推理与模型认知素养；二是构建适宜的探究环境，提供必要的探究资源（如实验药品、仪器、图书资源及网络资源等），鼓励学生自主学习、深入探究并开展小组合作交流，引导学生在探究活动中通过观察和实验等方式来收集证据，验证猜想和假设的真伪，得出合理的结论；三是重视丰富学生的知识和经验，开阔他们的视野，培养学生的猜想与假设能力、探究能力，引领学生参与科学模型的论证、建立过程，运用分析综合、类比推理等方法认识研究对象的本质特征、构成要素及相互关系，并将其简化为一种定性或定量的、直观的文字或图形描述，从而运用模型解释自然界中的规律与现象。

---

① 王兰，刘聪. 基于"证据推理与模型认知"的电化学深度探究［J］. 中学化学教学参考，2023（6）：7-9.

除此之外，化学教师还应遵循新课程标准的要求，以学生为中心，立足教材实际，坚持素养化、能力化的教学方向，积极拓宽教学思路，科学创新探究教学模式，注重培养学生的自我提问、自我分析和自我解决问题的能力，有效提升学生化学学科核心素养，促进学生全面发展。

总之，深化实施科学探究式教学是培养学生"证据推理与模型认知"素养的关键实践策略。我们必须明确，科学的本质在于探索知识的方法与过程，面对学习过程中出现的疑问，教师和学生都应积极寻求证据，运用科学方法深入探究其本质原因，提炼探究结果并建立认知模型。在核心素养的背景下，我们需要着力提高基于学科素养的教学设计能力。在教学设计过程中，不能局限于追求固有结论而使教学流于形式，应该深入过程探索做真探究，真正教会学生如何"学"——学质疑、学求证、学推理、学建模、学解疑，让学科核心素养在实践中真正落地。

# 第三节　项目式学习教学模式

化学是一门源于实验探究、注重实验探究的自然科学。项目式学习教学模式基于学生的认知基础、认知习惯，从学生的生活经验和兴趣爱好入手，发现并尝试解决生活中的实际问题，通过团队合作、跨学科研究完成相关主题单元知识的教学任务，让学生经历设计、实施、展评等学习过程，促进其化学核心素养发展，从而达成知识构建与关键能力提升的教学目标。化学学科具有与实际紧密相连的特点，在化学课程教学中融合生产、生活、科学设计，实施项目化教学，有助于培养学生的社会责任感，发展学生的科学探究精神、证据推理与模型认知等化学核心素养。

## 一、项目

什么是项目？根据PMI项目管理协会的定义，项目（Project）是为了创造独特的产品、服务或结果而进行的临时性工作。这一概念被广泛接受并应用于各种领域。

学术界普遍认为，项目具备以下三个核心特征。

（1）独特性：每个项目在产品、服务或成果上都具有独特性，与其他项目有所区别。这一特征也被称为一次性，意味着每个项目都是独一无二的。这种独特性来源于项目环境、流程及管理方式的差异，世界上不存在两个完全相同的项目。

（2）临时性：项目具有明确的开始和结束时间，这是其临时性的体现。这种临时性主要表现在择时和用时两个方面，即选择何时开始以及项目将持续多长时间。

（3）目标明确性：项目的核心目标是创造独特的产品、服务或结果。明确的目标是项目的先决条件，为项目的实施和完成提供了明确的方向。

## 二、学习项目

学习项目是指一系列有目的性的教育和培训活动，旨在系统地传授知识、技能和能力，以促进个体或团队的全面发展。这些项目可以是正式或非正式的，由个人或组织发起，且具有明确的目标群体和主题。

学习项目的核心目标在于帮助个体或组织达成其特定的学习目标，如提升技术水平、扩充知识储备、优化行为表现等。实现这些目标的方式多种多样，包括在线课程、研讨会、培训、研究课题、实习等。学习项目的成功与否取决于多个关键因素。首先，项目的设计必须充分考虑目标受众的实际需求和背景。其次，项目的实施过程必须保证参与者的积极性和效果。再次，项目的效果和影响力需要得到准确的评估。最后，项目的持续优化和改进对于提高其效果至关重要。

总体而言，学习项目是一种目标导向的教育和培训活动，旨在满足个体或组织对知识、技能和能力的需求，从而推动其深度发展。化学学习项目指的是处理化学相关问题所展开的探究行为，给出能够展示的项目成果代表化学学习项目的结束。针对化学领域的学习项目，则主要关注于为解决化学相关问题所开展的深入研究，并以项目成果的形式展示学习项目的最终效果。

## 三、项目式学习

在我国，关于项目式学习的界定，教育研究者有若干见解。2002年，刘景福、钟志贤在《基于项目的学习（PBL）模式研究》[1]一文中阐述，项目式学习在贯彻教学原理与概念的基础上，于真实情境中运用丰富教学资源，处理系统性问题，进而实现探究式学习。2016年，侯肖、胡久华等于《在常规课堂

---

[1] 刘景福，钟志贤. 基于项目的学习（PBL）模式研究 [J]. 外国教育研究，2002（11）：18–22.

教学中实施项目式学习——以化学教学为例》①一文中提出："项目式学习，是以建构主义理论为指导，以小组合作方式进行规划和解决项目任务的学习方式。"他们认为，此种学习方式立足于建构主义理论，指向研究项目问题，契合现代教育理念。2019年，王磊在《基于化学学科的项目式教学探索——历程、收获、反思和展望》②一文中认为，"基于项目的学习是面向真实世界的真实问题而进行的真实的学习过程。项目式教学则是促进学生进行这样的项目式学习的教学活动和过程"。

项目式学习强调学生的自我导向学习能力，倡导学生和教师共同做出决策，注重学生过程技能和核心素养的培养。项目式学习以学生为中心，通过小组协作解决化学问题，以培养核心素养为目标。项目式学习是基于项目的设计、管理和实施的一种学习方式，旨在通过整合学生已有的知识经验来解决实际问题。在项目的选题、方案的设计、问题的解决以及实施效果的评价等各个环节中整合学生的已有知识和生活经验，培养学生分析、解决问题的能力，发展学生组织协调、分享交流的人文品质。项目式学习以项目为核心，强调学生自主、独立地完成项目。项目式学习作为一种教学方略，其核心理念在于通过模拟现实情境，为学生提供学习资源与指导，进而驱动学生完成项目，以达到帮助学生获取知识的目的。虽然不同学者对项目式学习的理解各不相同，但其本质均源于科学探究，强调学生独立、自主地完成项目。项目化学习注重实证推理，有助于培养学生证据意识，加强学生科学探究精神，并促进学生证据推理与模型认知核心素养的形成。

化学项目式学习是一种教学模式，其核心理念是引导学生通过搜集和运用证据来实现项目目标。在高中阶段，化学项目式学习起源于一系列具有现实意义和价值的化学问题（如环境、生活、化工等领域的议题），旨在促使学生从现有知识出发，以团队合作的形式，在化学知识学习和问题解决过程中不断构建联系。通过师生互动、实验设计、课堂提问和任务分配等环节，引导学生开

---

① 侯肖，胡久华.在常规课堂教学中实施项目式学习——以化学教学为例［J］.教育学报，2016，12（4）：39-44.
② 王磊.基于化学学科的项目式教学探索——历程、收获、反思和展望［J］.教育，2019（48）：4-6.

展分类概括、宏观辨识、微观探析、证据推理和模型解释等高阶思维活动，以解决实际问题。学习成果以化学相关作品的形式进行展示与交流，旨在提升学生的化学核心素养。

化学项目式学习教学模式符合新课标基本要求，通过此模式培养学生化学学科核心素养，实则是对知识进行同化和顺应的具体体现。一方面，当待解决的问题与学生已掌握的某一类知识经验具有相似性质时，学生可以通过阐明同类事物的意义及作用，将新知识融入已有的相应知识体系以解决问题，即实现同化。另一方面，在处理无法通过同化方式解决的问题时，学生需要重新整合自身知识，进而解决问题，此过程即顺应。无论是同化还是顺应，在项目式学习中，教师都应以师生互动的形式引导学生感知项目，并为他们创设真实的问题情境。在活动探究环节，教师引导学生从既有知识经验出发，通过分类与概括、证据与推理、预测与验证、模型与解释等高阶思维活动，构建新知识体系，同时培养学生的化学学科素养。高中化学项目设计立足于课程内容和实际学情，通过凸显证据、设立框架问题以及实施项目评价等手段，引导学生以证据为导向独立完成学习任务，建构化学模型，基于项目探究发展模型，这有利于培养和发展学生的证据推理与模型认知素养。

## 四、基于发展证据推理与模型认知素养的项目式教学

### （一）项目式学习的教学设计要求

项目式学习，是以建构主义理论为指导，以小组合作方式进行规划和解决项目任务的学习方式。项目式教学包括内容、活动、情境和结果四个部分，其教学设计包括如下七个要素[①]。

#### 1. 具有挑战性的问题

研究和解决问题，探索和解决困惑，是项目式教学的核心。一个有吸引力的问题将使学习对学生更有意义。这个问题应该毫无疑问地对学生构成挑战，并且最好是一个开放性的、学生通过科学探索能够解决的驱动性问题。

---

① 刘翠. 高中化学项目式教学实践研究［M］. 济南：山东科学技术出版社，2020.

### 2. 持续探究

与在书本或网络上随意浏览不同，探索意味着更积极、更深入地搜索或查找信息。探索通常需要一些时间，这意味着该项目将至少持续几天。在基于项目的学习中，探索是逐渐加深的。当学生遇到具有挑战性的话题时，他们会提出问题，通过各种途径寻找问题的答案，然后提出更深入的问题，重复此过程，直至找到一个令人满意的解决方案或答案。

### 3. 真实性

真实性意味着学习的内容或任务与现实世界相互关联。项目的真实性将增加学生学习的动力。项目的真实性可以体现在以下几个方面：项目具有真实的背景；项目可以使用现实世界中的工作流程、任务、工具和绩效标准；项目可以对其他项目产生真实的影响；等等。项目还可以反映个人情况，如该项目与学生自身的烦恼、兴趣、文化、身份或生活中的其他问题相关。

### 4. 学生的话语权和选择权

赋予学生话语权和选择权，能够使学生对项目有一种主人翁感，他们将更加关心该项目并更加努力地学习。能力强的学生可以自主选择项目的主题和性质、编写自己的驱动性问题，并决定如何探索问题、展示所学知识及分享工作成果等。

### 5. 反思与总结

在整个项目中，学生总是反思自己在学习什么、如何学习以及为什么学习。对知识内容理解和掌握的反思可以帮助学生巩固所学知识，并思考如何在项目之外应用这些知识。对技能发展的反思可以帮助学生内化对技能的理解，并为进一步发展技能设定目标。对项目本身的反思可以帮助学生决定如何设计和实施下一个项目。

### 6. 评价与修正

通过深思熟虑的评价与修正，可以创作高质量的项目作品。教师应指导学生设计合理的评价量规和评价标准，并且教会学生如何利用同伴反馈信息及建设性的评价建议，这些反馈和建议有助于改善项目流程和项目产品。除了同伴和教师，其他人也可以通过表达真实的观点为评估过程做出贡献。

### 7. 公开展示作品

在项目式教学中，要求创建作品并公开展示。作品可以是有形的，也可以是一个设计方案，或者是一个复杂问题的解决方案。

**（二）化学项目式学习的教学实施流程**

根据项目式教学设计要求，结合化学学科的学习特点，化学项目式学习的教学实施过程分为项目准备、项目实施与项目评价。各实施过程简述如下。

**1.项目准备**

（1）项目主题的确立

项目主题的选定是项目式教学的第一步，也是最关键的一步，对整个教学项目活动的顺利进行具有决定性影响，教学过程也将以此为背景展开。项目主题的选择可以由学生与教师共同参与。教师需对学生的选择进行分析和评估，以最终确定项目主题。在实际教学过程中，项目主题通常由教师单方面确立。《在常规课堂教学中实施项目式学习——以化学教学为例》[①]一文中，侯肖、胡久华提出"项目确立模型"（图5-3-1）。首先，项目主题的确定应基于高中化学课程标准、教学内容以及学生已掌握的知识经验。其次，项目主题的选取可从社会性议题、当前热点问题、具有化学学科特色的工业生产问题以及学生日常生活中需要解决的问题中汲取灵感。因此，项目主题应具备真实有意义的特点和趣味性，同时要具有可操作性。最后，项目主题应肩负培养学生核心素养的使命，并能体现化学学科的思想方法和涉及的核心知识。

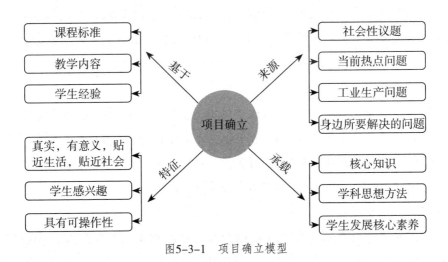

图5-3-1　项目确立模型

---

① 侯肖，胡久华.在常规课堂教学中实施项目式学习——以化学教学为例 [J].教育学报，2016，12（4）：39-44.

（2）项目教学目标的制定

在项目主题确定之后，教师需根据教学活动所涉及的具体内容，制订明确的教学目标。在制订项目教学目标时，应参照化学学科核心素养水平发展层级，充分考虑学生已掌握的知识与经验，明确教学过程中培养学生达到的素养等级。目标应着重于发展学生的学科知识、必备品格和关键能力；同时，还需关注学生在一次项目式教学结束后，学业质量所需达到的水平，以便明确教学过程中的重点。

（3）项目活动的拆解

在确定项目主题和教学目标之后，下一步是对项目活动进行科学的规划与设计。项目活动的拆解可以分为项目任务、课时规划以及整体优化三个层面。首先，将项目主题分解为若干项目任务，针对每个任务设计一系列具有针对性和进阶性的驱动性问题，并结合相关素材来推动教学进程。驱动性问题需遵循学生的认知发展规律。其次，合理分配每个项目任务所需的教学时间，全面规划课前课后任务，确保核心任务在课堂上得到教师的指导并获得完成。最后，从整体角度审视项目任务的划分是否合理、操作是否便利、各项目任务之间的连贯性如何、教学内容与项目主题的契合度如何，以及具体细节是否得到优化。

**2. 项目实施**

项目实施分为项目引入、计划制订、活动探究四个阶段，均以学生为中心展开，着重培养其化学学科核心素养。教师在此阶段的作用为推动教学流程的顺利进行，引导学生完成活动探究，并监控学生项目任务的完成情况。

（1）项目引入

项目式教学的核心在于强调教学情境的真实性。在确定项目主题的基础上，教师会寻求最适合的方式创设情境，如展示相关新闻报道和图片素材等。随之提出与素材紧密相关的驱动性问题，既能激发学生的学习兴趣，又能促使学生思考相关问题，从而有利于教学活动的顺利进行。

（2）计划制订

在发布项目任务后，学生需协同合作，以小组形式解决问题。小组成员应根据各自的优势和特点进行分工，共同制订完成任务所需的时间规划和流程安排。如有必要，教师可为学生提供项目指导书以供参考。在整个计划制订阶段，教师应密切关注学生可能遇到的问题，并及时给予指导和解答，确保项目式教学顺利进行。

（3）活动探究

略。

（4）成果展示阶段

小组各学习成员对活动探究阶段所得成果进行整合分析，并从中推选1~2名代表或全体成员在全班范围内展示本组活动成果，分享观点与思考。展示形式可包括调查报告、思维导图等，以体现团队智慧。在展示过程中，其他小组需认真倾听并记录，展示结束后可向展示小组提问，展开互动交流。教师在此过程中负责控制展示时间，解答讨论中出现的问题，并适时启发学生思考，以锻炼其语言表达和思考能力。

**3. 项目评价**

项目评价作为项目式教学的重要环节，旨在检验学生在学科知识和核心素养方面是否达成预期目标。这一过程既包括教师对学生的评估，又包括学生的自我评价，目的在于使学生明确自己在项目活动中已具备的能力及待提升的素养，促进"教、学、评"一体化发展。

（1）多评价方式结合

项目式教学有助于推进过程性评价的实施，根据项目实施环节中的四个阶段，可以显著观察到学生各项素养的发展状况，从而全面且准确地评估学生表现。在计划制订的阶段，可以评价学生对学科知识的掌握程度以及团队合作沟通能力；在活动探究阶段，可进一步观察学生的实践操作能力和知识应用能力；而在成果展示阶段，则可评估学生的语言表达能力和问题解决能力。项目结束后，可通过传统的纸笔测试或即时评价小程序来检测学生对学科知识的掌握程度以及教学目标的达成情况。

（2）多主体角色评价

在项目实施过程中，教师评价、学生自评及学生互评三种评价方式贯穿始终。教师在项目实施环节，持续对学生进行指导，以便及时发现并解决学生遇到的问题。在成果展示阶段，鼓励学生之间相互质疑，以彰显学生互评在整体评价中的重要地位。这种全方位的评价方式，不仅有助于教师全面了解学生的学习状况，还能帮助学生自我监控学习进度，并获得及时反馈，从而提升自我反思能力。

张雪清的《基于"证据推理与模型认知"的项目式教学设计——以〈新型化学电源〉复习课为例》[①]一文,从原电池工作原理的本质(电极反应、电极材料、离子导体、电子导体四要素)出发,将原电池原理的复习课设计成项目式教学案例,阐述了如何将多元化的教学内容规划为一系列项目,使学生在参与过程中掌握知识、深入理解知识,并能够运用所学知识解决实际问题,进而在项目式学习模式中实现证据推理与模型认知这一核心素养的培养。

### 新型化学电源(复习课)

**一、项目设计背景**

电化学是中学化学的学习难点之一,《普通高中化学课程标准(2017年版)》针对电化学的内容指出:"认识化学能与电能相互转化的实际意义及其重要应用。了解原电池及常见化学电源的工作原理。"在以往的教学中,原电池的构成要素为活泼性不同的金属与金属(或非金属)、电解质溶液、形成闭合回路这三要素。在这三要素模型中活泼性不同的电极能反映原电池的氧化还原性质,且在实际电池(如氢氧燃料电池)中是不需要的;电解质溶液也有局限性,如实用的氢氧燃料电池不需要电解质溶液,用质子交换膜作为离子的通道。因此,将三要素模型修正为电极反应、电极材料、离子导体、电子导体四要素模型,更加能反映原电池工作原理。该模型也适用于电解工作原理,更具有通用性。因此,将原电池原理的复习课设计成一个项目,在完成项目过程中使学生形成"识别模型—优化模型—理解模型—构建模型—运用模型"的思维进阶,让学生了解化学模型的提出和更新过程,从中更深刻地理解科学的性质,形成实事求是的科学态度,促进学生想象力和逻辑思维能力的发展。

**二、项目设计流程**

第一阶段 激活旧知,识别模型:原电池构成要素分析

以人教版高中《化学》必修二铜—锌—硫酸铜溶液原电池实验为切入点,根据实验结论,初步建立原电池形成条件的模型:①活泼金属做负极,不活泼金属(或石墨)做正极;②电解质溶液;③构成闭合回路。教师引导,提出

① 张雪清.基于"证据推理与模型认知"的项目式教学设计——以《新型化学电源》复习课为例[J].新课程,2020(7):150-151.

思考：活泼金属一定做负极吗？用实验验证。修正形成条件①。接着提出思考：依据实验过程中的异常现象，怎么优化实验装置？重新设计实验装置。

实验一：初步识别模型

【确定项目】

观看新能源汽车视频，视频中电池的工作原理是什么？设计基本的原电池装置。

【设计方案】

实验用品：（微型实验）

液体：$CuSO_4$溶液1 mol/L。

其他：铜棒、锌棒、碳棒、音乐芯片、点滴板、2p头、电压表。

【完成项目】

步骤：向点滴板①孔中滴加10滴$CuSO_4$溶液，并将铜棒与锌棒插入点滴板的$CuSO_4$溶液中且铜棒和锌棒不能相互接触，连接音乐芯片和电压表。

现象：可听到美妙的音乐。（注：音乐芯片的正负极如果接反，则无法发声，由此可判断正负极）

【交流展示】

1. 化学能转化为电能。

2. 构成原电池的条件：活泼金属做负极，不活泼金属做正极；电解质溶液；形成闭合回路。

【评价改进】

思考1：该电池工作的原理是什么？

思考2：活泼性不同的金属做电极时，较活泼的金属一定做负极吗？设计实验加以证明。

实验二：反思结论，修正模型

【确定项目】

解决思考2：活泼金属一定做负极吗？

【设计方案】

实验用品：（微型实验）

液体：NaOH溶液1 mol/L，$H_2SO_4$溶液1 mol/L。

其他：镁棒、铝棒、音乐芯片、点滴板、电压表。

【完成项目】

步骤一：向点滴板①孔中滴加10滴$H_2SO_4$溶液，并将镁棒与铝棒插入点滴板的$H_2SO_4$溶液中且镁棒与铝棒不能相互接触，连接音乐芯片和电压表。

现象：铝棒表面有气泡，可听到美妙的音乐。

步骤二：将$H_2SO_4$溶液换为NaOH溶液，重复上述实验步骤。

现象：镁棒表面有气泡，没有听到音乐，调两极接线，可听到美妙的音乐。

（注：音乐芯片的正负极如果接反，则无法发声，由此可判断正负极）

【交流展示】

化学能转化为电能。由自发进行的氧化还原反应确定该装置电极。

【评价改进】

思考3：铜—锌—硫酸铜溶液构成的原电池，一段时间后会发现锌的表面有红色物质析出，怎么避免该现象的发生？

实验三：依据模型，改进装置

【确定项目】

解决思考3：铜—锌—硫酸铜溶液构成的原电池，一段时间后会发现锌的表面有红色物质析出，怎么避免该现象的发生？

【设计方案】

实验用品：

液体：$CuSO_4$溶液1 mol/L，$ZnSO_4$溶液1 mol/L。

其他：铜棒、锌棒、盐桥、音乐芯片、电流表、导线、小烧杯2个。

【完成项目】

步骤：向两个小烧杯中分别加入$CuSO_4$溶液、$ZnSO_4$溶液，将铜棒放入$CuSO_4$溶液中，锌棒放入$ZnSO_4$溶液中，用导线将音乐芯片连接。将盐桥插入两个烧杯中，形成闭合回路。

现象：可听到美妙的音乐，锌棒表面没有明显变化。

【交流展示】

化学能转化为电能。总结双液电池的优点。

【评价改进】

思考4：构成原电池的电极一定参加反应吗？

第二阶段　活动探究，优化模型：从电子导体的角度深度分析模型——燃料电池。

从电子导体的角度深度分析原电池的形成条件②，思考4：原电池的电极一定参加反应吗？查阅文献资料（中英文）并总结汇报。

在查阅文献资料时，学生要把中文资料和英文资料整理好后展示给大家。在查阅文献中，学生的文件检索能力和学术翻译能力得到了锻炼。

【确定项目】

解决思考4：构成原电池的电极一定参加反应吗？查阅文献资料（中英文）并总结汇报。

【设计方案】

实验用品：

液体：$Na_2SO_4$溶液1 mol/L。

其他：小型水电解器、小风扇、变压器、转换接头。

【完成项目】

步骤：电解1 mol/L硫酸钠溶液，2分钟可获得约10 mL氢气和5 mL氧气。待气体生成一定量后，连接小风扇。

现象：小风扇可转动约20秒。

【交流展示】

氢气、氧气构成氢氧燃料电池，将化学能转化成电能。

【评价改进】

思考5：构成电池的电解质一定是溶液吗？观看视频，查阅文献，了解前沿科技。

整理文献资料并填表（燃料电池）：

表5-3-1　燃料电池

| 燃料电池工作原理 | 燃料电池种类（按照电解质分类） | 电极反应式 |
|---|---|---|
| 燃料电池（FC）是把燃料中的化学能通过电化学反应直接转换为电能的发电装置 | 质子交换膜燃料电池（PEMFC）： | |
| | 熔融碳酸盐燃料电池（MCFC）： | |
| | 磷酸燃料电池（PAFC）： | |
| | 碱性燃料电池（AFC）： | |
| | 固体氧化物燃料电池（SOFC）： | |

第三阶段　从离子导体的角度深度分析模型——浓差电池

在查阅资料时，对于电池的使用有这样一段描述：电池在无使用情况下，电量自减少或消失现象称自放电，铅酸电池充足电1个月内每昼夜容量降低超3%，称故障性自放电。产生自放电的原因：①铅酸电池长期存放，硫酸下沉，使极板上、下部产生电位差，引起自放电；②铅酸电池溢出电解液堆积在电池盖表面，使正、负极形成通路。

思考6：如何理解"硫酸下沉，使极板上、下部产生电位差，引起自放电"？实验验证。

【确定项目】

解决思考6：查阅文献（中英文），如何理解浓差电池？

【设计方案】

实验用品：

液体：几种不同浓度的氯化钠溶液。

其他：海水淡化——浓差电池联合装置、电压表、电极板2个。

【完成项目】

步骤：①取两种不同浓度的氯化钠溶液，将溶液交替放入联合装置的储液室中；②联合装置两侧放入相同电极片，连接电压表，测量并记录电压；③改变电极片在储液室的位置，测量并记录不同位置时的电压；④保持低浓度氯化钠溶液，将另一浓度调高，重复②③步骤记录电压。

现象：记录电压表数据。

【交流展示】

浓度差越大电压越高，测量储液室的间隔越多电压越大，同一储液室时没有电压。

【评价改进】

查阅文献：浓差电池的工作原理及其应用，了解前沿科技。

第四阶段　构建原电池的分析模型

根据上面的分析，由学生构建原电池的分析模型。原电池构成的四要素：①电极反应；②电极材料；③离子导体；④电子导体。

第五阶段　模型的应用——新型化学电源的未来

思考7：查阅中英文资料，关注新型化学电源的未来发展，整理文献资料，汇报。

在查阅资料过程中，学生会发现，原电池原理在其他学科也有广泛的应用，有的学生写出了在生物方面应用的研究；有的学生写出电化学技术在环境保护方面应用的研究；还有的学生写出了电化学在物理方面应用的研究。

项目式学习的思想是让学生通过实际活动去学习，这一模式认为知识只有通过行动才能获得。学生在完成一个个"项目"的过程中，通过不断地提出问题、分析问题、解决问题、反思问题使各种能力得到锻炼，最终提升科学素养。张老师通过引领学生在完成项目的过程中形成"识别模型—优化模型—理解模型—构建模型—运用模型"的思维进阶，让学生了解化学模型的提出和更新过程，从而更深刻地理解科学的本质，形成实事求是的科学态度，促进学生想象力和逻辑思维能力的发展，发展学生证据推理与模型认知素养。

### （三）基于发展证据推理与模型认知素养的化学项目式教学模式

项目式教学模式通过构建层层递进的学习任务，以学生现有认知为基础，围绕学术探索等情境问题，精心策划探究活动。在解决问题的过程中，培养学生基于证据推理构建思维模型。此举不仅从侧重知识教学转向关注学生化学学科核心素养的提升，激发学生主动探究的热情，指导他们遵循科学家思考问题的方式，还有助于突破知识间的孤立状态，引导学生发现知识间的内在联系与规律，实现从零散到系统的学科知识结构化。此外，项目式教学还能激发学生的探索精神，在教授化学知识的过程中，培养和发展他们的创新能力、实践能力及批判性思维能力，实现化学学科知识从功能化向素养化的跃升。

综合文献及上述项目案例研究，构建基于证据推理与模型认知素养的高中化学项目式学习的教学理论模型时，应从项目设计、实施环节以及评价环节三个维度进行全面考虑，以解决项目设计、实施及实施效果三个方面的问题。具体教学框架如图5-3-2所示。

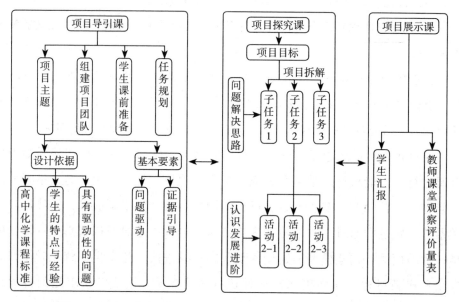

图5-3-2　基于发展证据推理与模型认知素养的化学项目式教学框架

　　基于发展证据推理与模型认知素养的化学项目式教学，在学科知识、认知思维、学科观念等方面展现出独特的优势。这一教学模式强调开展以发展证据意识为基础的科学探究项目活动，实现知识自主内化与构建。通过项目活动将学科知识、学科思维等融合，形成解决问题的认知模型，有助于学生在实际应用中提升解决实际问题的关键能力及化学核心素养。

　　在项目式学习中，学生以真实情境下的问题解决为依托开展探究性活动，核心知识线始终贯穿于各串联的项目任务中，在情境、任务学习中体验学习、探究学习、自主学习和综合学习。项目环节有：布置项目任务、教师支持、学生活动、素养发展评价。在布置项目任务环节，提出基于真实情境的驱动性问题。关于教师支持环节，要体现教师的主导性，教师提供素材证据，并且引导学生找出解决问题的方法。在学生活动环节，学生根据课前收集的资料、教师的引导整理解问题的方法，体现以学生为主体的教学原则。在素养发展评价环节，教师根据学生的课堂表现、教师课堂观察量表和学生项目单对学生的知识学习和素养发展进行评价。借鉴、综合文献，基于证据推理与模型认知素养的化学项目式教学模式如图5-3-3所示。

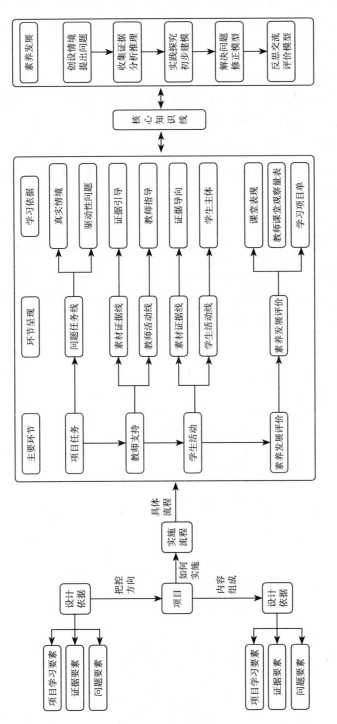

图5-3-3 基于发展证据推理与模型认知素养的化学项目式教学模式

　　化学项目式教学的项目背景均为日常生活中的真实情境，其有以下优点：一是有利于引导学生利用学科知识解决实际问题，这不仅能提高学生的证据意识——用生活现象解释化学原理，还能使学生体会化学学科的社会价值。二是项目式教学所具有的趣味性与学生在课堂中的主体性，使得学生积极主动的学习意愿远远高于普通课堂，小组合作学习也促使学生在沟通与讨论中发展自己的思维，建构模型、修正发展模型、评价优化模型，达成良好的学习效果。三是项目式教学中的多方面评价使学生的学习成果得到及时反馈，教师在教学过程中可以针对学生的情况随时对教学内容进行调整，使得教学的针对性有效提高，学生的自我效能感也得到提升。

　　证据推理与模型认知素养在化学学科核心素养体系中具有举足轻重的地位，它们之间关系密切。证据推理有助于学生形成模型思维，因此，模型认知被视为其高级形态。项目式学习以学生为核心，创设真实的学习情境，让学生在解决问题的过程中培养模型思维，确保学习理念、目标与当前教育改革高度契合，是一种科学的素养培养教学方法。

# 第六章

# 基于发展证据推理与模型认知素养的教学实践

# 第一节　教学案例

化学是一门源于实验探究、注重实验探究的自然科学。实验是化学学科的核心组成部分，通过实验，学生可以直观地观察到化学现象，从而为学习化学知识提供有力的证据。在教学过程中，教师应以实验为依托，引导学生学会观察、记录、分析和解释实验现象，培养他们的证据推理能力。模型是化学理论体系的重要组成部分，通过构建模型，学生可以更好地理解化学现象的本质和规律。在教学过程中，教师应引导学生学会从实验现象中提炼关键信息，构建合适的模型来解释化学现象。本节收录的是笔者开展的基于发展证据推理与模型认知素养的教学实践中部分不同教学内容、不同课型的教学案例，希望能为广大教师提供一些参考。

## 案例一：钠及其化合物
——高一化学单元整体教学

### 一、单元教学设计

#### （一）指导思想与理论依据：基于发展核心素养的单元教学设计

基于发展核心素养的单元教学设计是"撬动课堂转型的一个支点"，因为一个主题单元具有自身的逻辑结构，包含学科认知、化学实验和科学探究、科学与人文教育，是承载着发展学生化学学科核心素养任务的教学内容。单元整体设计一般要注意四个问题：一是如何依据课程标准、教材、课时、学情和资源等，确定一个学期的单元名称与数量以及每个单元的课时数。二是如何按课时设计一个单元的完整的学习方案。三是如何在一个单元学习中融入真实情境。四是如何设计反思支架以引领或帮助学生反思。

### （二）教学内容分析与学情分析

**1. 教学内容分析**

"钠及其化合物"是人教版《化学》必修一第二章"海水中的重要元素——钠和氯"第一节的内容。钠及其化合物是义务教育阶段所学的金属铁、氯化钠、碳酸钠和碳酸氢钠等知识的延续。钠及其化合物是《普通高中化学课程标准（2017年版2020年修订）》中要求掌握的重要元素化合物知识，也是学习研究物质性质的方法和程序的载体，为后续金属及其化合物的学习建构了研究模型，奠定了学习基础。同时，本节内容也为第一章所学的理论、规律补充了感性认识的材料。因此，本节在元素与化合物知识板块中占有特殊地位，具有重要功能。

本节内容包含三个学习主题，分别是"活泼的金属单质——钠""钠的几种化合物""焰色试验"。

**2. 学情分析**

初中化学中介绍了一些常见的金属，主要是铝、铁和铜。金属的性质以物理性质为主，化学性质涉及金属（铁、铝等）与氧气的反应。初中化学还介绍了金属活动性顺序，使学生初步了解了金属与酸或盐溶液的反应规律。本节在初中介绍的金属与金属材料的基础上，进一步发展和提高。金属钠是一种典型的活泼金属单质，学生对其的了解甚少，通过学习可以丰富对金属单质的认识。同时在运用原子结构理论解释金属钠的性质，运用氧化还原反应、离子反应的规律理解过氧化钠、碳酸钠和碳酸氢钠性质的过程中，学生能将宏观现象与微观本质联系起来，逐步使自己的认识系统化。

钠及其化合物这一部分内容属于典型的元素化合物知识，其特点是知识零散、庞杂，学生在学习时难以建立知识之间的联系。本单元教学主要从元素视角、分类视角及化合价视角，帮助学生从更深层次认识物质性质。

### （三）单元教学目标与评价目标设计

**1. 教学目标**

（1）通过对金属钠的物理性质和化学性质的研究，认识到钠是一种很活泼的金属；通过对氧化钠和过氧化钠、碳酸钠和碳酸钠氢钠的学习研究，认识到分类、比较等方法在研究物质性质过程中的作用，深化对氧化还原反应、离子反应相关概念的理解。

（2）通过观察、分析实验现象，了解研究物质性质的基本方法，体会实验探究在化学研究中的作用。

（3）通过对钠及其化合物的研究，激发学习化学的兴趣，树立将化学知识与生产、生活实践相联系的意识。

**2. 评价目标**

（1）通过创设情境，对问题的分析、回答，诊断学生实验探究物质性质的水平（基于经验水平、基于概念原理水平）和认识物质的水平（孤立水平、系统水平）。

（2）通过对钠与水反应实验方案设计的交流与点评，发展学生的物质性质实验探究设计的水平（孤立水平、系统水平）。

（3）通过对钠及其化合物性质的讨论和点评，诊断并发展学生对物质及其转化思路的认识水平（孤立水平、系统水平）。

（4）通过对钠及其化合物在日常生产、生活中应用的认识，诊断并发展学生应用知识解决问题的能力水平及其对化学价值的认识水平（学科价值视角、社会价值视角、学科和社会价值视角）。

**（四）单元教学主要过程（表6-1-1）**

表6-1-1 "钠及其化合物"单元教学主要过程

| 课时 | 第1课时 | 第2课时 |
|---|---|---|
| 内容 | 活泼的金属单质——钠 | 钠的几种化合物 焰色试验 |
| 知识点 | 钠的物理性质、钠的化学性质（与氧、水的反应） | 氧化钠的性质及用途、过氧化钠的性质（与水、与$CO_2$的反应）及用途，焰色试验 |
| 单元教学知识结构图 | | |

续 表

| 单元主要任务 | 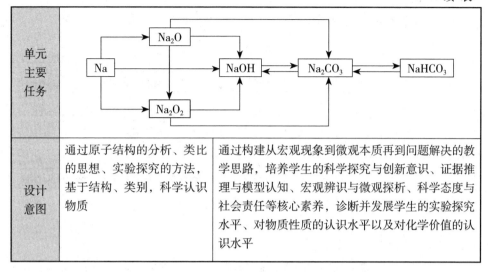 | |
|---|---|---|
| 设计意图 | 通过原子结构的分析、类比的思想、实验探究的方法，基于结构、类别，科学认识物质 | 通过构建从宏观现象到微观本质再到问题解决的教学思路，培养学生的科学探究与创新意识、证据推理与模型认知、宏观辨识与微观探析、科学态度与社会责任等核心素养，诊断并发展学生的实验探究水平、对物质性质的认识水平以及对化学价值的认识水平 |

## — 第1课时（活泼的金属单质——钠）—

**1. 教学目标**

（1）能从宏观的角度认识钠元素的存在形式，通过分析推理、实验探究认识钠的性质，建构结构化的知识体系。

（2）通过对钠与水反应产物的预测及检验、实验现象分析及实验方案的设计，提高证据推理与模型认知素养。

（3）通过设计钠着火的灭火方法，提升分析问题、解决问题的能力，强化安全意识，形成严谨的科学态度。

**2. 评价目标**

（1）通过对问题的回答情况以及对实验过程的观察，诊断并发展学生的认知水平（孤立水平、系统水平）和实验探究水平（孤立水平、系统水平）。

（2）通过对钠与水反应的探究，诊断并发展学生认识思路的结构化水平（孤立水平、系统水平）。

（3）通过对钠元素在生活、生产中的应用调研，诊断并发展学生应用知识解决实际问题的能力水平及其对化学价值的认识水平（学科价值视角、社会价值视角、学科与社会价值视角）。

**3. 教学方法**

实验演示法、实验探究法、证据推理法。

### 4. 教学过程

（1）教学思路，如图6-1-1所示。

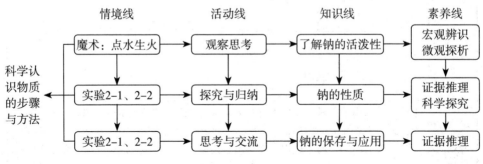

图6-1-1 "活泼的金属单质——钠"教学思路

（2）教学过程，见表6-1-2。

**表6-1-2 "活泼的金属单质——钠"教学过程**

| 环节 | 学习任务 | 教师活动 | 学生活动 | 设计意图 |
|---|---|---|---|---|
| （1）魔术表演，了解金属钠的活泼性 | 【任务1】了解金属钠是一种活泼的金属 | 【创设情境】"点水生火"魔术（将绿豆大小的钠嵌于酒精灯灯芯处，用玻璃棒蘸取水点滴在灯芯上）<br>【问题驱动】<br>（1）燃烧的条件是什么？<br>（2）钠在金属活动顺序表中的位次是什么？<br>（3）如何从结构的角度分析钠的性质? | 观察魔术<br>现象分析<br><br>思考与交流 | 结合"点水生火"魔术引出新课并创设问题链，诊断学生对金属性质的认识水平，使学生建立结构决定性质的观念，塑造宏观辨识与微观探析的化学学科素养 |
| （2）合作实验，探究钠的性质 | 【任务2】钠的物理性质<br>【任务3】钠与氧气的反应 | 指导实验2-1，组织学生结合实验认识钠的物理性质。<br>结合实验2-1，组织学生分析"新切开的钠的表面的变化" | 小组实验<br>思考与交流 | 结合实验2-1、实验2-2，诊断学生观察、分析与归纳等能力，培养学生合作学习的态度，使学生认识不同实验 |

| 环节 | 学习任务 | 教师活动 | 学生活动 | 设计意图 |
|---|---|---|---|---|
| （2）合作实验，探究钠的性质 | 【任务4】探究钠与水的反应 | 指导实验2-2，引导学生认识实验条件对化学反应的影响。分析实验2-2中黑烟产生的原因。指导完成探究实验"钠与水的反应"和"滴水生火"魔术 | 提出假设→设计实验→检验假设→完成实验→实验观察 | 条件对反应产物的影响，培养学生的质疑精神。结合探究实验，引导学生认识、预测反应产物；通过实验方案的设计与评价，增强学生实验安全意识，诊断并发展学生的实验探究、证据推理的学科核心素养 |
| （3）应用分析，金属钠的保存与应用 | 【任务5】金属钠的保存与应用 | 【问题驱动】（1）如何保存金属钠？如何选择密封剂？（2）如何扑灭存放金属钠的火场的火？ | 思考与交流 | 诊断并发展学生运用已有化学知识分析、解决问题的能力，使学生认识化学的价值水平，树立结构决定性质的观念 |
| （4）学习反思，科学认识物质的步骤与方法 | 【任务6】科学认识物质的步骤与方法 | 构、类、价　　　　基于实验证据<br>用途　性质（预测、检验）→实验（验证、探究）→结论（解析、推论）<br>猜想、类比、对比　观察、分析　分析、归纳 | | 使学生掌握科学认识物质的步骤与方法，树立科学研究物质的基本化学观念 |

## 5. 学业质量评价

1. 关于钠元素，下列叙述中不正确的是（　　　　）

A. 钠离子与钠原子有不同的化学性质

B. 钠原子易失去一个电子，表现出强氧化性

C. 不同条件下，钠单质与氧气反应可生成不同的氧化产物

D. 自然界中钠元素只以化合态存在

2. 关于金属钠，下列说法不正确的是（　　　）

A. 金属钠试剂瓶表面张贴的标志为"遇湿易燃品"

B. 金属钠着火时，可用细沙覆盖灭火

C. 多余的金属钠要放回原瓶

D. 金属钠还原性强于金属钾

3. 下列物质间发生化学反应，在不同条件下可以制得不同产物的是（　　　）

A. Na和$O_2$                    B. Na和$Cl_2$

C. Mg和$O_2$                    D. Na和$H_2O$

4. 将一粒绿豆大小的金属钠投入盛有硫酸铜溶液的烧杯中，下列实验现象描述不正确的是（　　　）

A. 溶液中有蓝色沉淀生成

B. 反应放出热量，发出嘶嘶声

C. 钠熔成一个闪亮的小球，并在液面上向各方向迅速游动，最后消失

D. 有红色物质生成

5. 在实验室里为了研究钠的性质，做了如下实验。

（1）取用浸没在煤油中的金属钠的操作方法是_____。

（2）取一块金属钠放在燃烧匙里加热，观察到下列实验现象：①金属先熔化；②在空气中燃烧，产生黄色火花；③燃烧后得白色固体；④燃烧时火焰为黄色；⑤燃烧后生成淡黄色固体。描述正确的是（　　　）。

A. ①②                          B. ①②③

C. ①③                          D. ①④⑤

（3）向一小烧杯中分别加入等体积的水和煤油，片刻后再向该烧杯中轻缓地加入一块绿豆大小的金属钠，观察到的现象可能符合图6-1-2中的（　　　）。

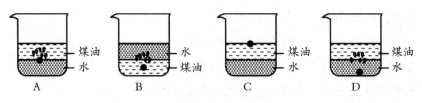

图6-1-2

（4）将一小块钠投入$FeCl_3$溶液中，发生反应的有关化学方程式为_____。

## — 第2课时（钠的几种化合物 焰色试验）—

**1. 教学目标**

（1）通过了解钠的重要化合物的化学式、俗名、物理性质及其用途，初步形成基于物质类别和结构对物质的性质进行预测和检验的认识模型。

（2）通过对过氧化钠、碳酸钠和碳酸氢钠化学性质及焰色试验进行探究实验，培养设计实验和动手操作的能力。

（3）通过创设问题情境，了解钠的重要化合物的应用途径，树立钠的重要化合物与人类的生活、生产密切相关的价值观，感受化学物质的价值。

**2. 评价目标**

（1）通过对过氧化钠、碳酸钠和碳酸氢钠化学性质及焰色反应探究实验的交流与点评，诊断并发展学生对物质性质的实验探究能力与实验设计水平（孤立水平、系统水平）。

（2）通过对过氧化钠的正确保存和焰色反应的应用，诊断并发展学生的实验安全意识（视角水平、内涵水平）。

（3）通过对氧化钠和过氧化钠、碳酸钠和碳酸氢钠与人类的生活、生产密切相关的价值观的讨论和点评，诊断并发展学生对化学价值的认识水平（学科价值视角、社会价值视角、学科与社会价值视角）。

**3. 教学方法**

实验探究法、问题讨论法。

**4. 教学过程**

（1）教学思路，如图6-1-3所示。

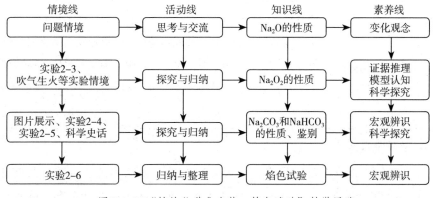

图6-1-3 "钠的几种化合物 焰色试验"教学思路

（2）教学过程，见表6-1-3。

表6-1-3 "钠的几种化合物 焰色试验"教学过程

| 任务 | 学习任务 | 教师活动 | 学生活动 | 设计意图 |
|---|---|---|---|---|
| （1）自主迁移，认识氧化钠的性质 | 【任务1】氧化钠 | 指导学生根据物质类别认识物质化学性质 | 思考与讨论 | 诊断学生从物质类别的角度认识元素与化合物的水平，发展学生自主学习的能力 |
| （2）小组探究，认识过氧化钠的性质 | 【任务2】过氧化钠 | 引导学生类比氧化钠，预测过氧化钠的化学性质。指导学生完成实验2-3。【魔术】滴水生火、吹气生火。指导学生分析$Na_2O_2$作供氧剂的原理。指导学生列表比较$Na_2O$和$Na_2O_2$ | 思考与讨论观察与思考实验与分析书写化学方程式归纳与整理 | 结合魔术、实验情境，采用类比的研究方法，引导学生主动参与、思考，诊断和发展学生实验探究物质性质的水平，发展学生对化学价值的认识水平及应用知识解决问题的能力 |
| （3）求同存异，输出"碳酸钠和碳酸氢钠性质差异" | 【任务3】碳酸钠和碳酸氢钠 | 指导学生围绕用途预测物质的性质。指导学生完成实验2-4、实验2-5。演示补充实验（碳酸钠和碳酸氢钠分别与盐酸的反应）。指导学生阅读教材【科学史话】板块，组织学生分析碳酸钠和碳酸氢钠的鉴别及转化 | 思考与讨论实验与分析观察与思考体验学科价值思考与讨论 | 通过实验、对比分析、讨论归纳等活动，发展学生的科学探究能力、证据推理和建模能力；结合科学史话，培养学生的社会责任感 |
| （4）实验体验，焰色试验 | 【任务4】焰色试验 | 指导学生完成实验2-6。引导学生认识焰色试验 | 实验与分析理解与应用 | 通过观察燃放烟花中的焰色试验现象，培养并发展学生认识物质及检验物质的思路，培养学生的社会责任感 |

**5. 学业质量评价**

1. "神舟"号载人航天器中，航天员所在的返回舱都是密封的，航天员吸入氧气，呼出二氧化碳，二氧化碳如果浓度过高，会使航天员困乏，呼吸频率

加快，严重的会导致窒息。为使二氧化碳浓度降低而保持舱内氧气的比例适当，可以在返回舱内放入（　　　）

A. $Na_2O_2$

B. $Na_2CO_3$

C. NaOH

D. $NaHCO_3$

2. 除去$NaHCO_3$溶液中混有的$Na_2CO_3$，下列方法中可以采用的是（　　　）

A. 加入过量的HCl溶液

B. 加入过量的$Ca(HCO_3)_2$溶液

C. 通入过量的$CO_2$气体

D. 将溶液进行加热

3. 下列说法正确的是（　　　）

A. 钠与$CuSO_4$溶液反应：$2Na+Cu^{2+}=\!=\!=Cu\downarrow+2Na^+$

B. $Na_2O_2$与水反应时，生成1个$O_2$，转移2个电子

C. $Na_2O_2$与$CO_2$反应时有单质$O_2$生成，该反应属于置换反应

D. 在酒精灯加热条件下，$Na_2CO_3$和$NaHCO_3$固体都能发生分解

4. 某同学将金属钠露置于空气中，观察到下列现象：银白色$\xrightarrow{①}$变灰暗$\xrightarrow{②}$变白色$\xrightarrow{③}$出现液滴$\xrightarrow{④}$白色晶体$\xrightarrow{⑤}$白色粉末。根据钠及其化合物的性质分析，下列说法正确的是（　　　）

A. ①发生了氧化还原反应

B. ①变灰暗是因为生成了过氧化钠

C. ③是碳酸钠吸收空气中的水形成了溶液

D. ④⑤只发生物理变化

5. A、B、C、D、E五种物质的焰色都为黄色，A、B与水反应都有气体放出，A与水反应放出的气体具有还原性，同时都生成C，C与适量的$CO_2$反应生成D，D溶液与过量的$CO_2$反应生成E，E加热能变成D。

（1）写出A~E的化学式：A_____，B_____，C_____，D_____，E_____。

（2）E加热生成D的化学方程式是_____。

（3）写出C溶液和$CO_2$反应生成D的离子方程式：_____。

## 二、教学反思

（1）在教学内容的组织上，本单元教学设计重在组织学生实验，通过让学生讨论钠与水反应的实验操作过程和注意事项，引导学生抓住实验目的，研究

实验原理。每个实验的操作都力求让学生知道怎么做，为什么要这样做，以及基于知识结构进行实验现象预测。通过分组讨论和师生交流，把以往的机械操作变为活的思维过程，把照方抓药变为主动探究。

（2）在教学情境的选择上，本单元内容与生活实际联系紧密，创设与学生的生活环境和知识背景密切相关的情境，有利于让学生积极主动地投入学习活动中去。回归生活，让课堂与生活紧密相连，是新课程教学的基本特征。以人们在制造苏打饼干、焙制面包时，常往面粉中加入小苏打粉的事例引入$Na_2CO_3$与$NaHCO_3$的热稳定性，以气球膨胀显示$Na_2CO_3$、$NaHCO_3$与酸的反应剧烈程度的实验，使学生对学习的内容产生浓厚的兴趣和亲切感，激发起他们强烈的求知欲望，使学生能以饱满的热情投身于新知识的探究之中。

（3）在学习方法指导上，本单元教学采用类比学习法，如氧化钠类比氧化钙、过氧化钠类比氧化钠，总体效果不错。同时，本节课的实验趣味性强，学生学习热情较高，学习效果不错，但对于过氧化钠与水和与二氧化碳的反应的方程式书写及实质理解还需继续在练习中加强。

（4）在教学设计上，应当深刻领会新课程倡导的注重理论联系生活实际，培养学生从化学的角度解决生活实际问题的能力和科学思维方法，体现科学教育与人文精神培养相融合的教学理念。由于对学生的能力估计不足，怕学生不能很好地完成教学任务，因此在设计实验、探究的过程中，教师引导过多，使得探究的深度不够，学生设计的实验方案基本是在教师的引导下完成的，学生自由探索的空间不够。

# 案例二：乙烯与有机高分子材料
## ——高一化学单元整体教学

## 一、单元教学设计

### （一）教材分析
### 1. 课程标准节选 [《普通高中化学课程标准（2017年版2022年修订）》]
本节内容为2019年新人教版《化学》必修2第七章第二节"乙烯与有机高

分子材料"（共两个课时）。《普通高中化学课程标准（2017年版2020年修订）》学业要求是简述乙烯的物理性质，认识乙烯的结构和重点探究化学性质，结合典型实例认识官能团与性质的关系，学习加成反应、氧化反应、聚合反应等有机反应类型，知道合成新物质是有机化学研究价值的重要体现，能列举合成高分子等有机化合物在生产、生活中的重要作用，并结合这些物质的主要性质进行简单的说明，能从有机化合物及其性质的角度对有关能源、材料、环境等实际问题进行分析、讨论和评价。

**2. 教材内容分析**

该节内容是高中有机化学中最基本的核心知识，是学生"结构决定性质""性质决定用途"等观念形成的重要载体。教材介绍碳原子的成键特点和烷烃的性质后，第1课时以乙烯和溴的四氯化碳溶液反应为例，以直观的实验现象说明问题，引导学生认识乙烯的结构——碳碳双键，帮助学生掌握加成反应原理。

教材在介绍了乙烯的氧化反应、加成反应原理，加强学生从微观结构探究有机反应的认识视角之后，在第2课时侧重通过化学方程式、结构式和分子结构模型具体展示化学键与有机物的分子结构在聚合反应前后的变化，使学生初步认识加成反应与聚合反应的关系，并以聚乙烯为例介绍了链节、单体、聚合度等高分子基本概念，并结合大量实例来帮助学生认识有机高分子材料，发展学生的化学价值认识水平。

**（二）学情分析**

**1. 已有知识的能力**

第1课时：学生已经在前面学习甲烷的时候认识了碳原子成键特点，直观地认识到碳原子之间的成键形式。

第2课时：学生能直观地认识到乙烯与烷烃在结构上的差异，初步学会利用搭建模型来探析结构与性质关系的方法，并且对生活中无时无刻不接触到的塑料、橡胶、纤维制品这些合成材料的性能和用途并不陌生。

**2. 待构建、待发展的能力**

第1课时：一是学生对抽象的分子空间结构在认知上存在一定难度，二是学生缺少化学实验操作经验，三是学生对有机物的学习仍处于初级阶段，尚未意识到有机物的学习方法——结构决定性质，对乙烯的组成、结构和性质，以及加成反应原理都是完全陌生的，需要在教师的引导下建立认知模型，为后续学习做铺垫。

第2课时：在初中阶段学生曾简单地了解过小分子相互连接形成高分子的聚合反应，但并未从化学键的本质出发了解聚合反应的原理，同时学生对乙烯在石油化工产业的重要地位的认知几乎为零，更不清楚加聚反应对有机高分子材料（包括"三大高分子合成材料"）的广泛应用有着至关重要的作用，缺乏结合有机物结构与性质的关系对材料的发展与性能优化的认识。

**3. 学习障碍点预测**

第1课时：认识碳碳双键在加成反应中断、成键的原理，并推测出与其他物质反应的化学方程式的书写；判断加成反应或氧化反应等反应类型。

第2课时：认识加聚反应断键原理，认识物质，树立改造物质再到应用物质的学科价值理念。

**（三）单元教学与评价目标**

新课程标准指出，学生应通过实验探究和联系实际的方式学习上述知识。因此，以学生已有的经验为背景，设计联系实际、以综合问题解决为核心任务的教学活动，有助于将上述不同素养进行整合培养，进而有助于教学目标的高效落实。

**第1课时**

（1）通过搭建乙烯分子的球棍模型，建立对乙烯分子结构的直观认识，从微观的分子结构和化学键的角度来学习碳碳双键的特性，发展宏观辨识与微观探析的能力。

（2）通过分组实验学习乙烯化学性质，了解碳碳双键的特性，发展观察能力、操作能力和基于反应模型预测物质及其变化结果的能力，感受有机物组成和结构决定其化学性质的关系。

**第2课时**

（1）借助搭建聚乙烯分子结构模型的学习方式，独立探索并讨论聚乙烯结构特性，从微观分子结构和化学键视角认识加聚反应的断裂原理，理解合成新物质在有机化学研究中的重要价值，发展微观探析与模型认知能力。

（2）通过学习"口罩"的组成材料，构建对"三大合成材料"的结构、性能、应用的三维认知模型，发展从宏观与微观相结合的视角分析和解决实际问题的能力，以及运用聚合反应解决实际问题和认识化学社会价值的水平。

（3）通过问题驱动，理解加聚反应合成聚氯乙烯、聚丙烯的过程原理，了解加聚反应对有机高分子材料的重要作用，树立认识物质、改造物质、应用物质的学科价值观，培养多角度认识事物的能力，规划职业生涯，逐步树立可持续发展理念，从而提升综合素质。

**（四）单元教学与评价思路**

"乙烯与有机高分子材料"单元教学与评价思路如图6-1-4所示。

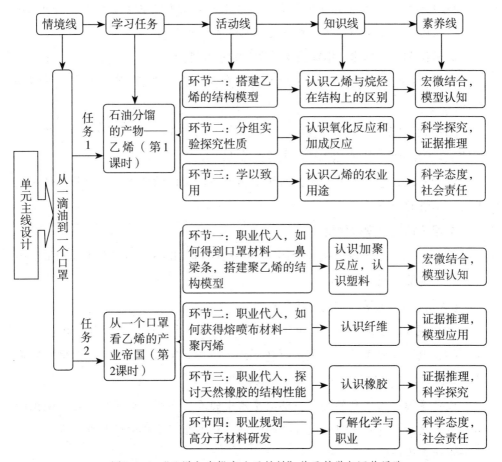

图6-1-4　"乙烯与有机高分子材料"单元教学与评价思路

（五）教学过程

— 第1课时（石油的分馏产物——乙烯）—

**1. 认识石油，引入常用物品——口罩，激发学生找出石油和口罩之间关系的欲望**

【学习任务1】阅读教材P103、P104，了解石油的冶炼流程，观看视频《石油让生活更美好》，讨论如何从石油中获得燃料——乙烯。

【评价任务1】根据乙烯结构式搭建乙烯的球棍模型，对比乙烷的结构，认识"碳碳双键"的特殊性。

设计意图：激发学生学习兴趣，基于真实情境让化学学习走进学生的现实生活，同时培养学生对生活中物质变化的观察和思考。

**2. 分组探究，构建"结构决定性质"的思维模型**

【学习任务2】提供数据，分组实验，推理总结"碳碳双键"所体现的特殊性质。

【评价任务2】分组探究实验1——乙烯与酸性$KMnO_4$，实验2——乙烯与溴的四氯化碳溶液，根据实验现象推测乙烯断键方式。

设计意图：诊断并发展学生基于证据事实以及结构特点，认识物质性质及其变化结果的能力。

**3. 思维拓展，学以致用**

【学习任务3】展示一瓶农业用品——乙烯利，介绍乙烯在农业上的重要用途——植物催熟剂。

【评价任务3】学以致用，巧用乙烯：

（1）我要成熟系列——展示庄稼图片（引导学生从催熟作用出发思考）。

（2）我要保鲜系列——展示鲜花图片（引导学生从"反催熟"角度出发思考：是酸性$KMnO_4$还是溴的四氯化碳溶液呢？）。

设计意图：用学到的知识去解决生活中的真实问题，对学生进行"认识物质→应用物质"这一学科价值理念的渗透，让学生感受化学学科在社会生产、生活中的重要价值。

— 第2课时（从一只"口罩"来看乙烯的产业帝国）—

**1. 情境引入**

介绍口罩消毒用的是环氧乙烷，这是利用乙烯的氧化反应制得的。

**设计意图**：逐渐引导学生从农业角度转移到工业角度去认识乙烯的用途，为新课学习做铺垫。

**2. 职业代入，从原材料—来源—加工方法来认识口罩组成材料——鼻梁条**

【学习任务1】职业代入：口罩部门研发人员，如何获得鼻梁条材料——聚乙烯？

【活动1】搭建聚乙烯的球棍结构模型；观察聚乙烯的球棍模型，找到片段中一直重复的部分。

【评价任务1】聚乙烯能使酸性高锰酸钾溶液褪色吗？为什么？

【活动2】认识常见的有机合成材料——塑料。

【课外拓展】认识塑料瓶底的数字密码。（参考"学案附录"）

【活动3】链接上节课石油的炼制，探寻原材料的来源和地位，进一步了解石油和口罩的紧密关系。

**设计意图**：搭建聚乙烯的球棍模型，培养学生的三维理解能力，深化学生对"碳碳双键"这一重要结构的认识，通过符号表征认识加聚反应，发展学生的微观探析和模型认知能力。

**3. 职业代入，从原材料—来源—加工方法来认识口罩组成材料——三层无纺布**

【学习任务2】如何获得熔喷布材料——聚丙烯？

【活动1】链接上节课石油的炼制的知识，介绍石油冶炼得到的另一种产量很高的气体——丙烯，展示石油—丙烯—聚丙烯—合成纤维的流程

【评价任务2】类比迁移——书写丙烯的加聚反应方程式。

【活动2】知识拓展——纤维分类，合成纤维的运用——宇航服、港珠澳跨海大桥。

**设计意图**：通过将陌生的物质具象化，培养学生将化学知识应用于生产、生活实践的意识，诊断并发展学生对化学社会价值的认识水平。

**4. 对比聚合物结构特点，认识耳绳材料——天然橡胶的结构性能，实现认识进阶**

【学习任务3】认识耳绳材料——有机高分子材料"橡胶"。

【评价任务3】合作讨论：

（1）天然橡胶为何容易老化？

（2）加工过程中要加入硫黄等硫化剂进行硫化，其目的是什么？

【建立模型】"认识物质—改造物质—应用物质"。

**设计意图**：通过了解天然橡胶的结构和硫化橡胶的性能，诊断学生知识迁移能力，构建"结构—性质—用途"的知识体系，发展学生对化学来源于生活，服务于生活的认识，体现学科价值。

**5. 升华主题，提升素养，职业规划，形成资源综合利用的核心观念：可持续发展**

【学习任务4】具有什么结构特点的分子才能发生加聚反应？

【评价任务4】高分子材料面临的问题。

【职业规划】高分子材料研发人员。

【学科提炼】总结从一滴油到一只口罩的神奇转化，认识三大有机高分子合成材料，引出聚合反应对有机高分子材料的重要意义。

**设计意图**：通过"石油—乙烯—高分子材料"这个载体，发展学生对化学来源于生活，服务于生活的认识，体现学科价值，引导学生正确看待有机高分子材料与"白色污染"的关系，培养学生的社会责任感和主人翁意识，启发有志者积极投身到化学科学研究中，通过化学对社会的可持续发展做贡献。

**（六）教学设计说明**

（1）本单元的设计理念是将教材第七章第二、四节知识进行重新整合，从而能更全面地讲清楚"从一滴油到一个口罩"这个过程，使学生形成"来源—原料—合成材料"的思路。

（2）教学思路清晰，脉络清楚，难度适中，使学生对石油和乙烯的重要性有了更进一步的了解，也知晓了二者之间更深层次的关联。

（3）通过提供化学键数据，以及让学生探究实验，使学生宏微结合，认识到"碳碳双键"的特殊性，同时抓住这个结构来判断加成反应和加聚反应的类型，实现了知识的进阶。

（4）本单元设计着重学以致用，无论是乙烯的农业、工业作用还是三大合成材料对现代社会发展的重要意义，都让学生将所学知识运用在解决实际问题和认识物质上面，很好地体现了"生活中处处有化学"的社会价值，构建了"结构—性质—用途"的知识体系。

## 二、单元教学反思

采用单元教学模式有助于学生明确思路，把握知识点间的深层关联。但我们也在课后的练习和考试等评价活动中发现学生运用系统思维深度思考问题、解决问题的能力还是有所欠缺，这主要与我们单元教学策略的贯彻力度不足有关，我们相信，随着学生更多地接触到单元教学，不断深化理解基于证据推理与模型认知的素养功能，建构有机物结构（有机化合物的断键、成键位置），理解有机化合物的基本化学性质，形成模型认知，应用迁移有机物性质与结构的模型认知，其模型拓展能力将更为自如，解决有机化学推断问题的认知思路将更开阔，有机物结构决定性质的化学观念将更为牢固。因此，在开展单元整体教学设计时，教师应注意素材的筛选和开发，彰显化学学科特色，并在学生活动中突出学生的主体地位。

虽然本节课的教学实施知识脉络清楚，但课后仍然有不少同学遗忘知识点，没有将"碳碳双键"这一重要结构特征记清楚，导致在写方程式的时候有胡乱断键、随意加成的情况，这说明学生的"学与用"之间还是断层的，模型建构与模型应用联系不够紧密，需要辅以练习解决学生存在的思维障碍。

# 案例三：有机化合物的分类
## ——高二化学新授课

## 一、教学设计

### （一）教学内容分析

### 1. 课标分析

由《普通高中化学课程标准（2017年版2020年修订）》主题1可知，课标对"有机化合物的分类"这一部分的要求是能辨识有机化合物分子中的官能团，认识官能团的种类（碳碳双键、碳碳三键、羟基、氨基、碳卤键、醛基、酮羰基、羧基、酯基和酰胺基），并从官能团的视角认识有机化合物的分类，知道简单有机化合物的命名。此外，认识官能团与有机化合物特征性质的关系，能据此分析简单有机化合物的某些化学性质，认识同一分子中官能团之间存在相互影响，在一定条件下官能团之间可以相互转化。建议可以通过模型拼插或动画模拟建立对有机化合物分子结构的直观认识；关注结构与性质的关联，通过对有机化合物化学性质的分析解释活动，体会官能团对有机化合物性质的决定作用；结合典型实例认识有机化合物分子中基团间存在相互影响，并适当开展基于结构分析预测性质和反应的学习活动。

**2. 教材分析**

本课时选自人教版高中化学选择性必修三第一章第一节"有机化合物的结构特点"。在编排上，教材先根据不同结构特点，依据构成有机化合物分子的碳骨架和官能团对有机化合物进行分类，帮助学生树立在有机化合物类别层面进行有机化学研究的观念；再通过思考与讨论，辨识官能团与有机化合物的分类，推理简单有机化合物的化学性质，帮助学生初步构建依据有机化合物分子结构分析预测其性质的方法体系。在必修第二册已经学习了甲烷、乙烯、乙醇和乙酸等有机化合物代表物的结构与性质，以及各种烃和烃的衍生物的简单分类的知识基础上，本节进一步学习依据碳骨架和官能团对有机化合物进行系统分类。由于学生已经学习了乙烯中的碳碳双键、乙醇中的羟基和乙酸中的羧基等官能团，教材将学生对官能团的认识拓展到碳碳双键、碳碳三键、羟基、氨基、碳卤键、醛基、酮羰基、羧基、酯基和酰胺基等常见官能团，从而帮助学生学会依据官能团进行有机化合物分类并开展分类研究的方法。依据碳骨架和官能团进行分类为日后学生学习有机合成时构建碳骨架和官能团打下基础。

**（二）学情分析**

**1. 学生对内容学习的现有水平分析**

（1）学生已经学习了烃和烃的衍生物的简单分类，知道甲烷、乙烯、乙醇、乙酸等有机代表物的物理性质和化学性质，初步认识了有机化合物的官能团。

（2）学生已经学习了物质的分类，认识了分类的意义，知道同类物质具有相似的性质。

（3）学生经过学习，具备了初步的证据推理能力与模型建构意识。

**2. 学生对内容学习的困难障碍分析**

（1）学生对已学知识的系统归纳水平不高，对常见有机代表物的结构与性质有所混淆。

（2）学生的证据推理与模型认知能力还比较薄弱，仍需进一步加强。

**（三）教学与评价目标**

**1.教学目标**

（1）通过了解有机化学的萌发和形成历史，生产、生活中的有机材料，感受科学发展的曲折与对人类社会的重要性，培养科学态度与学科荣誉感。

（2）通过球棍模型的搭建，能根据不同结构特点，依据构成有机化合物分子的碳骨架和官能团对有机化合物进行分类，辨识有机化合物分子中的官能团，认识官能团的种类，深化分类观，提高模型认知方法水平。

（3）通过探究丙烯酸的结构与性质，认识官能团对有机化合物特性的决定性作用，并认识官能团之间存在的相互影响，能据此分析简单有机化合物的化学性质，提升证据推理方法水平，初步构建依据有机化合物分子结构分析预测其性质的方法体系。

**2.评价目标**

（1）通过旧知回顾，诊断并发展学生对常见有机代表物组成与结构的掌握程度。

（2）通过球棍模型的搭建，诊断并发展学生的分类能力与模型认知方法水平。

（3）通过探究丙烯酸的结构与性质，诊断并发展学生的"结构决定性质"思维与证据推理方法水平。

**（四）教学重点与难点**

**1.教学重点**

（1）根据碳骨架与官能团对有机化合物进行分类。

（2）有机化合物分子中官能团的辨识，以及官能团对化学性质的影响。

**2.教学难点**

有机化合物分子中官能团的辨识，以及官能团对有机化合物化学性质的影响。

**（五）教学过程**

**1.课堂引入：化学史教学情境（有机化学的萌发与形成）**

【活动1】教师提问生活中的有机物，学生思考并回答。教师科普有机化学的萌发与形成——生活、生产中的有机材料。

【活动2】学生交流讨论：（1）什么是有机物？（2）有机化合物由哪些元素组成？

教师引导：含碳的化合物一定是有机物吗？（CO、$CO_2$……）

学生形成结论：一般把含碳元素的化合物称为有机化合物，简称为有机物。部分含碳的化合物并不是有机物。有机化合物由碳、氢、氧、氮、硫、磷、卤素等元素组成。

设计意图：通过有机化学的萌发与形成史，联系生产、生活，感受科学发展的曲折与对人类社会的重要性，培养学生科学态度与学科荣誉感；通过旧知回顾，引入新课，构建新旧知识网络。

**2. 模型构建，依据碳骨架对有机化合物进行分类**

【活动1】学生根据教师提供的有机分子球棍模型（图6-1-5），写出化学式与结构式，并小组合作搭建球棍模型，尝试对其进行分类。

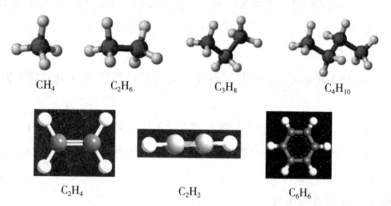

$CH_4$     $C_2H_6$     $C_3H_8$     $C_4H_{10}$

$C_2H_4$     $C_2H_2$     $C_6H_6$

图6-1-5　甲烷、乙烷、丙烷、丁烷、乙烯、乙炔、苯的球棍模型

教师提供环丁烷、环己烷、甲苯球棍模型，方便分类。

【活动2】学生回答所搭建球棍模型的名称、特点与分类方法。

教师引导学生从元素、碳骨架角度对有机化合物进行分类，回顾烃与烃的衍生物概念。

设计意图：通过球棍模型的搭建，回顾简单有机化合物的化学式、结构式、名称，直观形象地对比，归纳有机化合物可依据碳骨架进行分类，诊断并发展学生的模型认知方法水平，深化学生分类观。

**3. 模型构建，依据官能团对有机化合物进行分类**

【活动1】学生根据教师提供的球棍模型（图6-1-6），写出化学式与结构式，并小组合作根据既定顺序改装球棍模型，说出反应类型。

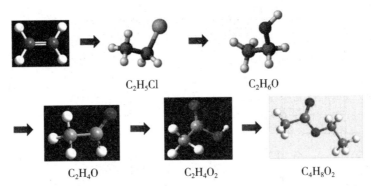

$C_2H_5Cl$        $C_2H_6O$

$C_2H_4O$        $C_2H_4O_2$        $C_4H_8O_2$

图6-1-6 乙烯→氯乙烷→乙醇→乙醛→乙酸→乙酸乙酯的球棍模型

教师在黑板上板书常见有机反应类型，方便学生回顾旧知。

【活动2】在教师的引导下，学生回答所搭建球棍模型的名称、官能团、改装过程、反应类型。

教师引导学生认识官能团对有机化合物特性的决定性作用，再认识官能团的种类，并从官能团的视角认识有机化合物的分类（表6-1-4），知道简单有机化合物的命名。

表6-1-4 有机化合物的分类

| 有机物类别结构 | | 官能团 | | 典型代表物 | |
|---|---|---|---|---|---|
| | | 结构 | 名称 | 名称 | 结构简式 |
| 烃 | 烷烃 | — | — | 甲烷 | $CH_4$ |
| | 烯烃 | $C=C$ | 碳碳双键 | 乙烯 | $CH_2{=}CH_2$ |
| | 炔烃 | $-C{\equiv}C-$ | 碳碳三键 | 乙炔 | $CH{\equiv}CH$ |
| | 芳香烃 | — | | 苯 | ⬡ |
| 烃的衍生物 | 卤代烃 | —X | 卤素原子 | 溴乙烷 | $CH_3CH_2Br$ |
| | 醇 | —OH | 羟基 | 乙醇 | $CH_3CH_2OH$ |
| | 酚 | —OH | 羟基 | 苯酚 | ⬡—OH |
| | 醚 | $-C-O-C-$ | 醚键 | 乙醚 | $CH_3OCH_3$ |

续　表

| 有机物类别结构 | | 官能团 | | 典型代表物 | |
|---|---|---|---|---|---|
| | | 结构 | 名称 | 名称 | 结构简式 |
| 烃的衍生物 | 醛 | $\overset{O}{\underset{\|}{—C—H}}$ | 醛基 | 乙醛 | $\overset{O}{\underset{\|}{H_3C—C—H}}$ |
| | 酮 | $\overset{O}{\underset{\|}{—C—}}$ | 羰基（酮基） | 丙酮 | $\overset{O}{\underset{\|}{H_3C—C—CH_3}}$ |
| | 羧酸 | $\overset{O}{\underset{\|}{—C—OH}}$ | 羧基 | 乙酸 | $\overset{O}{\underset{\|}{CH_3—C—OH}}$ |
| | 酯 | $\overset{O}{\underset{\|}{—C—O—R}}$ | 酯基 | 乙酸乙酯 | $\overset{O}{\underset{\|}{CH_3—C—OC_2H_5}}$ |
| | 胺 | $—NH_2$ | 氨基 | 甲胺 | $CH_3NH_2$ |
| | 酰胺 | $\overset{O}{\underset{\|}{—C—NH_2}}$ | 酰胺基 | 乙酰胺 | $CH_3CONH_2$ |

【活动3】在教师的引导下，学生交流讨论官能团在左右两侧的写法差别。

【活动4】在教师的引导下，学生交流讨论官能团和基、根（离子）的区别（表6-1-5）。

表6-1-5　官能团和基、根（离子）的区别

| 项目 | 官能团 | 基 | 根（离子） |
|---|---|---|---|
| 概念 | 决定化合物特殊性质的原子或原子团 | 化合物分子中去掉某些原子或原子团后，剩下的原子团 | 指带电荷的原子或原子团 |
| 电性 | 电中性 | 电中性 | 带电荷 |
| 稳定性 | 不稳定，不能独立存在 | 不稳定，不能独立存在 | 稳定，可存在于溶液中、熔融状态下或晶体中 |

| 项目 | 官能团 | 基 | 根（离子） |
|---|---|---|---|
| 实例 | —OH，—CHO，$-\overset{\|}{\underset{\|}{C}}-O-\overset{\|}{\underset{\|}{C}}-$，$-\overset{O}{\overset{\|}{C}}-H$，<br><br>$-\overset{O}{\overset{\|}{C}}-$，$-\overset{O}{\overset{\|}{C}}-OH$，—NH$_2$ | —CH$_3$，—OH，<br>—CHO，—COOH | NH，OH$^-$ |
| 联系 | 官能团属于基，但是基不一定是官能团，如甲基（—CH$_3$）不是官能团；根和基可以相互转化，如OH$^-$失去1个电子可转化为—OH，而—OH获得1个电子可转化为OH$^-$ | | |

**设计意图**：通过球棍模型的改装，回顾简单有机化合物的化学式、结构式、名称、官能团，以及改装过程和反应类型，直观形象。诊断并发展学生对常见有机代表物组成与结构、常见有机反应类型的掌握程度，引导学生归纳得出有机化合物可依据官能团进行分类，并认识常见官能团与有机化合物的类别，深化学生分类观，提高学生模型认知方法水平。

**4. 符号表征，辨识官能团与类别**

【活动】在教师的引导下，学生完成思考与讨论（1），按官能团的不同对图6-1-7中的常见的有机化合物进行分类，指出它们的官能团名称和所属的有机化合物类别，以及分子结构中的相同点和不同点。

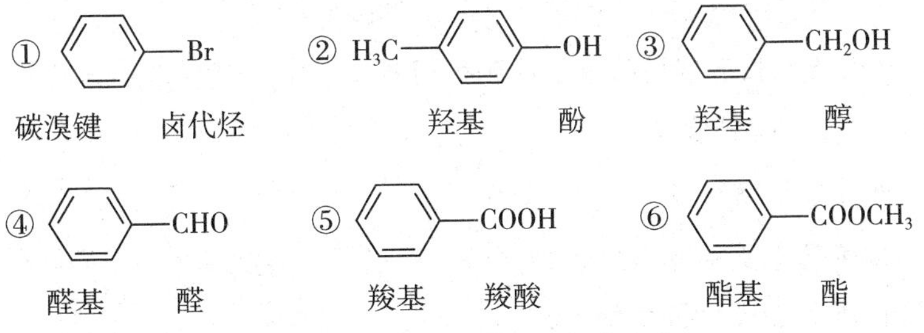

① ⬡—Br　　② H$_3$C—⬡—OH　　③ ⬡—CH$_2$OH
碳溴键　卤代烃　　　　羟基　　酚　　　　羟基　　醇

④ ⬡—CHO　　⑤ ⬡—COOH　　⑥ ⬡—COOCH$_3$
醛基　　醛　　　　羧基　　羧酸　　　　酯基　　酯

图6-1-7　常见的有机化合物

共同点：都含苯环，都属于芳香化合物，都是芳香烃的衍生物。

不同点：官能团不同，性质不同。

**设计意图**：使学生通过思考与讨论，辨识有机化合物分子中的官能团，并依据官能团对有机化合物进行分类，区分异同。诊断并发展学生的分类能力与模型认知方法水平。

## 5. 证据推理，类比推测可能性质

【活动1】在教师的引导下，学生完成思考与讨论（2），指出丙烯酸（$CH_2=CHCOOH$）分子中官能团的名称，并根据乙烯和乙酸的官能团及性质，推测丙烯酸可能具有的化学性质。

【活动2】在教师的引导下，学生思考为什么丙烯酸的含氧官能团不是酮羰基和羟基，而是羧基，认识官能团之间存在相互影响。

**设计意图**：使学生通过探究丙烯酸的结构与性质，认识官能团对有机化合物特性的决定性作用，能据此分析简单有机化合物的化学性质，认识官能团之间存在相互影响。诊断并发展学生"结构决定性质"的思维与证据推理方法水平，帮助学生初步构建依据有机化合物分子结构分析预测其性质的方法体系。

## 6. 课堂小结与评价

【活动1】在教师的引导下，学生回顾本节课内容，认识有机化合物的分类方法、官能团及其对性质的影响。

【活动2】在教师的引导下，学生完成课堂练习。

1. 下列化合物结构中有两种官能团的是（　　　）

A. $CH_2=CHCl$

B. $CH_3CH_2OH$

C. $CH_3COOH$

D.

2. 一种植物生长调节剂的分子结构如图所示。下列说法不正确的是（　　　）

A. 该物质含有3种官能团

B. 该物质属于脂环烃

C. 该物质属于多官能团化合物

D. 该物质属于烃的衍生物

3. 请用6种物质的序号填空。

① —$C_2H_5$　②$CH_3CH_3$　③$CH_2=CHCH=CH_2$

④ —Br　⑤ 　⑥$CH\equiv CH$。

（1）属于芳香烃的是_____；

（2）属于卤代烃的是_____；

（3）属于链状饱和烃是_____；

（4）含有碳碳双键的是_____。

4.（1）⬡—CH＝CHCHO中含有的官能团是_____（填名称）。

（2）⬡—CH₂O—⬡—CHO中含氧官能团是_____和_____（填官能团的名称）。

（3）⬡—C(=O)—⬡中含有的官能团的名称是_____。

（4）H₂N—⬡—COOH中显酸性的官能团是_____（填名称）。

（5）HCCl₃的类别是_____，C₆H₅CHO中的官能团是_____（填名称）。

（6）O＝⬡—COOH中所含官能团的名称是_____。

**设计意图：**回顾梳理，构建新旧知识网络；强化练习，进一步巩固本节课所学内容。

## 二、教学反思

通过人教版高中《化学》必修2的学习，学生对某些比较典型、简单的有机化合物已具备初步认识，但关于有机化学本身的逻辑体系、"结构→性质→用途"的有机化学思维模型并未形成。《化学》选择性必修3的课程目的是引导学生比较系统地学习有机化学基础知识，使学生建立从类别的视角学习有机化学的方法。如何衔接好必修模块和选修模块间的教学是教师必须面对、必须解决的问题。

（1）在"有机化合物的分类""有机化合物的结构特点"的教学中，引导学生分析比较已经学习过的甲烷、乙烯、乙炔、乙醇、乙酸的结构和性质，向学生灌输结构决定性质的思想，以便于学生建立起学习有机化学的思维模型。

（2）化学是一门实用的实验科学，在学习有机化学时可以利用有颜色变化的实验现象来引起学生的注意（如醛的银镜反应和菲林反应、酚的显色反应等），结合有机化学和人们日常生产和生活的密切关系（如家庭炒菜提香时可适当加入白酒和白醋引出酯的概念等），引领学生走向正确学习有机化学知识的道路，提高学生化学学习兴趣的同时，帮助他们更加深刻地构建有机物结构与性质的模型。

（3）在有机化学知识学习过程中，重视利用球棍模型教具搭建有机化合物分子并观察，感悟化学键与官能团的性质。例如：讲解$CH_2Cl_2$同分异构体的种数时，使用球棍模型旋转氢原子和氯原子的位置，让学生直观观察有机物的结构。

## 案例四：基于发展证据推理素养的深度课堂教学实践
### ——以"稀释醋酸溶液时，平衡将如何移动？"为例
——高二化学阶段复习微课

## 一、教学设计

### （一）教学目标

**1. 宏观辨识与微观探析**

从宏观上理解化学平衡移动结果的表观现象，从微观上明确化学平衡移动的本质原因是外界条件改变造成正、逆向反应速率的瞬间不等及相对大小决定化学平衡移动方向的原理。

**2. 证据推理与模型认知**

建立"化学平衡移动方向的判据"的分析模型，理解各判据的应用范围及判据功能。

**3. 科学探究与创新意识**

学习化学平衡移动的表象、化学平衡移动的本质原因，通过化学平衡移动理论的系统结构化与化学平衡移动的内在归因分析，学习由定性到定量、由表观结论到内在逻辑推理、由单一变量到多变量体系综合分析的科学探究方法。

#### 4. 科学精神与社会责任

建构"化学平衡移动方向的判据"模型，综合分析化学平衡移动的方向，创造条件改变化学反应的方向，感悟化学知识服务生活、服务社会，体验化学反应原理的结构化思维，增进化学学科理解。形成从限度、速率、能耗等多角度综合调控化学反应的基本思路，发展"绿色化学"的观念和辩证思维的能力。

#### （二）复习内容分析

"稀释醋酸溶液时，平衡将如何移动？"这一命题是《化学》选择性必修1弱电解质的电离平衡一节讨论电离平衡移动影响因素的经典例子，尽管学生已经学过化学平衡移动的相关理论，但是真正掌握这一难点问题科学分析的寥寥无几，究其原因：①学生无视水的增加，造成醋酸平衡体系各微粒瞬间浓度的同时减少，错误套用化学平衡移动的定性推论来判断电离平衡的移动方向；②学生对化学平衡移动的理论未能结构化，导致没能主动及时关联化学平衡移动原理判断方向而随意臆测；③学生对化学平衡移动的理论未能系统化，导致未能回归化学平衡移动的内在原因理解命题，虽能正确判断电离平衡正向移动，但无法列举有力证据予以解析。对于充入与气相平衡反应体系无关气体的化学平衡移动问题，学生缺乏内化理解，缺乏对化学平衡移动的判据模型的真正融会贯通与模型支撑，解决问题时同样感觉毫无头绪、相当棘手。

化学平衡移动方向的判断贯穿于中学化学反应原理部分的始终，也是日常生活、工农业生产和现代科技中频频应用的理论知识。化学平衡的综合调控在生产、生活和科学研究中具有重要作用，也是普通高中学业水平化学考试的重要考查点。

本节阶段性复习微课针对学生的学习误区，开展基于发展证据推理素养的深度课堂教学实践，从化学平衡移动的表观回归探究化学平衡移动的本质原因，揭示是外界条件改变造成正、逆向反应速率的瞬间不等及相对大小决定移动方向的原理，融合化学平衡移动的定性分析、勒夏特列原理与浓度商规则等理论的知识结构化，帮助学生实现基于知识关联的结构化、基于认识思路的结构化、基于核心观念的结构化，使学生掌握化学平衡移动原理的知识，理解学科基本结构，提高学生应用知识解决问题的能力，发展学生证据推理与模型认知等学科核心素养。

## （三）教学重点

理解、应用化学平衡移动方向判据模型。

## （四）教学难点

构建化学平衡移动方向判据模型。

## （五）教学支持

希沃白板。

## （六）教学过程

— 环节一 —

课堂小测：常温下，将醋酸溶液稀释时，电离平衡如何移动，为什么？

【作答情况剖析】

（1）无法结合化学平衡移动原理判断方向，随意臆测。

（2）能正确判断电离平衡正向移动，但无法列举有力证据予以解析。

【知识链接】化学平衡移动的原因、化学平衡移动方向的判据（图6-1-8）

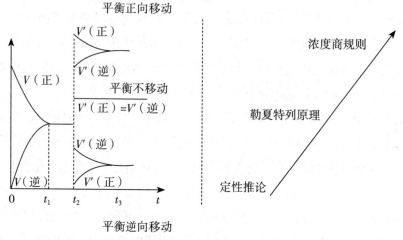

图6-1-8 化学平衡移动的原因、化学平衡移动方向的判据

【举证分析】

化学平衡移动方向判据的理解与应用如图6-1-9所示。

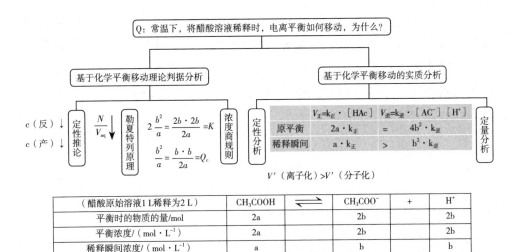

图6-1-9 化学平衡移动方向判据的理解与应用

## — 环节二：模型构建 —

化学平衡移动方向的判据模型如图6-1-10所示。

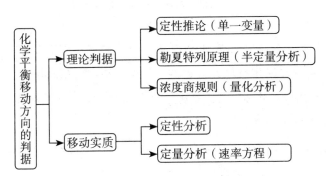

图6-1-10 化学平衡移动方向的判据模型

## — 环节三：迁移运用 —

1.（2015年高考浙江卷、T28节选）苯乙烯是生产塑料和合成橡胶的重要基本有机原料，乙苯催化脱氧法是目前国内外生产苯乙烯的主要方法，其化学方程式为

$$\bigcirc\!\!\!\!-CH_2CH_3（g）\ \underset{}{\overset{催化剂}{\rightleftharpoons}}\ \bigcirc\!\!\!\!-CH\!=\!CH_2（g）+H_2（g）$$

（4）工业上，通常在乙苯蒸气中掺混水蒸气（原料中乙苯和水蒸气的物质的量之比为1：9），控制反应温度600 ℃，并保持体系总压为常压的条件下进行反应。在不同反应温度下，乙苯的平衡转化率和某催化剂作用下苯乙烯的选择性（指除了$H_2$以外的产物中苯乙烯的物质的量分数）示意图见图6-1-11。

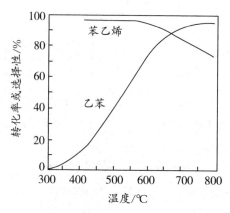

图6-1-11　乙烯的选择性示意图

① 掺入水蒸气能提高乙苯的平衡转化率，解释说明该事实：<u>保持压强不变，加入水蒸气，容器体积增大，相当于压强，平衡向体积增大的方向移动。</u>

2.（2023年高考广东卷、T19节选）配合物广泛存在于自然界，且在生产和生活中都发挥着重要作用。

（1）某有机物R能与$Fe^{2+}$形成配离子$[FeR_3]^{2+}$（橙红色），该配离子可被$HNO_3$氧化成$[FeR_3]^{3+}$（淡蓝色）。

① 基态$Fe^{2+}$的3d电子轨道表示式为_____。

② 完成反应的离子方程式：$NO_3^- + 2[FeR_3]^{2+} + 3H^+ + 2[FeR_3]^{3+} + H_2O$

（2）某研究小组对（1）中②的反应进行了研究。

用浓度分别为2.0 mol·$L^{-1}$、2.5 mol·$L^{-1}$、3.0 mol·$L^{-1}$的$HNO_3$溶液进行了三组实验，得到$c([FeR_3]^{2+})$随时间t的变化曲线，如图6-1-12所示。

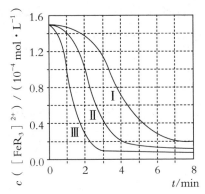

图6-1-12　$c\left(\left[FeR_3\right]^{2+}\right)$随时间$t$的变化曲线

① $c\left(HNO_3\right)=3.0\ mol\cdot L^{-1}$时，在$0\sim1\ min$内，$\left[FeR_3\right]^{2+}$的平均消耗速率

＝_____。

② 下列有关说法中，正确的有（　　　）

A. 平衡后加水稀释，$\dfrac{c\left(\left[FeR_3\right]^{2+}\right)}{c\left(\left[FeR_3\right]^{3+}\right)}$增大

B. $\left[FeR_3\right]^{2+}$平衡转化率：$\alpha_{\mathrm{III}}>\alpha_{\mathrm{II}}>\alpha_{\mathrm{I}}$

C. 三组实验中，反应速率都随反应进程一直减小

D. 体系由橙红色转变为淡蓝色所需时间：$t_{\mathrm{III}}>t_{\mathrm{II}}>t_{\mathrm{I}}$

## 二、教学反思

（1）基于学情诊断分析与学生存在认识误区的微课复习策略，激发学生的学习兴趣，解决学生的认知实际需求，利用现代信息技术，突破时空限制，为学生的成长和发展贡献力量。

（2）强调知识的内在联系、学科间的融合和学生的实践与探究。以问题为导向，强化知识结构，促进学生参与，注重学科交叉和评价与反馈的深度教学，有利于学生实现化学知识与生活实际相结合，形成科学的思维方式和价值观，有利于引导学生深入探讨化学知识、原理和现象，培养学生独立思考、解决问题和批判性思维的能力。

（3）基于发展证据推理与模型认知素养的化学课堂教学，在学科知识关联、化学认识思路、化学核心观念等方面的结构化做足功夫，有助于提高课堂教学质量，培养学生的综合素质。教育教学实践中，教师应不断探索和研究，进一步完善和发展基于证据推理与模型认知的化学课堂教学体系，为培养具有创新精神和实践能力的化学人才贡献力量。

# 案例五：氧化还原反应方程式的书写

## ——高三化学一轮主题式复习课

## 一、教学设计

### （一）教学目标

#### 1. 宏观辨识与微观探析

从宏观上理解化合价变化是氧化还原反应的表观现象，从微观上明确在氧化还原反应中物质发生化合价变化的本质原因是电子的转移（得失和共用电子对偏移），并遵循电子得失数目相等的规律。

#### 2. 证据推理与模型认知

建立氧化还原反应方程式的配平的电子守恒模型，并利用该模型的五个步骤来配平氧化还原反应方程式。

#### 3. 科学探究与创新意识

了解氧化还原反应从化合价升降的表面现象、电子转移的本质原因，通过对氧化还原反应的特征和本质的分析，配平氧化还原反应，学习由表及里以及逻辑推理的科学探究方法。

#### 4. 科学精神与社会责任

形成氧化还原反应方程式配平的基本方法，能够灵活应用电子守恒、原子守恒和电荷守恒三大配平原则对简单的氧化还原反应进行配平。知道化学概念源于生活、源于社会，而化学知识服务生活、服务社会，体验化学概念从生活经验到理性规范的演变过程。

### （二）复习内容分析

氧化还原反应在中学化学阶段的知识中处于非常重要的地位，是整个高中化学教学重点之一，是高中化学反应理论的基础。该知识点的应用贯穿于中学化学教材的始终，也是日常生活、工农业生产和现代科技中经常遇到的一类重要的化学反应。这个知识点也是普通高中学业水平化学考试的重点，氧化还原反应方程式配平是此知识点的较高要求。要求学生能在认识氧化还原反应本质是电子转移的基础上，利用电子守恒配平氧化还原反应方程式。氧化还原反应基本知识如图6-1-13所示。

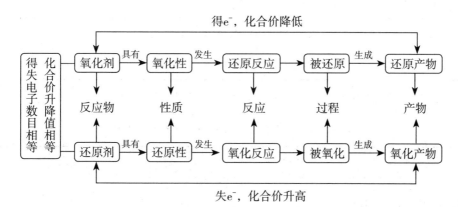

图6-1-13　氧化还原反应基本知识

从氧化还原反应的外部表现深入到本质原因的探究，揭示了氧化还原反应的实质是电子转移（包括电子的得失和偏移），并能用双线桥和单线桥分析氧化还原反应。本课时进行知识和能力提升，进行"氧化还原反应方程式配平"微专题复习，从氧化还原反应的规律逆向思维。应用电子守恒法配平氧化还原反应方程式，让学生基于化学反应事实加以推断，建立氧化还原反应方程式的配平的电子守恒模型。

**（三）教学重点**

掌握氧化还原反应方程式配平的基本方法。

**（四）教学难点**

能够用电子守恒的方法精准配平氧化还原反应方程式。

**（五）教学支持**

希沃白板。

**（六）教学过程**

**— 环节一：唤醒记忆，准备知识 —**

任务1：典例探究，向$NaClO_3$溶液中加入盐酸、$H_2O_2$溶液，$NaClO_3$转化为$ClO_2$，其化学方程式为＿＿＿＿＿＿＿＿＿＿＿＿。（思维轨迹见表6-1-6）

表6-1-6　"典例探究"答题思维轨迹

| 作答依据 | 答题思维轨迹 |
|---|---|
| 由文字信息 | $NaClO_3 + HCl + H_2O_2 \rightarrow ClO_2$ |
| 由价态变化律 | $NaClO_3 + HCl + H_2O_2 \rightarrow ClO_2 + O_2 \uparrow$ |
| 由得失电子守恒律 | $2NaClO_3 + HCl + H_2O_2 \rightarrow 2ClO_2 + O_2 \uparrow$ |
| 由质量守恒定律 | $2NaClO_3 + 2HCl + H_2O_2 = 2ClO_2 + 2O_2 \uparrow + 2NaCl + 2H_2O$ |

任务2：知识归纳，常见氧化剂及还原剂所对应的产物。（表6-1-7）

表6-1-7　常见氧化剂及还原剂所对应的产物

| 氧化剂 | 还原产物 | 还原剂 | 氧化产物 |
|---|---|---|---|
| $H_2O_2$（或$O_2$） | $H_2O$、$OH^-$ | $S^{2-}$（或$H_2S$） | S、$SO_2$（或$SO_3^{2-}$）、$SO_4^{2-}$ |
| $Cl_2$、$ClO^-$、$ClO_2^-$ | $Cl^-$ | $SO_3^{2-}$（或$SO_2$） | $SO_4^{2-}$ |
| $NaClO_3$ | $Cl^-$、$Cl_2$、$ClO_2$ | $I^-$（或$HI$） | $I_2$、$IO_3$- |
| $Fe^{3+}$ | $Fe^{2+}$、Fe | $Fe^{2+}$ | $Fe^{3+}$（酸性）、$Fe(OH)_3$（碱性） |
| 浓/稀$HNO_3$ | $NO_2$ / $NO$ | $NH_3$ | $N_2$、NO |
| 浓硫酸 | $SO_2$ | $H_2C_2O_4$ | $CO_2$ |
| $PbO_2$ | $Pb^{2+}$ | $H_2$ | $H_2O$ |
| $MnO_2$ | $Mn^{2+}$ | NaH | $H_2$ |
| $KMnO_4$ | $Mn^{2+}$（酸性）、$MnO_2$（中性）、$MnO_4^{2-}$（碱性） | $H_2O_2$ | $O_2$ |
| $Cr_2O_7^{2-}/H^+$ | $Cr^{3+}$ | 金属（Fe、Cu等） | $Fe^{2+}$（或$Fe^{3+}$）、$Cu^{2+}$ |

任务3：理解守恒思想，构建配平模型

（1）氧化还原反应方程式配平三大原则（图6-1-14）

配平三大原则
电子守恒
氧化剂和还原剂得失电子总数相等，化合价升高总数=化合价降低总数
原子守恒
反应前后原子的种类和个数不变
电荷守恒
离子反应前后，阴、阳离子所带电荷总数相等

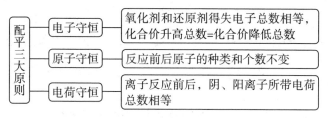

图6–1–14　氧化还原反应方程式的配平三大原则

（2）氧化还原反应方程式配平的基本步骤（图6–1–15）

标变价
标明反应前后变价元素的化合价
列得失
列出化合价的变化值
求总数
通过求最小公倍数使化合价升降总数相等
配系数
确定氧化剂、还原剂、氧化产物、还原产物的化学计量数，用观察法配平其他物质的化学计量数
查守恒
检查质量、电荷、电子是否守恒

图6–1–15　氧化还原反应方程式配平的基本步骤

## — 环节二：例题演练、构建模型 —

任务1：氧化还原反应化学方程式的配平技巧

① $H_2S+HNO_3 \rightarrow S\downarrow+NO\uparrow+H_2O$

② $NO_2+H_2O \rightarrow HNO_3+NO$

③ $MnO_2+HCl$（浓）$\rightarrow MnCl_2+Cl_2\uparrow+H_2O$

④ $Cu_2S+HNO_3$（稀）$\rightarrow Cu$（$NO_3$）$_2+CuSO_4+NO\uparrow+H_2O$

模型建构：氧化还原反应化学方程式的配平（任务群解构）（图6–1–16）

氧化还原反应化学方程式的配平（任务群解构）

| 寻、推四要素 | | | 电子守恒 | | | 质量守恒 | | |
|---|---|---|---|---|---|---|---|---|
| 解读信息 | 寻找变化 | 分析推理 | 判断类型 | 确定基准 | 平衡电子 | 金属元素 | 非氢非氧非金属元素 | 氢氧元素 |

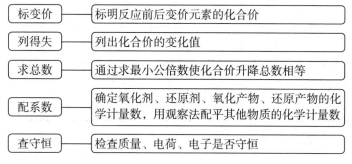

图6–1–16　氧化还原反应化学方程式的配平（任务群解构）

任务2：氧化还原型离子方程式的配平技巧

① 将$NaBiO_3$固体（黄色，难溶）加入$MnSO_4$和$H_2SO_4$的混合溶液里，加热时可转化为$Bi^{3+}$，同时溶液显紫色（$Bi^{3+}$无色）。该反应的离子方程式为________________。

② 碱性条件下，过氧化氢遇$KMnO_4$溶液可将其转化产生黑色沉淀。则该反应的离子方程式为__________________________。

模型建构：反应物（富氧/缺氧）微粒安排布局（表6–1–8）

**表6–1–8　反应物（富氧/缺氧）微粒安排布局**

<table>
<tr><td rowspan="4">富氧</td><td>环境</td><td>反应物</td><td>产物</td><td rowspan="4">缺氧</td><td>环境</td><td>反应物</td><td>产物</td></tr>
<tr><td>酸性溶液</td><td>$H^+$</td><td>$H_2O$</td><td>碱性溶液</td><td>$OH^-$</td><td>$H_2O$</td></tr>
<tr><td>中性/碱性溶液</td><td>$H_2O$</td><td>$OH^-$</td><td>中性/酸性溶液</td><td>$H_2O$</td><td>$H^+$</td></tr>
<tr><td>……</td><td></td><td></td><td>……</td><td></td><td></td></tr>
</table>

③ 补全如下离子方程式。

$ClO^-+Fe(OH)_3+$______________________$=Cl^-+FeO_4^{2-}+$____________________

$MnO_4^-+H_2O_2+$______________________$=Mn^{2+}+O_2\uparrow+$______________________

若反应物这边缺正电荷，一般加$H^+$，生成物一边加水；

若反应物这边缺负电荷，一般加$OH^-$，生成物一边加水。

模型建构：氧化还原反应离子化学方程式的配平（任务群解构）（图6–1–17）

<table>
<tr><td colspan="3" rowspan="2">寻、推四要素</td><td rowspan="2">电子守恒</td><td colspan="5">质量守恒</td></tr>
<tr><td rowspan="2">金属元素</td><td rowspan="2">非氢非氧非金属元素</td><td colspan="2">电荷守恒</td><td rowspan="2">氢氧元素</td></tr>
<tr><td>解读信息</td><td>寻找变化</td><td>分析推理</td><td>平衡电子</td><td>依境布局</td><td>平衡电荷</td></tr>
</table>

图6–1–17　氧化还原反应离子化学方程式的配平（任务群解构）

## — 环节三：实战强化、课堂评价 —

任务1：配平如下化学方程式

① $NH_3+Cl_2 \rightarrow N_2\uparrow+HCl$

② $NH_3+Cl_2 \rightarrow N_2\uparrow+NH_4Cl$

③ $KMnO_4+HCl$（浓）$\rightarrow KCl+MnCl_2+Cl_2\uparrow+H_2O$

④ $Cu_2S+HNO_3$（稀）$\rightarrow Cu(NO_3)_2+CuSO_4+NO\uparrow+H_2O$

任务2：肼（$N_2H_4$，无色液体）是一种应用广泛的化工原料，实验室常用次氯酸钠溶液与氨反应制备，其化学方程式为 $2NH_3+NaClO=N_2H_4+NaCl+H_2O$。

任务3：配平下列化学（离子）方程式

（1）___$NaBO_2$+___$SiO_2$+___$Na$+___$H_2$=___$NaBH_4$+___$Na_2SiO_3$

（2）___$KI$+___$KIO_3$+___$H_2SO_4$=___$I_2$+___$K_2SO_4$+___$H_2O$

（3）___$P_4$+___$KOH$+___$H_2O$=___$K_3PO_4$+___$PH_3$

（4）___$P$+___$CuSO_4$+___$H_2O$=___$Cu$+___$H_3PO_4$+___$H_2SO_4$

（5）___$MnO_4^-$+___$H^+$+___$Cl^-$=___$Mn^{2+}$+___$Cl_2\uparrow$+___$H_2O$

（6）___$MnO_4^-$+___$Fe^{2+}$+___$H$+=___$Mn^{2+}$+___$Fe^{3+}$+___$H_2O$

（7）___$ClO_3^-$+___$Fe^{2+}$+___=___$Cl^-$+___$Fe^{3+}$+___

（8）___$MnO_4^-$+___$C_2O_4^{2-}$+___=___$Mn^{2+}$+___$CO_2\uparrow$+___

## — 环节四：总结提升、达成素养 —

"氧化还原反应方程式的配平"能力、素养图如图6-1-18所示。

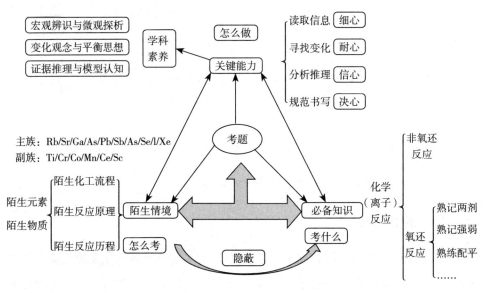

图6-1-18 "氧化还原反应方程式的配平"能力、素养图

## — 环节五：布置作业，课后评价 —

制作思维导图：总结电子守恒法氧化还原反应方程式配平的一般方法和步骤，进行四种不同类型的氧化还原反应方程式配平时的简单技巧。

## — 环节六：课后拓展 —

1.（1）$O_2$将$Mn^{2+}$氧化成$MnO（OH）_2$的离子方程式为_____。

（2）$KMnO_4$与盐酸反应生成$MnCl_2$和$Cl_2$，其反应的离子方程式为_____。

（3）在酸性条件下，$NaClO_2$可发生反应生成$NaCl$并释放出$ClO_2$，该反应离子方程式为_____。

（4）将$ClO_2$通入$KI$和$H_2SO_4$的混合液中，发生反应的离子方程式为_____。

2. +6价铬的化合物毒性较大，常用$NaHSO_3$将废液中的$Cr_2O_7^{2-}$还原成$Cr^{3+}$，该反应离子方程式为_____。

3. 湿法制备$K_2FeO_4$的反应体系中有六种粒子：$Fe（OH）_3$，$ClO^-$，$OH^-$，$FeO$，$Cl^-$，$H_2O$。完成该制备反应的离子方程式：_____。

4. 利用钴渣［含$Co（OH）_3$，$Fe（OH）_3$等］制备钴氧化物的工艺流程如图6-1-19所示：

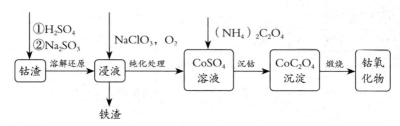

图6-1-19 钴渣［含$Co（OH）_3$，$Fe（OH）_3$等］制备钴氧化物的工艺流程

$Co（OH）_3$溶解还原反应的离子方程式为_____。

## 二、教学反思

本节课利用希沃白板直观地展示了用电子守恒法配平氧化还原反应方程式的方法，运用逆向思维诠释了氧化还原反应的本质是电子转移，利用展台拍照上传、白板展示并批改、评价，及时地纠错，在互动学习中共生氧化还原反应方程式、氧化还原反应离子方程式等的配平等任务群解构，形成基于化学反应事实与现象的物质推断融合守恒思想解决氧化还原反应（方程式、离子方程式）的书写思维模型。信息技术支撑了高效的课堂，教学效果非常好。

信息技术手段的使用为直观高效的课堂的达成起到了重要的辅助作用，使得理论型小专题复习课的课堂教学得以拓展延伸；让学生的练习及时得以评价并纠错，提高了学生的参与度，使得课堂氛围更加活跃，学生对课堂知识的掌握也比较好。

在整个课堂教学实施过程中，技术的使用不够简单实用，以后在教学中应努力寻找更为快捷、方便交互的信息技术，应用平台的熟练程度有待加强。

# 案例六：铁及其化合物
## ——高三化学一轮微项目式复习

## 一、项目分析

### （一）复习内容

"铁及其化合物"涵盖复习内容为人教版高中化学必修第一册第三章的第一节和第二节、选修四原电池部分内容。必修第一册介绍了金属钠、铝、铁、铜、硫、氯、硅、氮等的元素、单质及其化合物相关性质，选择性必修1介绍了原电池及铁氰化钾、亚铁氰化钾相关检验铁离子的实验及现象。

新高考强调真实情境的创设，铁的用途较为广泛，因此新高考涉铁频度较高。选择题通过化学与STSE、流程题以及实验题的形式进行考查。

"铁及其化合物"具有承上启下的复习功能，既可使学生加深巩固元素及其化合物的知识，又可为后续实验题、化工流程及选择性必修1金属的腐蚀等内容的学习奠定基础。

### （二）学情分析

（1）通过"钠及其化合物"的复习，学生已学习金属及其化合物性质的研究思路（价—类二维的视角）。

（2）通过"钠及其化合物"的复习，学生已习得基于物质的性质思考物质转化的分析思路。

（3）通过高考真题训练，学生已具备一定的实验设计和操作能力、实验评价与改进能力。

**（三）复习目标**

（1）掌握铁及其重要化合物的主要性质及应用，运用价—类二维图进一步理解物质间的相互转化。

（2）掌握$Fe^{2+}$和$Fe^{3+}$的检验、$Fe(OH)_2$和$Fe(OH)_3$的制备方法。

（3）学会从物质类别和元素价态的不同视角分析铁及其化合物并加以应用，进一步促进证据推理与模型认知等化学学科核心素养的发展。

**（四）复习思路**

以铁元素的价—类二维图为主线，以工业生产、实际生活情境为导引，以主要问题链为主线，以信息提取、整合、应用等为任务驱动，以小组合作交流表达展示为主体，采取边复习相关内容边及时总结的方式，对铁及其重要化合物做全面复习，并形成铁及其化合物之间转化的关系网络图。

教学过程主要复习铁及其重要化合物的性质。具体包括：铁单质的位置及性质，铁的氧化物的性质，铁的氢氧化物的性质，亚铁盐、铁盐和高铁盐的性质等必备知识。重点复习铁及其化合物相关的重要化学（离子）反应方程式的书写，物质制备、分离提纯等，目的在于指导学生掌握Fe、$Fe^{2+}$和$Fe^{3+}$的相互转化，理解变价金属元素的氧化还原反应的实质及其相互转化时的条件及规律。

**（五）项目复习重难点**

铁及其化合物的转化及其本质。

**（六）项目复习过程**

— 环节一：课前梳理 —

**1. 铁**

铁是＿＿＿＿＿＿固体，熔点较高，具有良好的导热、导电、延展性，能被＿＿＿＿＿＿吸引。铁的价层电子排布式为＿＿＿＿＿＿，铁位于元素周期表的第＿＿＿＿＿＿周期＿＿＿＿＿＿族。

结合图6-1-20，书写铁与下列物质反应的化学方程式（离子反应则写离子方程式）。

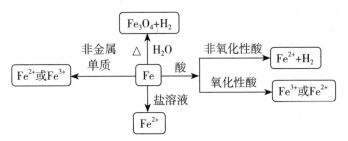

图6-1-20 铁及其重要化合物的转化

① $Cl_2$：$2Fe+3Cl_2 \xlongequal{\triangle} 2FeCl_3$

② S：$Fe+S \xlongequal{\triangle} FeS$

③ $H_2O$（g）：$3Fe+4H_2O$（g）$\xlongequal{高温} Fe_3O_4+4H_2$

④ 稀$H_2SO_4$：$Fe+2H^+ \xlongequal{} Fe^{2+}+H_2 \uparrow$

⑤ 足量稀$HNO_3$：$Fe+NO_3^-+4H^+ \xlongequal{} Fe^{3+}+NO \uparrow +2H_2O$

⑥ 少量稀$HNO_3$：$3Fe+2NO_3^-+8H^+ \xlongequal{} 3Fe^{2+}+2NO \uparrow +4H_2O$

⑦ $FeCl_3$（aq）：$Fe+2Fe^{3+} \xlongequal{} 3Fe^{2+}$

⑧ $CuCl_2$（aq）：$Fe+Cu^{2+} \xlongequal{} Fe^{2+}+Cu$

**2. 铁的氧化物**

完成表6-1-9中相关项目，离子反应则写出离子方程式。

表6-1-9 铁的氧化物

| 化学式 | FeO | $Fe_2O_3$ | $Fe_3O_4$ |
|---|---|---|---|
| 俗名 | — | 铁红 | 磁性氧化铁 |
| 颜色状态 | 黑色粉末 | 红棕色粉末 | 黑色晶体（有磁性） |
| 溶解性 | 难溶于水 | 难溶于水 | 难溶于水 |
| 铁的化合价 | +2 | +3 | +2、+3 |
| 与$H^+$反应 | $FeO+2H^+ \xlongequal{} Fe^{2+}+H_2O$ | $Fe_2O_3+6H^+ \xlongequal{} 2Fe^{3+}+3H_2O$ | $Fe_3O_4+8H^+ \xlongequal{} Fe^{2+}+2Fe^{3+}+4H_2O$ |
| 与稀$HNO_3$反应 | $3FeO+NO_3^-+10H^+ \xlongequal{} 3Fe^{3+}+NO \uparrow +5H_2O$ | $Fe_2O_3+6H^+ \xlongequal{} 2Fe^{3+}+3H_2O$ | $3Fe_3O_4+NO_3^-+10H^+ \xlongequal{} 3Fe^{3+}+NO \uparrow +5H_2O$ |
| 与$HI_{(aq)}$反应 | $FeO+2H^+ \xlongequal{} Fe^{2+}+H_2O$ | $Fe_2O_3+6H^++2I^- \xlongequal{} 2Fe^{2+}+I_2+3H_2O$ | $Fe_3O_4+8H^++2I^- \xlongequal{} 3Fe^{2+}+I_2+4H_2O$ |

### 3. 铁的氢氧化物

铁的氢氧化物见表6-1-10。

**表6-1-10 铁的氢氧化物**

| 化学式 | $Fe(OH)_2$ | $Fe(OH)_3$ |
|---|---|---|
| 色、态 | 白色固体 | 红褐色固体 |
| 与盐酸反应 | $Fe(OH)_2+2H^+=Fe^{2+}+2H_2O$ | $Fe(OH)_3+3H^+=Fe^{3+}+3H_2O$ |
| 与稀$HNO_3$反应 | $3Fe(OH)_2+NO_3^-+10H^+=3Fe^{3+}$ $+NO\uparrow+8H_2O$ | $3Fe(OH)_2+NO_3^-+10H^+=3Fe^{3+}$ $+NO\uparrow+8H_2O$ |
| 与$HI_{(aq)}$反应 | $Fe(OH)_2+2H^+=Fe^{2+}+2H_2O$ | $2Fe(OH)_2+6H^++2I^-=2Fe^{2+}+I_2+3H_2O$ |
| 受热分解 | — | $2Fe(OH)_3\xrightarrow{\triangle}Fe_2O_3+3H_2O$ |
| 制备 | $Fe^{2+}+2OH^-=Fe(OH)_2\downarrow$ | $Fe^{3+}+3OH^-=Fe(OH)_3\downarrow$ |
| 关系 | 在空气中，$Fe(OH)_2$能够非常迅速地被氧气氧化成$Fe(OH)_3$，现象是白色絮状沉淀迅速变成灰绿色，最后变成红褐色，其化学方程式为 $4Fe(OH)_2+O_2+2H_2O=4Fe(OH)_3$ | |

### 4. 铁盐与亚铁盐

铁盐与亚铁盐见表6-1-11。

**表6-1-11 铁盐与亚铁盐**

| 盐 | 亚铁盐（$Fe^{2+}$） | 铁盐（$Fe^{3+}$） |
|---|---|---|
| 颜色 | 浅绿色（溶液） | 黄色（溶液） |
| 氧化性、还原性 | 既有氧化性，又有还原性，以还原性为主，酸性条件下能被$H_2O_2$、$NO_3^-$氧化，离子方程式分别为 $2Fe^{2+}+H_2O_2+2H^+=2Fe^{3+}+2H_2O$， $3Fe^{2+}+NO_3^-+4H^+=3Fe^{3+}+NO\uparrow+2H_2O$。 | 一般表现为氧化性，如能溶解铜，反应的离子方程式为 $2Cu+2Fe^{3+}=2Fe^{2+}+2Cu^{2+}$ |
| 水解性 | 水解呈酸性 | 极易水解，只存在于酸性较强的溶液中 |
| 与碱反应 | $Fe^{2+}+2OH^-=Fe(OH)_2\downarrow$ | $Fe^{3+}+3OH^-=Fe(OH)_3\downarrow$ |
| 检验试剂 | KSCN溶液+氯水、$K_3[Fe(CN)_6]$溶液、$KMnO_4$（$H^+$） | KSCN溶液、苯酚、淀粉-KI试纸 |

## — 环节二：课堂同步 —

任务1：炼钢厂废渣的定性分析

【活动1】炼钢厂废渣含铁物质成分是什么？酸浸时发生的反应有哪些？

（表6-1-12）

表6-1-12　炼钢厂废渣含铁物质成分的酸浸反应

| 成分 | 酸浸反应 |
| --- | --- |
| Fe | $Fe+H_2SO_4=FeSO_4+H_2\uparrow$ |
| FeO | $FeO+H_2SO_4=FeSO_4+H_2O$ |
| $Fe_2O_3$ | $Fe_2O_3+3H_2SO_4=Fe_2(SO_4)_3+3H_2O$ |
| $Fe_3O_4$ | $Fe_3O_4+4H_2SO_4=FeSO_4+Fe_2(SO_4)_3+4H_2O$ |

【活动2】设计实验方案，检验炼钢厂废渣酸浸液中的铁元素的存在形式。

（$Fe^{3+}$）KSCN溶液，$Fe^{3+}+nSCN^-=[Fe(SCN)_n]^{3-n}$（$n=1\sim6$）

淀粉-KI试纸，$2Fe^{3+}+2I^-=2Fe^{2+}+I_2$

（$Fe^{2+}$）$K_3[Fe(CN)_6]$溶液，$Fe^{2+}+K^++[Fe(CN)_6]^{3-}=KFe[Fe(CN)_6]\downarrow$

$KMnO_4$（$H^+$），$MnO_4^-+5Fe^{2+}+8H^+=5Fe^{3+}+Mn^{2+}+4H_2O$

任务2：炼钢厂废渣的定量分析

【活动1】参考表6-1-13，交流讨论并设计测定炼钢厂废渣酸浸液总铁含量

的方案，画出简易操作流程图。

表6-1-13　某地区酸洗废水排放总铁浓度限值

| 污染物项目 | 一级排放限值 | 二级排放限值 | 特别排放限值 |
| --- | --- | --- | --- |
| 总铁含量（$mg\cdot L^{-1}$） | 3.0 | 10.0 | 20.0 |

方案1：沉淀法（图6-1-21）

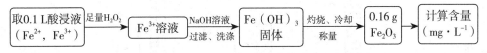

图6-1-21　"沉淀法"测炼钢厂废渣酸浸液总铁含量的方案

方案2：滴定法（碘量法）（图6-1-22）

溶液恰好变成粉红色，且半分钟内不褪色

图6-1-22　"滴定法"测炼钢厂废渣酸浸液总铁含量的方案

【活动2】交流讨论制备Fe（OH）$_2$防氧化的方法

练习1：用不含Fe$^{3+}$的FeSO$_4$溶液与用不含O$_2$的蒸馏水配制的NaOH溶液反应，可制得白色的Fe（OH）$_2$沉淀。

（1）用硫酸亚铁晶体配制上述FeSO$_4$溶液时还需加入_____。

（2）除去蒸馏水中溶解的O$_2$常采用_____的方法。

（3）生成白色Fe（OH）$_2$沉淀的操作是用长滴管吸取不含O$_2$的NaOH溶液，插入FeSO$_4$溶液液面下，再挤出NaOH溶液。这样操作的理由是_____。

练习2：图6-1-23的各装置中，能较长时间观察到Fe（OH）$_2$白色沉淀的是_____。

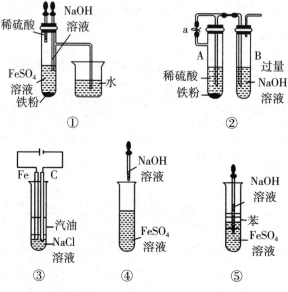

图6-1-23　Fe（OH）$_2$白色沉淀制备装置

方法提升：_____

任务3：炼钢厂废渣酸浸液的再利用

【活动1】制取$FeSO_4$水合晶体

结合（图6-1-24）$FeSO_4$水合晶体溶解度曲线，分析由$FeSO_4$溶液获取水合晶体涉及的主要操作。

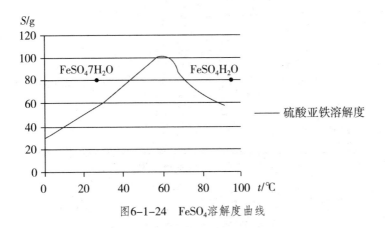

图6-1-24　$FeSO_4$溶解度曲线

$FeSO_4 \cdot 7H_2O$：＿＿＿＿＿＿＿＿＿＿＿＿＿＿＿＿

$FeSO_4 \cdot H_2O$：＿＿＿＿＿＿＿＿＿＿＿＿＿＿＿＿

【活动2】由$FeSO_4$制备$K_2FeO_4$高铁酸钾，它是新型绿色环保水处理剂。制备流程如图6-1-25所示。

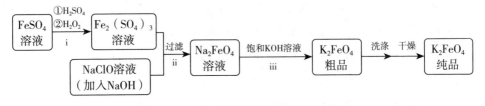

图6-1-25　由$FeSO_4$制备$K_2FeO_4$工艺流程图

（1）步骤i的离子方程式：＿＿＿＿＿＿＿＿＿＿＿＿＿＿＿＿＿＿＿

（2）步骤ii的离子方程式：＿＿＿＿＿＿＿＿＿＿＿＿＿＿＿＿＿＿

（3）步骤iii反应为复分解反应，比较溶解度$Na_2FeO_4 \geqslant K_2FeO_4$。

（4）分析说明$K_2FeO_4$消毒净水的原理：$K_2FeO_4$有强氧化性，能杀菌、消毒；还原产物水解为$Fe(OH)$胶体，能吸附水中的悬浮物，作絮凝剂。

## 一 环节三：模型建构（Fe元素的价类二维图）一

Fe元素的价类二维图如图6-1-26所示。

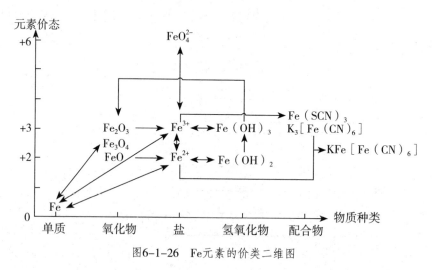

图6-1-26 Fe元素的价类二维图

## 一 环节四：课堂评价 一

1. 判断下列说法的正误。

（1）Fe与稀$HNO_3$、稀$H_2SO_4$反应均有气泡产生，说明Fe与两种酸均发生置换反应。（ ）

（2）Fe分别与氯气和盐酸反应所得氯化物相同。（ ）

（3）检验$Fe(NO_3)_2$晶体是否氧化变质时，可将$Fe(NO_3)_2$样品溶于稀$H_2SO_4$后，滴加KSCN溶液，观察溶液是否变红。（ ）

（4）通过复分解反应或化合反应均可制取$Fe(OH)_3$。（ ）

（5）氢氧化铁与HI溶液反应的离子方程式为$Fe(OH)_3+3H^+ = Fe^{3+}+3H_2O$。（ ）

（6）将$FeCl_3$溶液蒸干可得$FeCl_3$晶体。（ ）

2. 下面实验操作和现象、结论或目的均正确的是（ ）

| 选项 | 操作和现象 | 结论或目的 |
|------|-----------|-----------|
| A | 向红砖粉末中加入盐酸，充分反应后取上层清液于试管中，滴加KSCN溶液2～3滴，溶液呈红色 | 红砖中含有氧化铁 |
| B | CO还原$Fe_2O_3$所得黑色固体用盐酸溶解后再加入KSCN溶液，溶液不显红色 | 黑色固体中没有$Fe_3O_4$ |

| 选项 | 操作和现象 | 结论或目的 |
|------|-----------|-----------|
| C | 取少量Fe（NO₃）₂试样加水溶解，加稀H₂SO₄、滴加KSCN溶液，溶液变红色 | 该Fe（NO₃）₂试样已变质 |
| D | 向某溶液中通入Cl₂，然后加入KSCN，溶液变红色 | 原溶液中含有Fe²⁺ |

3. 硫酸亚铁是一种重要的化工原料，可以制备如图6-1-27所示的系列物质，下列说法错误的是（　　　）

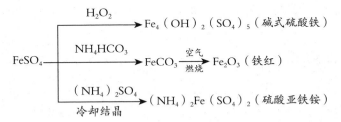

图6-1-27　以硫酸亚铁为化工原料的制备工艺

A. FeSO₄与NH₄HCO₃反应制备FeCO₃，适宜高温进行

B. 碱式硫酸铁水解能产生Fe（OH）₃胶体，可作净水剂

C. 可用KSCN溶液检验（NH₄）₂Fe（SO₄）₂是否被氧化

D. 常温下，FeSO₄比（NH₄）₂Fe（SO₄）₂易溶于水

—— 环节五：课后拓展 ——

1. 以焙烧黄铁矿FeS₂（杂质为石英等）产生的红渣为原料制备铵铁蓝Fe（NH₄）Fe（CN）₆颜料。工艺流程如图6-1-28所示。

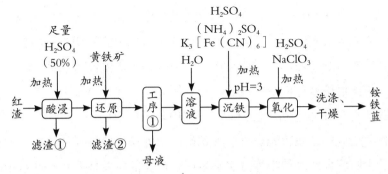

图6-1-28　制备颜料铵铁蓝［Fe（NH₄）Fe（CN）₆］工艺流程

回答下列问题：

（1）红渣的主要成分为_____（填化学式），滤渣①的主要成分为_____（填化学式）。

（2）黄铁矿研细的目的是_____。

（3）还原工序中，不生成S单质的反应的化学方程式为_____
_____。

（4）工序①的名称为_____，所得母液循环使用。

（5）沉铁工序产生的白色沉淀$Fe(NH_4)_2Fe(CN)_6$中Fe的化合价为_____，氧化工序发生反应的离子方程式为_____。

（6）若用还原工序得到的滤液制备$Fe_2O_3 \cdot xH_2O$和$(NH_4)_2SO_4$，所加试剂为_____和_____（填化学式）。

2. 某矿石含$Fe_2O_3$、$Fe_3O_4$、$SiO_2$、$Al_2O_3$、MgO。请结合表6-1-14提供的常见金属离子氢氧化物沉淀生成的pH范围，以此为基本原料设计流程制备铁红（$Fe_2O_3$）（试剂自选）。

表6-1-14　常见金属离子氢氧化物沉淀生成的pH范围

| 物质 | $Fe(OH)_3$ | $Mg(OH)_3$ | $Fe(OH)_3$ | $Al(OH)_3$ |
|---|---|---|---|---|
| 开始沉淀pH | 7.5 | 9.6 | 1.2 | 4.1 |
| 完全沉淀pH | 9.5 | 11.6 | 3.2 | 5.4 |

## 二、教学反思

在"铁及其化合物"一轮复习项目式教学中，我选择了以"炼铁矿渣酸浸液何去何从"为真实情境进行教学。通过这个情境，我希望学生能够了解炼铁矿渣及炼铁矿渣酸浸液的性质和组成，学习炼铁矿渣酸浸液中铁元素的定量分析方法，并探讨炼铁矿渣酸浸液的综合利用途径，在此基础上，帮助学生科学有序地建立元素与化合物的学习模型、应用模型迁移认知。

在教学过程中，我首先进行了炼铁矿渣及炼铁矿渣酸浸液的定性分析。通过引领学生回归金属铁的冶炼方法确定炼铁矿渣的主要成分；在此基础上，结合导学案总结点评铁及铁的氧化物的基本性质，深入分析炼铁矿渣的酸浸工艺中关于酸的合理选择，启发学生在真实问题情境中迁移运用学科知识解决真实化学问题。

接着，我引导学生进行炼铁矿渣酸浸液中铁元素的定量分析。通过一系列的实验步骤，如酸碱滴定法、络合滴定法等，学生学习了不同的分析方法，并掌握了如何准确测定炼铁矿渣酸浸液中铁元素的含量。通过这一步骤，学生不仅学会了实验操作技巧，还培养了分析思维和数据处理能力。

最后，我组织学生进行关于炼铁矿渣酸浸液的综合利用的讨论。学生根据已有的知识和实验结果，提出了不同的利用途径和方案，如将炼铁矿渣酸浸液中的铁元素回收利用，将其用于制备其他化合物等。通过这一步骤，学生不仅加深了对炼铁矿渣酸浸液的理解，还培养了创新思维和解决问题的能力。

本项目式教学设计能够有效激发学生的学习兴趣和主动性。通过真实情境的创设，学生能够将所学知识与实际问题相结合，提高学习的实用性和可操作性。同时，通过实验操作和讨论，学生培养了实验技能和科学思维，提高了解决问题的能力。然而，在教学过程中，我也发现了一些问题。首先，由于时间和设备的限制，学生无法进行大规模的实验操作，这对于他们的实验能力和数据处理能力的培养有一定的影响。其次，学生在讨论环节的参与度和思考深度有所不足，需要进一步引导和激发他们的思维。最后，教学过程中的评价方式还需要进一步完善，以更好地评估学生的学习效果和能力提升。

综上所述，通过以"炼铁矿渣酸浸液何去何从"为真实情境进行的"铁及其化合物"一轮复习项目式教学，学生在实践中学习了炼铁矿渣及炼铁矿渣酸浸液的定性分析、炼铁矿渣酸浸液铁元素的定量分析和炼铁矿渣酸浸液的综合利用。这种教学方式能够激发学生的学习兴趣和主动性，培养学生的实验技能和科学思维，但也需要进一步完善和改进。

# 第二节 专题讲座

证据推理与模型认知是化学学科核心素养中思维层次中最高阶的两个方面，具有极高的实用价值和理论意义。在化学教育实践中，如何有效培养学生的证据推理与模型认知素养，是当下教育改革关注的焦点。本节笔者主要将近年来在各级化学学科学术交流会议上所做的基于发展证据推理与模型认知素养相关主题的部分专题讲座以演示文稿的形式予以归辑，进一步探讨"证据推理与模型认知"在化学教学中的应用，希望起到抛砖引玉的作用。

## 讲座一：基于发展"证据推理与模型认知"素养的化学教学

### 一、化学学科核心素养的功能

| 素养 | 功 能 |
|---|---|
| 宏观辨识<br>与<br>微观探析 | 1. 给出了化学科学的研究域，即"宏观"和"微观"。<br>2. 明确了每一研究域的基本任务，宏观研究域的任务是"辨识"，即在现象、规律层面来认识物质的组成及性质；微观研究域的任务是"探析"，即在本质层面来认识物质的构成及结构。<br>3. 通过"与"字，将宏观、微观两个研究领域联系起来，即通过宏观现象来揭示物质及其变化的微观本质，基于微观本质来解释和预测物质及其变化的宏观现象，从而抽提出"宏微结合"这一化学学科特有的思维方式。 |
| 变化观念<br>与<br>平衡思想 | 1. 指出了化学科学的研究对象，即"变化"，化学是变化之学，是通过变化来创造新物质的一门学科。<br>2. 明确了研究化学反应原理及规律的视角，即"平衡态"。<br>3. 从学科思想和观念层面认识"变化"与"平衡"及二者的关系，反映了化学学科特有的思维方式，即"变"与"不变"的辩证思维。 |
| 证据推理<br>与<br>模型认知 | 1. 从方法论层面给出了解决化学问题的素养要求，即基于"证据"的推理、基于"模型"的解释及预测。<br>2. 将推理、模型用"与"字联系起来，突出强调"证据""推理"与"模型"的关联。 |
| 科学探究<br>与<br>创新意识 | 1. 从化学科学实践视角给出了解决化学问题的素养要求，即科学探究，通过科学探究获得证据，建立解释模型。<br>2. 反映了新时代化学核心素养的特质，即创新，强调基于真实问题解决的"实践创新"。 |
| 科学态度<br>与<br>社会责任 | 1. 从化学科学应用视角给出了解决化学问题的素养要求，即化学科学应用的"绿色设计"。<br>2. 反映了化学科学应用的正确价值取向及社会责任担当。 |

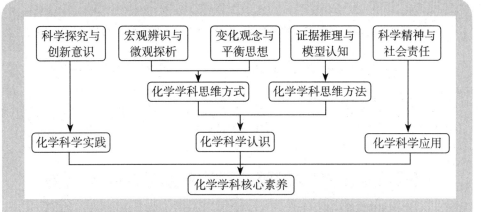

## 二、"证据推理与模型认知"素养的表征、教学生成

【资料卡片】 "证据推理与模型认知"素养内容的刻画

具有证据意识,能基于证据对物质组成、结构及其变化提出可能的假设,通过分析推理加以证实或证伪,建立观点、结论和证据之间的逻辑关系。知道可以通过分析、推理等方法认识研究对象的本质特征、构成要素及其相互关系,建立认知模型,并能运用模型解释化学现象,揭示现象的本质和规律。

资料来源:中华人民共和国教育部.普通高中化学课程标准(2017年版)[ M ].北京:人民教育出版社,2018:4.

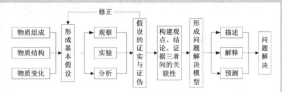

▲ "证据推理与模型认知"在教学中的具体表现行为与方式

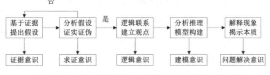

▲ "证据推理与模型认知"内涵关联性及教学目标取向

顾建辛.关于化学核心素养培育的微观思考——原电池教学中的"证据推理与模型认知"[J].化学教学,2017(11):34-38.

## ★ 证据推理 — 举证水平、推理水平、论证水平

《普通高中化学课程标准(2017年版2020年修订)》对证据推理能力各水平要求

| 水平层级 | 水平要求 |
|---|---|
| L1 | 能从物质及其变化的事实中提取证据,对有关的化学问题提出假设,能依据证据证明或证伪假设。 |
| L2 | 能从宏观和微观结合上收集证据,能依据证据从不同视角分析问题,推出合理的结论。 |
| L3 | 能从定性与定量结合上收集证据,能通过定性分析和定量计算推出合理的结论。 |
| L4 | 能依据各类物质及其反应的不同特征寻找充分的证据,能解释证据与结论之间的关系。 |

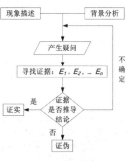

▲ 证据推理的生成模式

陆军.化学教学中引领学生模型认知的思考与探索[J].化学教学,2017(9):19-23.

**[个人教学片段]** 常温下，将醋酸溶液稀释时，电离平衡如何移动，为什么？

基于化学平衡移动理论判据分析　　　　　基于化学平衡移动的实质分析

c(反)↓　定性推论　$\dfrac{N}{V_{aq}}$　勒夏特列原理　$2\dfrac{b^2}{a}=\dfrac{2b\cdot2b}{2a}=K$
c(产)↓　　　　　　　　　　　　　　　$\dfrac{b^2}{a}=\dfrac{b\cdot b}{2a}=Q_c$　浓度商规则　定性分析

| | $V_{正}=k_{正}\cdot[HAc]$ | $V_{逆}=k_{逆}\cdot[AC^-][H^+]$ | |
|---|---|---|---|
| 原平衡 | $2a\cdot k_{正}$ | = | $4b^2\cdot k_{逆}$ |
| 稀释瞬间 | $a\cdot k_{正}$ | > | $b^2\cdot k_{逆}$ |

$v'$(离子化) > $v'$(分子化)　定量分析

| （醋酸原始溶液1L稀释为2L） | $CH_3COOH$ ⇌ | $CH_3COO^-$ | + | $H^+$ |
|---|---|---|---|---|
| 平衡时的物质的量/mol | 2a | 2b | | 2b |
| 平衡浓度/ mol·L⁻¹ | 2a | 2b | | 2b |
| 稀释瞬间浓度/ mol·L⁻¹ | a | b | | b |

## ★ 模型认知一 模型意识水平、模型建构水平、模型应用水平

▼ 《普通高中化学课程标准（2017年版2020年修订）》对模型认知能力各水平要求

| 水平层级 | 水平要求 |
|---|---|
| L1 | 能识别化学中常见的物质模型和化学反应的理论模型，能将化学事实和理论模型之间进行关联和合理匹配。 |
| L2 | 能理解、描述和表示化学中常见的认知模型，指出模型表示的具体含义，并运用于理论模型解释或推测物质的组成、结构、性质与变化。 |
| L3 | 能认识物质及其变化的理论模型和研究对象之间的异同，能对模型和原型的关系进行评价以改进模型；能说明模型使用的条件和适用范围。 |
| L4 | 能对复杂的化学问题情境中的关键要素进行分析以建构相应的模型，能选择不同模型综合解释或解决复杂的化学问题；能指出所建模型的局限性，探寻模型优化需要的证据。 |

模型认知的思维路径 → 原型 ⇌（构建理解）⇌ 模型 ⇌（运用优化）⇌ 新型

▲ 吴星，吕琳，景崤壁.化学学科核心素养中"模型认知"的解读[J].化学教学，2020（6）：3-8.

**[原型]**（问题解决）常温下，将醋酸溶液稀释时，电离平衡如何移动，为什么？

**[模型]**

化学平衡移动方向的判断 →

基于化学平衡移动实质分析 → 定性分析／定量分析

基于化学平衡移动理论分析 → 经验推论（定性）／勒夏特列原理／浓度商规则（定量）

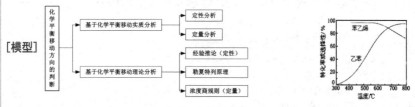

**[用模]**（2015浙江-T28节选）苯乙烯是生产塑料和合成橡胶的重要基本有机原料，乙苯催化脱氧法是目前国内外生产苯乙烯的主要方法，其化学方程式为：⬡—CH₂CH₃(g) --催化剂--> ⬡—CH=CH₂(g) + H₂(g)

（4）工业上通常在乙苯蒸汽中掺混水蒸气（原料中乙苯和水蒸气物质的量之比为1:9），控制反应温度600 ℃，保持体系总压为常压的条件下进行反应。在不同温度下，乙苯的平衡转化率和某催化剂作用下苯乙烯的选择性（指除了H₂以外的产物中苯乙烯的物质的量分数）示意图如右上图所示：

①掺入水蒸气能提高乙苯的平衡转化率，解释说明该事实：_____。

**[原型]** 一般地说，当K ＞ $10^5$时，该反应进行得就基本完全了[化学选择性必修1, P32]。

**[模型]**

反应基本不发生 | 反应基本完全

非自发反应 ├── 可逆反应 ──┤ 反应彻底进行 **K**
$10^{-5}$ | $10^5$

**[用模]**

**[例1]** 常温时，氢硫酸（$H_2S$）的两级电离平衡常数分别为：$Ka_1=1.3\times10^{-7}$，$Ka_2=7.1\times10^{-15}$，$Ksp（CuS）=$ $6.3\times10^{-36}$，试通过计算判断反应 $H_2S_{(aq)}+Cu^{2+}_{(aq)} \rightleftharpoons CuS_{(s)}+2H^+_{(aq)}$，在常温下能否完全进行？

$$K = \frac{Ka_1 \cdot Ka_2}{Ksp(Cu_2S)} \approx 1.5\times10^{14} >> 10^5$$ 故常温下，该反应能够完全进行。

**[例2]** 反应 $2Fe(OH)_{3(s)}+3H_2C_2O_{4(aq)} \rightleftharpoons 2Fe^{3+}_{(aq)}+3C_2O_4^{2+}_{(aq)}+H_2O_{(l)}$，已知常温下，草酸（$H_2C_2O_4$）的电离平衡常数分别为：$Ka_1=6\times10^{-2}$，$Ka_2=6\times10^{-5}$，$Ksp[Fe(OH)_3]=1\times10^{-39}$，$6^6=4.67\times10^4$。常温下，试通过计算判断上述反应能否自发进行。

$$K = \frac{K_{a_1}^3 \cdot K_{a_2}^3 \cdot K_{sp[Fe(OH)_3]}^2}{K_w^6} \approx 4.67\times10^{-11} < 10^{-5}$$ 故常温下，题述反应无法自发进行。

蔡创海. 深度感悟化学文本 固化化学模型认知[J]. 教学与研究，2020（8）：263-264.

### ★ "证据推理"与"模型认知"的关联

证据推理与模型认知都为化学重要的学科核心素养。从科学探究的一般历程来看，无论是学生的学习还是科学家的研究，通常都是从情境中发现问题，再根据原始资料或数据等对问题形成假设，通过观察和实验获得事实性证据，基于证据进行推理并对假设进行修正，最终得到科学结论。

化学家利用模型认知方法揭示原型的结构、性能和运动规律等，借助模型对研究对象作出解释和预测，并在实验证据的检验中加以修正和完善，形成有关这类对象的概念与规律的知识体系即科学理论。因此，模型具有假说特性，其提出需要基于已有证据进行推理，当有新的证据出现，而现有模型并不能解释时，则必须改变现有模型，即模型的构建和发展皆必须建立在证据推理的基础上。

不难看出，科学探究的过程必然包含证据推理。当探究中所提出的假设或观点涉及微观领域——以模型的方式出现时，则涵盖模型认知，即证据推理过程不一定包含模型认知，但模型认知过程一定需要证据推理的支持。化学学科从宏观与微观两个角度认识物质及其变化的特殊性决定了模型认知是学生学习化学的重要思维方式。

## 三、基于发展"证据推理与模型认知"素养的化学教学

证据推理与模型认知素养的发展离不开核心知识的学习，通过创设真实复杂的情境，让学生通过已有知识和思维经验，提取有效信息进行加工，利用学科核心能力进行解构，通过逻辑推理、类比迁移等学科关键能力梳理出一般思路，调用学科核心观念如变化观、结构观，梳理出分析解决问题的关键证据，进行逻辑推理，抓住关键元素，建构模型，发展证据推理与模型认知素养。

### ◎ 教学设计思路

▲ 基于发展"证据推理与模型认知"素养的教学设计思路图

◎ 案例研究

1. 叶婉，李婉冰，姜建文. 发展学生"证据推理与模型认知"素养的教学实践——以"燃烧与灭火"为例[J]. 化学教学，2021（3）：57-62.

2. 李丽. 证据推理与模型认知"的化学学科教学设计[J]. 云南化工，2021（2）：189-191.

3. 何清松. 基于证据推理和模型认知的教学实践——以高中化学苏教版必修模块的离子反应为例[J]. 名师在线，2020（29）：9-10.

4. 杜博. 基于"证据推理和模型认知"的元素化学教学——以氢和铵盐为例[J]. 化学教与学，2020（10）：77-80.

5. 李娜. 基于"证据推理与模型认知"核心素养的高中化学探究性教学实践——以"化学能转化为电能"为例[J]. 化学教与学，2019（5）：57-60.

6. 余腾，李欣. 基于数字化实验发展"证据推理与模型认知"素养的教学设计——以2019年湖北省好课堂展示课"原电池"为例[J]. 高中数理化，2020（18）：75-77.

7. 蒋欣恬，叶漫. 基于"证据推理与模型认知"素养发展的教学实践——以"乙醇与钠反应"中杂质气体的探究为例[J]. 贵州师范学院学报，2020（12）：33-39.

8. 齐玉和. 指向证据推理和模型认知的教学设计探析——以鲁科版"反应条件对化学平衡的影响"内容为例[J]. 中学化学，2021（3）：1-4.

9. 汪华书，罗宗超. 依托证据推理发展模型认知——对几个平衡问题的教学思考[J]. 中学化学教学参考，2019（12）：36-39.

10. 牛彩霞. 基于"证据推理与模型认知"的有机化学教学——以"醇的化学性质"为例[J]. 化学教与学，2020（8）：43-45.

## 结　语

　　基于发展"证据推理与模型认知"素养的化学教学，教师必须改变教学思路，合理规划教学环节；认真研究教情、学情，结合实际开展化学学科核心素养的教学；精心制订教学目标、评价目标，始终将之贯穿课堂教学；全过程贯穿证据推理、模型认知核心素养的培养。在教学方法上，采取小组合作、实验观察的方法，学生只有形成化学学科思维、化学学科观念，才能通过观察搜集证据，并在严密的推理下构建模型，形成学习认知及解决问题的基本思维模式，在克服困难的过程中收获成就感与学习自信心。

（2022年2月22日于汕头市第二中学学术报告厅）

# 讲座二：聚焦核心素养　促进学科理解

## 一、重识："三新"高考备考背景

◎ 研究视角

1. 高考评价体系—— 明确为什么考、考什么、怎么考

2. 普通高中化学课程标准——明确修订内容变化、要求素养水平、学业质量水平要求及实施建议

4. 教材——结合课标和高考试题深入挖掘老教材和新教材中的增、删点及变化、重要案例等

3. 高考试题、高质量的试题分析（评价）——理解命题专家的想法及试题的考查方式、设问的角度及方向，预测明年可能会怎样考

5. 学生——明确不同学生的需求，学生哪里丢分、为什么丢分，明确备考重点

6. 课堂——打磨教学设计、教学方法,构建讲评课、复习课适合课型，打造高效课堂

......

◎ 《中国高考评价体系》

四层：考查内容（考什么）

立德树人、服务选才、引导教学

核心功能（为什么考）

四翼：考查要求（怎么考）

　　《中国高考评价体系》是深化新时代高考内容改革的基础工程、理论支撑和实践指南，也是构造学科考查内容、考查要求和考查情境多维命题模型的依据，还是考试评价的准绳和量尺，更是复习备考的重要参考。

◎ 《中国高考评价体系》——"四层"的考查内容　"知识、能力形成素养，素养实现价值"。

| 必备知识 | 关键能力 | 学科素养 | 核心价值 |
|---|---|---|---|
| 化学语言与概念<br>实验原理与方法<br>反应变化与规律<br>物质结构与性质<br>物质转化与应用 | 理解与辨析<br>分析与推测<br>归纳与论证<br>探究与创新 | 化学观念（1、2）<br>思维方法（1、2、3）<br>实践探索（4）<br>态度责任（5） | 学科社会价值<br>学科本质价值<br>学科育人价值 |

※化学课程标准的学科核心素养
1. 宏观辨识与微观探析 2. 变化观念与平衡思想 3. 证据推理与模型认知 4. 科学探究与创新意识 5. 科学态度与社会责任

必备知识是基础教育的基础　关键能力是对知识的灵活运用
学科素养是多种能力的贯通与创造　核心价值是观念态度、责任义务

◎ 《中国高考评价体系》——　"四翼"的考查要求

| 基础性 | 综合性 | 应用性 | 创新性 |
|---|---|---|---|
| 基础知识 | 学科内综合 | 解释生活中现象 | 内容创新 |
| 基本技能 | 学科间综合 | 解决生产中问题 | 形式创新 |
| 基本方法 | 方法综合 | 阐释社会中热点 | 方法创新 |
| 基本操作 | 形式综合 | 解答实验中疑问 | 思维创新 |
| 主干知识 | 融会贯通 | 学以致用 | 创新思维 |

★ 试题情境是实现"四层"考查内容和"四翼"考查要求的载体，对考查和培养学生的学科素养具有关键作用。基于情境的教学和考试命题已经成为教育教学及考试领域落实核心素养和测评学科能力的重要手段和实现形式。
情境是围绕某一特定主题事实，以文字、数据、图表等方式，为设计问题任务、达成测评目标而呈现试题信息的载体。目前高中有关化学考试的情境分为日常生活情境、生产环保情境、学术探索情境、实验探索情境和化学史料情境。

◎ 《中国高考评价体系》　　**考化学→考化学学习能力**

Ａ 认知能力——化学学习理解能力（知识和经验的输入）

Ｂ 应用能力——化学应用实践能力（知识和经验的输出）

Ｃ 创新能力——化学迁移创新能力（知识和经验的高级输出）

◎ 普通高中化学课程标准——六、实施建议（一）教学与评价建议（P74~76）

**实施"教、学、评"一体化，有效开展化学日常学习评价**

化学学习评价包括化学日常学习评价和化学学业成就评价（主要有化学学业水平合格性考试和学业水平等级性考试，见"学业水平考试命题建议"）。应树立"素养为本"的化学学习评价观，紧紧围绕化学学科核心素养的发展水平和化学学业质量标准来确定化学学习评价目标，注重过程性评价和结果性评价的有机结合，灵活运用活动表现、纸笔测验和学习档案评价等多样化的评价方式，倡导学生自评、同伴互评与教师评价相结合，充分发挥评价促进学生化学学科核心素养全面发展的功能。

化学日常学习评价是化学教学不可或缺的有机组成部分，是化学学习评价的一种重要表现形式，是实施"教、学、评"一体化教学的重要链条。教师应充分认识化学日常学习评价对于促进学生化学学科核心素养发展的重要性，积极探索开展化学日常学习评价的有效途径、方式和策略。

提问与点评、练习与作业、复习与考试等是有效开展化学日常学习评价的基本途径和方法。

· 课堂提问的设计应有意识地关注化学学科核心素养达成情况的诊断。例如，"有哪些因素影响物质体积的大小？"这一问题的设计就具有素养诊断价值。有的学生只能基于"宏观"视角思考影响因素，有的学生只能基于"微观"视角思考影响因素，而有的学生却能基于"宏观辨识与微观探析"视角指出影响因素，并能给予解释。

课堂点评应有的放矢，增强促进学生化学学科核心素养发展的指导性。例如，教师可以设计学习任务："用图示表示0价、+2价和+3价铁元素之间的相互转化关系"，针对学生对"铁三角"转化关系认识模型的理解情况进行点评，通过追问进一步外显学生的思维过程，从素养发展的角度对学生给予指导。对于仅能列举出个别氧化剂和还原剂的学生，教师应启发学生进一步提升知识的概括化水平，指导学生从一类氧化剂和还原剂的角度进一步抽象"铁三角"转化关系认识模型。

· 教师应注意发挥课堂练习和课后作业对于学生化学学科核心素养的诊断与发展功能，依据课程内容各主题的学业要求，精心编制成精选课堂练习和课后作业题，使"教、学、评"活动有机结合，同步实施，形成合力，有效促进学生化学学科核心素养的形成与发展。

· 单元与模块复习应依据内容要求，围绕化学核心概念和观念的结构化来进行，通过提问或绘制概念图等策略，诊断学生化学核心概念和观念的结构化水平；对于处在"知识关联"水平的学生，应引导他们进一步概括核心概念的认识思路，形成基于"认识思路"的结构化，从而提升化学核心概念和观念的结构化水平，发展化学学科核心素养。

单元与模块考试应以学生化学学科核心素养的达成情况为考核重点，试题命制应以学业质量标准的要求为依据，题目应具有一定的情境性和综合性，为学生解决真实情境下不同复杂程度化学问题提供素养表观的机会。通过考试，教师可以较为准确地诊断出学生化学学科核心素养的发展水平和化学学业质量标准的达成情况，为有针对性地提出学生化学学科核心素养发展的改进建议提供依据。

中华人民共和国教育部. 普通高中化学课程标准（2017年版）[M]. 北京：人民教育出版社，2018.

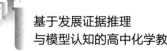

◎ 新教材

学"化学" ➔ 学"学化学"

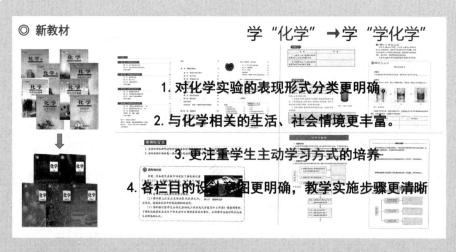

1. 对化学实验的表现形式分类更明确。

2. 与化学相关的生活、社会情境更丰富。

3. 更注重学生主动学习方式的培养

4. 各栏目的设置意图更明确，教学实施步骤更清晰

# 二、解构：2021年高考真题

◎ 研究视角

借什么考
知道

如何分析问题
掌握

解题得分要点
了解

考查意图 ➔ 选材特点 ➔ 题型特点 ➔ 设问特点 ➔ 解题范式 ➔ 答案编制 ➔

知道
为什么考

知道
怎么样考

明白
如何规范答题

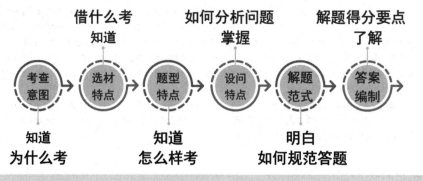

◎ 2021年高考全国卷化学试题评析

单旭峰.回归学科本质 促进学科理解——2021年高考全国卷化学试题评析[J]中学化学教学参考（2021.7）：1-4.

◎ 2021年广东选择性考试化学试题评析

　　试题坚持高考评价体系的价值引领，体现新课标要求的素养导向，创设真实生活情境，以化学学科知识为基，以学科关键能力为重，融合五育并举。

　　选择题难度适中、考查面广、新颖度高，实验题和化工流程题关注新旧情境组合，注重基础和创新的有机融合，注重能力的梯度；化学原理题注重图表信息的分析，创造性地考查了相对压力平衡常数，对学生综合素质要求高；物质结构题和有机题既有常规内容，又有新的微调。

◎ 2021年广东选择性考试化学试题评析

| 题序 | 情境素材 | 考查知识 | 关键能力 | 对应教材 | 难度 |
|---|---|---|---|---|---|
| 1 | 古董 | 化学材料（铜器、陶器、瓷器等的物质成分），涉及合金、硅酸盐、二氧化硅 | 理解与辨析 | 必修1 | 易 |
| 2 | 广东地方特色文化中的化学常识 | 化学变化、混合物、天然高分子化合物类别判断、分子的无规则运动表征 | 理解与辨析 | 必修1、2 | 易 |
| 3 | 中国航天科技成就（嫦娥五号） | 化学基本概念（能源分类、能量转化、核素、同位素） | 理解与辨析 | 必修1、2 | 易 |
| 4 | 生产活动中应用的化学原理 | 化学基本原理与应用（聚乙烯、海水提溴提镁、氢氟酸、金属防护） | 辨析、论证 | 必修1、2 | 易 |
| 5 | 人工合成素（昆虫信息素） | 有机化学基础（烃的概念、水解反应、加聚反应判断、物理性质推断） | 理解与辨析 | 必修2 | 易 |
| 6 | 五育培养之劳动教育中的化学 | 化学物质的用途与关联知识（84消毒液 厨余垃圾回收原因、乙醇的氧化与醋酸的酸性，油脂的皂化反应生产肥皂） | 辨析、论证 | 必修1、2 | 中 |
| 7 | 实验探究（硫酸含量测定） | 化学实验基础（实验仪器的选择） | 探究、理解与辨析 | 必修1、2 | 易 |
| 8 | 鸟嘌呤（一元有机弱碱） | 电解质溶液基础知识（盐类的水解、水的电离、电离方程式书写判断、电荷守恒关系） | 分析与推测 | 必修2、选修4 | 中 |
| 9 | （钠和CO₂）新型固态电池在火星探测器上的应用 | 电化学基础知识（电极反应类型、电子转移、离子移动方向，能量转化形式） | 分析与推测 | 必修1、2 | 易 |
| 10 | 价类二维图的应用 | 铁元素及其化合物的应用（氧化还原反应、胶体的制备、物质间的转化关系） | 图表分析、归纳论证能力 | 必修1 | 中 |

◎ 2021年广东选择性考试化学试题评析

| 题序 | 情境素材 | 考查知识 | 关键能力 | 对应教材 | 难度 |
|---|---|---|---|---|---|
| 11 | 阿伏伽德罗常数Nₐ（宏微探析、变化观念） | Nₐ（结合可逆反应、氧化还原反应，考查共价键数目、离子数目、分子数目） | 分析与推测 | 必修1、2 | 中 |
| 12 | 化学实验探究（取材于教材实验） | 化学实验基础（物质的制备、反应条件对平衡影响、萃取实验操作、试剂取用原则） | 理解与辨析、探究 | 必修1、2、选修4 | 中 |
| 13 | 麻醉剂（五氟一氯甲乙醚） | 元素周期律（物质分类、非金属性、原子半径比较、化合价判断） | 分析与推测、归纳与论证 | 必修1、2 | 中 |
| 14 | 基元反应及体系组分浓度-时间变化曲线图 | 化学反应历程（图像信息提取与应用一对应曲线、浓度关系、速率对比） | 图表识别与分析能力 | 必修2、选修4 | 中 |
| 15 | 元素与化合物（宏微探析） | 化学反应书写正误（离子反应、氧化还原反应） | 分析与推测 | 必修1 | 中 |
| 16 | Co合金的应用价值、三室电解法制备金属钴 | 电化学基础（电解过程中溶液pH变化、电极质量变化、电极反应判断与电解总反应） | （图表）分析与推测、归纳与论证 | 选修4 | 中 |

◎ 2021年广东选择性考试化学试题评析

| 题序 | 情境素材 | 答题量 | 考查知识点 | 关键能力 | 对应教材 | 难度 |
|---|---|---|---|---|---|---|
| 17 | 本题以教材科学视野（氯气的发现）为情境，考查制备氯气的原理、净化、收集及仪器的连接顺序、久置氯水成分的探究实验方案设计，对所提出猜想的评价，溶度积计算、控制变量思想的应用、判断猜想成立的依据，重点考查化学学语言、物质性质 实验原理与方法等，凸显含氯物质在生产、生活中的学科价值。 | 10 空 15分（方程式1、简答2、计算1、仪器连接1、填空5） | 1.方程式书写；2.仪器连接顺序；3.依据实验现象分析氯水成分并检验Cl⁻；4.实验计算；5.分析并论证猜想，设计实验方案并分析结论。 | 分析与推测归纳与论证探究与创新能力 | 必修1、2 | 中 |
| 18 | 本题以废催化剂回收金属资源（Mo、Al、Ni）的工艺流程图、H₂O₂电离常数、钼酸铅、碳酸钡溶度积常数、侯氏 制碱法、芯片制作中刻蚀过程等学术成果为载体，考查化学基本概念、化学计算、物质转化应用等必备知识点，属于较为传统的化工流程考查题型。本题突出化学学科的社会价值、学术价值和学科育人价值，反映了化学观念、思维方法、态度责任等素养导向培养。 | 8个空 12分（基本概念2、离子方程式1、流 程推导产物3、实验计1、信息推导1） | 1.（5）②：化学 基本概念（化合价、氧化还原反应）；铝元素及其化合；2.物性质用：NaAlO₂ 转化为Al(OH)₃，新信息分析推导Al₂O₃；3.离子方程式书写4.应用电离常数、溶度积常数计算；5.侯氏制碱法在工 业生产中的应用； | 理解与辨析分析与推测归纳与论证 | 必修1、2选修4 | 中 |
| 19 | 本题以我国碳达峰、碳中和、二氧化碳催化重整研究成果的学术前沿信息为情境，考查盖斯定律应用、平衡体系判断、化学反应历程中能量变化与活化能的辨析、压力平衡常数图像分析与应用、平衡转化率的计算、二氧化碳的性质与用途等内容，涉及化学语言书写、物质性质与变化规律、热力学、动力学等必备知识。本题选取我国科学家在CO₂利用转化上的创新成果，突出大国担当、民族自信。 | 8个空 14分（计算2、选择1、反应历程分析1、平衡常数2、元素化合物用1） | 1.反应热计算；2.化学平衡移动判断；3.反应历程分析；4.平衡常数应用与表达式；5.平衡转化率计算；6.二氧化碳的用途 | 理解与辨析分析与推测归纳与论证 | 必修1、2选修4 | 中偏难 |

◎ 2021年广东选择性考试化学试题评析

| 题序 | 情境素材 | 答题量 | 考查知识点 | 关键能力 | 对应教材 | 难度 |
|---|---|---|---|---|---|---|
| 20 | 本题以重金属汞的解毒剂——含硫基（-SH）有机化合物、由汞、锗、锗等元素形成的拓扑绝缘体材料为载体，考查如价电子排布式的书写、沸点高低的比较、元素在周期表中的位置的表征、汞解毒剂II的组成与结构探析（含电负性、杂化方式、键角、化学键类型、键能等）、考查锗晶胞相关知识与晶胞密度计算等。 | 9空 14分（填空 5、选择1、理由解释1、计算2） | 1.原子的价电子排布式；2.物质沸点比较；3.元素周期表的位置；4.选择：杂化类型、电负性比较、空间 构型、化学键类型、键能判断；5.物质水溶性比较；6.晶胞概念理解、微粒个数比、密度计算 | 分析与推测、信息获取与应用能力、模型认知与论证能力、立体几何思维能力 | 选修3 | 中偏难 |
| 21 | 本题以抗疟活性的天然产物V及其衍生物VI的合成路线的学术前沿成果为载体，结合有机合成路线图考查官能团识别、分子式和结构简式的推断与书写、有机反应类型判断限定条件下同分异构体的书写有机反应方程式的书写、合成路线设计等。 | 8空 14分（基础填空1、推理填空3、反应类型判断2、官能团数目判断1、流程设计1） | 1.官能团辨别；2.结合信息，依据 原子守恒确定分子式；3.流程结构简式推断；4.反应类型推断分类；5.同分异构体数目判断与书写；6.合成路线设计。 | 理解与辨析、探究与创新、知识迁移运用能力 | 选修5 | 中 |

　　2021年高考（全国卷）、2021年广东选择性考试等化学试题整体上均体现了"以核心素养为测试宗旨，以真实情境为测试载体，以实际问题为测试任务，以化学知识为解决问题的工具"的命题原则。

　　大部分试题均以真实情境为载体，以化学学科核心知识和活动经验为基础，以化学认识方式和学科思想为内涵，设计考查学习理解、应用实践、迁移创新等不同能力素养水平的问题任务，全面、综合、多层次地考查化学学科核心素养，凸显了素养内涵，体现了素养发展进阶。大部分试题与现实情境融合，具有较高的结构化水平，并能围绕某一主题设计选择题的选项或解答题的设问，且同一试题的选项或设问之间具有一定的关联性或逻辑性，从而考查学生思考角度的多样性和思维过程的系统性，突出对学科核心素养内涵的考查。

## 三、交流：化学二轮复习备考策略

◎ 二轮复习概述

| 📷 | 📅 | 💼 |
|---|---|---|
| **特点** | **任务** | **指导思想** |
| ● ● ● ● ● | ● ● ● ● ● | ● ● ● ● ● |
| 时间紧迫 | 专题突破 | 系统、网络（重点） |
| 备考方向性强 | （重难点、题型） | 思路、方向（关键） |
| 知识综合性强 | 出题组卷 | 专题、板块（载体） |
| 能力提升任务重 | （素材、情境） | 激情、团队（保障） |
| …… | 习题讲评 | 熟练、规范（增长） |
| | （翻转课堂） | 提升、能力（核心） |

◎ 二轮复习策略

# 1. 集体备课，增效提质
# 2. 反思一轮，盘点谋划

（1）透过历次考试阅卷把握学情

- 审题不清，作答主观
- 思维不活，迁移不够
- 术语不准，辞不达意
- 计算不准，畏惧计算

（2）依据学生考后反思了解考情

（3）开展问卷调查把握学情

---

**问卷调查**

1.你认为自己掌握的知识模块，最好和最差的分别是_____、_____；

2.化学常考题型中，你掌握最好的和最差的分别是_____、_____；

3.化学学习能力自我评价（很好、好、一般、差）：

（1）接受提取信息能力_____；

（2）实验探究能力逻辑推理能力_____；

（3）化学用语表达能力_____；

（4）计算能力_____；

4.你最期待的二轮复习是什么样子的？

---

◎ 二轮复习策略

# 3. 科学分析，合规专题

| 专题类型 | 课堂结构 |
|---|---|
| **知识专题**<br><br>**题型专题**<br><br>**热点专题** | 高考定位——**考查方式及难度、考查方向及命题特点**<br>知识梳理——**知识结构（思维导图）、重要知识点、方法指导**<br>分类演练——**典型例题、变式训练（预测）、借题发挥（方法总结、注意问题）**<br>应试指导——**高考真题分析、得分技巧与策略、依题练招**<br>巩固提升——**突出重点、有效覆盖** |

◎ 二轮复习策略

## 4.建构网络，助力理解

- **■ 分模块、抓主题，建构主干网络**
- **■ 理知识、抓主线，建构专题网络**
- **■ 串问题、聚中心，建构因果网络**
- **■ 寻相似、找关联，建构同类网络**
- **■ 创情境、促迁移，建构思维网络**

## 四、建构：基于促进化学学科理解的复习课堂

化学学科理解是指教师对**化学学科知识及其思维方式和方法**的一种**本原性**、**结构化的认识**，它不仅是对化学知识的理解，还包括对具有化学学科特质的思维方式和方法的理解。

——中华人民共和国教育部. 普通高中化学课程标准（2017年版）[M]. 北京：人民教育出版社，2018.

化学学科理解是对化学学科知识的本原性认识，可以理解为对学科知识的形成、内涵、功能和局限性等多方面的认识；对化学学科知识的结构化认识，可以理解为对化学学科知识之间相互关系的认识；对化学学科思维方式和方法认识的本原性、结构化认识，可以理解为具有学科特质的化学认识视角和化学认识思维的形成和建构。

——人民教育出版社化学编辑室主任乔国才

---

**[个人教学片段—1]** 请写出$NH_4HCO_3$溶液与少量NaOH溶液反应的离子方程式。

**【小组讨论】**$NH_4^+$水解显酸性，而$HCO_3^-$既能水解，又能电离，但以水解为主，故显碱性。由于相对酸性强弱为$NH_4^+ > HCO_3^-$，那么$OH^-$会优先和酸性较强的微粒（$NH_4^+$）反应。

**【小组结论】**$NH_4^+ + OH^- = NH_3 \cdot H_2O$

**【实验论证】**向试管中加入2 mL0.1 $mol \cdot L^{-1}$的$NH_4HCO_3$溶液，再滴入2滴0.1 $mol \cdot L^{-1}$的NaOH溶液，最后再滴加2滴0.1 $mol \cdot L^{-1}$的$CaCl_2$溶液，结果出现浑浊。

**【学生质疑】**根据实验现象，$OH^-$应该先与$HCO_3^-$反应，生成的$CO_3^{2-}$与$Ca^{2+}$产生了$CaCO_3$沉淀，故正确结论为$HCO_3^- + OH^- = CO_3^{2-} + H_2O$

**【教师引导】**"$OH^-$优先和酸性较强的微粒反应"，该结论不能很好地解释实验现象，那么从生成电解质强弱的角度，能不能得出更本质的结论？

**【小组讨论】**$NH_4HCO_3$溶液与少量NaOH溶液反应：$OH^-$如果优先与$HCO_3^-$反应，则生成的弱电解质是$H_2O$。如果优先与$NH_4^+$反应，则生成的弱电解质为$NH_3 \cdot H_2O$，查阅数据可知：常温下，$K_a(H_2O) = \frac{10^{-14}}{55.6} = 1.8 \times 10^{-16}$，$K_b(NH_3 \cdot H_2O) = 1.7 \times 10^{-5}$，可见$H_2O$的电离要比$NH_3 \cdot H_2O$弱得多。

**【小组结论】**生成的电解质越弱，优先发生反应。

**[个人教学片段-2] 多元弱酸的分步电离**

01 多元弱酸
电离方程式的书写

04 往多元弱酸正盐溶液逐滴
加入盐酸的产物分析
及二次滴定分析

02 往多元弱酸中逐滴加入NaOH
的产物分析及图析(酸碱中和、
δ-pH、pX-pH...)

多元弱酸
（H$_n$A）的
分步电离

05 往多元弱酸正盐、酸式盐
混合溶液中逐滴加入盐酸
的反应分析

03 注意：（酸性）H$_2$A > HB$^-$ > HA$^-$
往较弱弱酸盐（如
NaAlO$_2$）溶液中逐滴H$_n$A
的产物分析

06 多元弱酸正盐溶液的分步水
解；相同条件下，相同浓度
的多元弱酸正盐、酸式盐溶
液水解程度的比较

◎ **基于促进化学学科理解（化学知识本原性）的主题式（复习）教学**

☐ 陈璟，蔡宣步.促成知识结构化、思维系统化——以"N$_2$H$_4$的制备、性质与应用"为例谈高三化学主题式复习[J].福建教育，2022（1）：45-47.

☐ 单媛媛，郑长龙.基于化学学科理解的主题素养功能研究：内涵与路径[J].课程·教材·教法，2021（11）：123-129.

☐ 孙国辉，徐洁.基于化学学科理解的学科大概念统领主题教学的探索[J].吉林教育，2020（7）：13-17.

☐ 庄严，郑长龙，赵红杰，等.基于化学学科理解的"化学平衡常数"教学设计与实施研究[J].化学教育，2011（1）：42-48.

**[个人教学片段-3] （电解质溶液中相关图像）化学思维结构化认识**

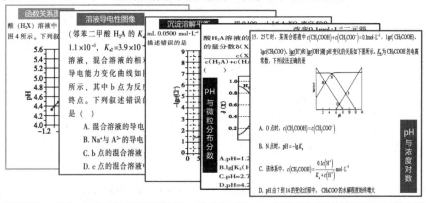

[个人教学片段－3] （电解质溶液中相关图像）化学思维结构化认识【数学语言说化学】

———"情境（化学原理）、微粒（化学用语）、图像（函数关系）"

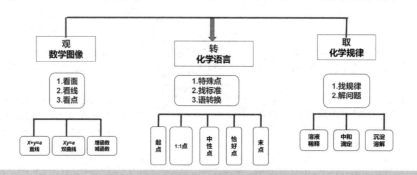

[案例研究] （同分异构体书写）化学思维结构化认识

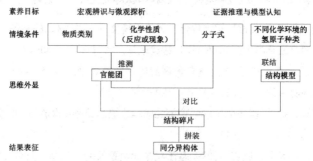

书写同分异构体的一般认识思路

金剑锋.增进化学学科理解 提高课堂教学效益——以"同分异构体的书写"为例[J].化学教与学，2021（8）：20-22，26.

◎ 基于促进化学学科理解（化学思维结构化）的单元整体（复习）教学

➤ **抓住思维生发点，清理知识源头，让学习更自然**

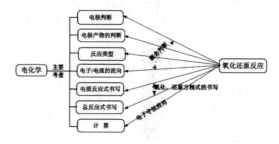

毛娟.小口切入 模块建构 训练贯通——例谈高三化学二轮复习单元整体教学的实施策略[J].数理化解题研究，2021（5）：89-91.

◎ 基于促进化学学科理解（化学思维结构化）的单元整体（复习）教学

➤ 关注思维关联点，强化知识关联，让学习更有趣

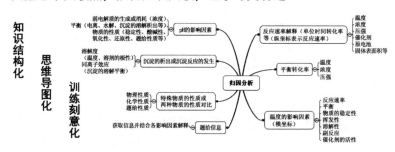

毛娟. 小口切入 模块建构 训练贯通——例谈高三化学二轮复习单元整体教学的实施策略[J]. 数理化解题研究, 2021（5）：89-91.

◎ 基于促进化学学科理解（化学思维结构化）的单元整体（复习）教学

➤ 突出思维扩张点，落实变式训练，让学习更有效

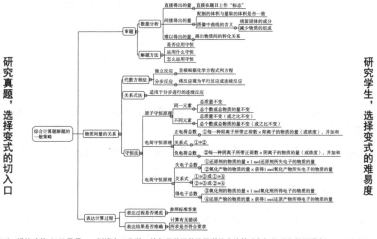

毛娟. 小口切入 模块建构 训练贯通——例谈高三化学二轮复习单元整体教学的实施策略[J]. 数理化解题研究, 2021（5）：89-91.

（2022年3月8日于汕头市一模化学学科质量分析研讨会）

# 讲座三：基于"证据推理与模型认知"的考题分析和素养提升

## 一、"证据推理与模型认知"的理解

### 1.1 "证据推理与模型认知"素养的功能

```
┌──────────┐  ┌──────────┐  ┌──────────┐  ┌──────────┐  ┌──────────┐
│科学探究  │  │宏观辨识  │  │变化观念  │  │证据推理  │  │科学精神  │
│  与      │  │  与      │  │  与      │  │  与      │  │  与      │
│创新意识  │  │微观探析  │  │平衡思想  │  │模型认知  │  │社会责任  │
└──────────┘  └──────────┘  └──────────┘  └──────────┘  └──────────┘

              ┌──────────────┐    ┌──────────────┐
              │化学学科思维方式│    │化学学科思维方法│
              └──────────────┘    └──────────────┘

  化学科学实践        化学科学认识            化学科学应用

              化学学科核心素养
```

★ 从方法论层面给出了解决化学问题的素养要求，即基于"证据"的推理、基于"模型"的解释及预测。

★ 将推理、模型用"与"字联系起来，突出强调"证据""推理"与"模型"的关联。

### 1.2 "证据推理与模型认知"的内涵、意义

- 具有证据意识，能基于证据对物质组成、结构及其变化提出可能的假设，通过分析推理加以证实或证伪；
- 建立观点、结论和证据之间的逻辑关系；
- 知道可以通过分析、推理等方法认识研究对象的本质特征、构成要素及其相互关系，建立认知模型；
- 能运用模型解释化学现象，揭示现象的本质和规律。

　　证据推理与模型认知的内涵在凸显化学本质特征、反映化学基本问题、揭示化学学科思维和体现课程育人价值等方面得以充分显现，尤其是在化学教学过程中落实"宏观—微观—符号"三重表征学习思维，引导学生基于"证据"的推理、判断和探究建构模型，并运用各种模型描述和解释化学现象，并形成高中化学独特思想和方法，提升科学探究能力等方面有着至关重要的作用。

# 二、"证据推理"素养的考查特点与提升策略

## 2.1 基于"证据推理"素养的试题分析思路

### 2.1.1 "证据推理"素养评估要素及其内涵

| 要素 | 具体内涵 |
|---|---|
| 证据解读 | 能够识别出有效证据，并分析解读证据，获取解题所需的信息 |
| 证据与结论的关系 | 能够建立观点、结论和证据之间的逻辑关系，侧重推理 |
| 证据评估 | （1）能够通过评估证据获取方式来评估证据的准确性<br>（2）能够评估证据与结论的相关性、证据的充分性 |

### 2.1.2 证据呈现形式及其内涵

| 证据呈现形式 | 具体内涵 |
|---|---|
| 反应机理 | 从反应物到生成物所经历的所有单元步骤按时间顺序依次排列出的整个过程 |
| 实验数据 | 实验事实相应的数据表、包含多个变量的曲线图等 |
| 工艺流程 | 用文字、符号及流程框图表示从原料投入到产品获得整个阶段的操作（包含支撑操作实现的所有给定信息） |
| 实验方案 | 实验过程所涉及的实验装置、实验方法、实验操作的信息 |

## 2.2 基于"证据推理"素养的试题分析思路

【2022广东高考T18】

稀土（RE）包括镧、钇等元素，是高科技发展的关键支撑。我国南方特有的稀土矿可用离子交换法处理，一种从该类矿（含铁、铝等元素）中提取稀土的工艺如下：

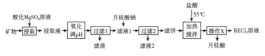

已知：月桂酸（$C_{11}H_{23}COOH$）熔点为44℃；月桂酸和（$C_{11}H_{23}COO$）$_3$RE均难溶于水。该工艺条件下，稀土离子保持+3价不变；（$C_{11}H_{23}COO$）$_2$Mg的$K_{sp}$=$1.8 \times 10^{-4}$，Al（OH）$_3$开始溶解时的pH为8.8；有关金属离子沉淀的相关pH见下表。

| 离子 | $Mg^{2+}$ | $Fe^{3+}$ | $Al^{3+}$ | $RE^{3+}$ |
|---|---|---|---|---|
| 开始沉淀时的pH | 8.8 | 1.5 | 3.6 | 6.2~7.4 |
| 沉淀完全时的pH | / | 3.2 | 4.7 | / |

（1）"氧化调pH"中，化合价有变化的金属离子是_____。

（2）"过滤1"前，用NaOH溶液调pH至_____的范围内，使过程中$Al^{3+}$发生反应的离子方程式为_____。

（3）"过滤2"后，滤饼中检测不到Mg元素，滤液2中$Mg^{2+}$浓度为2.7 g·$L^{-1}$。为尽可能多地提取$RE^{3+}$，可提高月桂酸钠的加入量，但应确保"过滤2"前的溶液中c（$C_{11}H_{23}COO^-$）低于_____mol·$L^{-1}$（保留两位有效数字）。

（4）①"加热搅拌"有利于加快$RE^{3+}$溶出、提高产率，其原因是_____。

②"操作X"的过程为：先_____，再固液分离。

（5）该工艺中，可再生循环利用的物质有_____（写化学式）。

（6）稀土元素钇（Y）可用于制备高活性的合金类催化剂$Pt_3Y$。

①还原$YCl_3$和$PtCl_4$熔融盐制备$Pt_3Y$时，生成1 mol$Pt_3Y$转移_____mol电子。

②$Pt_3Y/C$用作氢氧燃料电池电极材料时，能在碱性溶液中高效催化$O_2$的还原，发生的电极反应为_____。

**2022年广东高考第18题的编码结果**

| 题号 | "证据推理"学科核心素养要素 | 证据呈现形式 |
|---|---|---|
| 18-1 | 证据解读 | |
| 18-2-1 | 证据与结论的关系 | |
| 18-2-2 | 证据解读 | |
| 18-3 | 证据与结论的关系 | |
| 18-4-1 | 证据与结论的关系 | 工艺流程 |
| 18-4-2 | 证据解读 | |
| 18-5 | 证据解读 | |
| 18-6-1 | 证据与结论的关系 | |
| 18-6-2 | 证据解读 | |

　　"证据推理"学科核心素养的考查主要通过呈现反应机理、实验数据、工艺流程以及实验方案等多种形式的证据，基于真实情境命制试题，既有对证据推理各子要素的考查，又有对综合性证据推理能力的考查。

　　试题的情境载体均来源于社会生产与生活，但对学生而言具有一定的陌生度，这符合素养导向的要求，即学科核心素养是在真实情境中解决复杂问题时才表现出来。

### 2.2.1 证据解读

☐ 不同形式的证据是科学家基于实验手段获得的对客观事实基于图像或流程图的形式给予的描述，是科学家获得的间接证据，以反应机理、实验数据、工艺流程、实验方案等形式呈现出来。

☐ 试题中呈现的证据往往不是对原始命题素材的简单"移植"，而是经过命题者对于原始证据再加工，将与高中化学相关的化学知识和信息加以 "包装"，以多种形式呈现，其信息综合性比原始证据可能更高。

【2022广东高考T9】

我国科学家进行了如图所示的碳循环研究。下列说法正确的是（　　）

A. 淀粉是多糖，在一定条件下能水解成葡萄糖
B. 葡萄糖与果糖互为同分异构体，都属于烃类
C. $1\ mol\ CO$中含有$6.02×10^{24}$个电子
D. $22.4\ L\ CO_2$被还原生成$1\ mol\ CO$

　　反应机理类证据多来源于文献资料，是公开刊物上发表的化学学科前沿成果，是科学家基于实验手段获得的并通过图表的方式呈现出来的间接证据。从其考查目的来看，此类试题更侧重于考查学生思维的指向性，只要求学生从示意图中提炼出解答试题所需要的信息，看懂反应机理中各个箭头的来向与去向，即对于"证据"的解读能力。

## 2.2.1 证据解读 ——读懂图表信息是关键

【2022广东高考T19-（2）-③】

在稀溶液中，一种物质对光的吸收程度（A）与其所吸收光的波长（λ）有关；在一定波长范围内，最大A对应的波长（λ_max）取决于物质的结构特征；浓度越高，A越大。混合溶液在某一波长的A为各组分吸收程度之和。为研究对反应（ⅰ）和（ⅱ）平衡的影响，配制浓度相同、pH不同的 $K_2Cr_2O_7$ 稀溶液，测得其A随λ的变化曲线如图，波长 $λ_1$、$λ_2$ 和 $λ_3$ 中，与 $CrO_4^{2-}$ 的 $λ_{max}$ 最接近的是_____；…

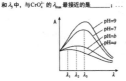

实验数据类证据的呈现形式大都为两个及两个以上变量之间的关系图，此类证据的呈现往往是将多个变量糅合在一张图表中。从其考查目的来看，此类试题更侧重于考查学生思维的有序性、全面性，要求学生能够关注到图像中横纵坐标的含义、曲线的走势、曲线上的特殊点等，即考查学生在具体的情境下分析解读实验数据，将所学知识与图表信息结合进行判读、决策的能力。

## 2.2.2 证据与结论的关系

证据与结论的关系建立，即在证据与结论之间建立逻辑关系，侧重于要求学生完成从证据到结论的推理过程。从考查目的来看，此类试题重在考查学生思维的逻辑性，发展高阶思维，引发思维的深度加工。

【2020全国Ⅰ卷T26】

钒具有广泛用途。钒在钒矿中，钒以+3、+4、+5价的化合物存在，还包括钾、镁的铝硅酸盐，以及 $SiO_2$、$Fe_2O_3$ 等。采用以下工艺流程可由稀土钒矿制备 $NH_4VO_3$。

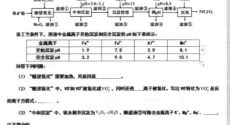

该工艺条件下，溶液中金属离子开始沉淀和完全沉淀的pH如下表所示。

| 金属离子 | $Fe^{2+}$ | $Fe^{3+}$ | $Al^{3+}$ | $Mn^{2+}$ |
|---|---|---|---|---|
| 开始沉淀pH | 1.9 | 7.0 | 3.0 | 8.1 |
| 完全沉淀pH | 3.2 | 9.0 | 4.7 | 10.1 |

回答下列问题：

（1）"酸浸氧化"需要加热，其原因是_____。

（2）"酸浸氧化"中，$VO^+$ 和 $VO^{2+}$ 被氧化成 $VO_2^+$，同时还有_____离子被氧化。写出 $VO^+$ 转化为 $VO_2^+$ 反应的离子方程式_____。

（3）"中和沉淀"中，钒水解并沉淀为 $V_2O_5·xH_2O$，随滤液②可除去金属离子 $K^+$、$Mg^{2+}$、$Na^+$，以及部分的_____。

（4）"沉淀转溶"中，$V_2O_5·xH_2O$ 转化为钒酸盐溶解。滤渣③的主要成分是_____。

## 2.2.2 证据与结论的关系 ——学会逻辑推理是关键

■ 在工艺流程图中，命题者巧妙地将化学知识与实际化工操作之间的关系隐藏起来，同时给定一些陌生的信息作为支撑，就其中的逻辑关系进行设问。从考查目的来看，此类试题侧重于考查学生在解答此类流程题时思维逻辑的严密性以及思维的整体性。

■ 问题解决的关键在于根据已学化学知识，在具体试题情境下结合具体的证据进行逻辑推理得到相应的结论（此类题目不仅考查了学生对于证据的解读能力，还重点考查了学生基于证据进行逻辑推理的能力）。

### 2.2.3 证据评估——把握"三性"是关键

证据评估包含对证据的准确性、证据与结论的相关性、证据的充分性三方面的评估。

强调一点：要素二（证据与结论的关系）侧重于考查学生自己建立推理的能力，而"证据与结论的相关性"侧重于考查学生对于给定证据与结论间的相关性的评价能力。在近几年的高考化学试题中此类试题多出现在选择题中。

【2022广东高考T12】陈述 I 和 II 均正确但不具有因果关系的是：

| 选项 | 陈述 I | 陈述 II |
|---|---|---|
| A | 用焦炭和石英砂制取粗硅 | $SiO_2$可制作光导纤维 |
| B | 利用海水制取溴和镁单质 | $Br^-$可被氧化，$Mg^{2+}$可被还原 |
| C | 石油裂解气能使溴的$CCl_4$溶液褪色 | 石油裂解可得到乙烯等不饱和烃 |
| D | $FeCl_3$水解可生成$Fe(OH)_3$胶体 | $FeCl_3$可用作净水剂 |

【2021广东高考T12】化学是以实验为基础的科学。下列实验操作或做法正确且能达到目的的是：

| 选项 | 操作或做法 | 目的 |
|---|---|---|
| A | 将铜丝插入浓硝酸中 | 制备NO |
| B | 将密闭烧瓶中的$NO_2$降温 | 探究温度对平衡移动的影响 |
| C | 将溴水滴入KI溶液中，加入乙醇并振荡 | 萃取溶液中生成的碘 |
| D | 实验结束，将剩余NaCl固体放回原试剂瓶 | 节约试剂 |

## 2.3 "证据推理"素养的提升策略

### 一、恰当变换文本呈现形式，培养证据解读能力

【2019年人教版高中化学教科书必修第二册P101】

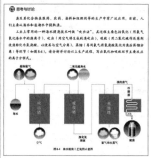

➤ 利用坐标图、机理图、实验流程图、数据表格等形式让学生建立起对化学物质及其变化过程的深刻理解，这是培养学生证据解读能力的关键。

➤ 证据解读能力培养素材（工艺类）：氯碱工业、硫酸工业、硝酸工业、合成氨工艺、侯氏制碱法、海水提镁、海水提溴、海带提碘、电镀、金属提纯等。

### 二、课堂建设有机融入推理形式教学，发展逻辑推理能力

❑ 证据推理过程，除明确完成推理需要具备的证据外，还要明确推理过程所使用的推理形式（类比推理、归纳推理、演绎推理），建立证据和结论之间的逻辑关系。

❑ 证据推理作为一种高阶思维方式，其培养离不开一个个严密的逻辑推理过程，更离不开教师对化学学科知识建立过程的深度解读。在日常教学中，教师应结合具体的教学问题，有机融入推理形式的教学，以学生已有认知为前提，通过推理建构新知，得到结论，发展学生逻辑推理能力。

● CaO → $Na_2O$

● T、c、P等因素对化学平衡移动的影响 → 勒夏特列原理

● $CH_2=CH_2$ → $CH_3CH_2=CH_2$ → 烯烃

## 三、强化对于证据"三性"（证据的准确性、证据与结论的相关性和证据的充分性）的认识，提升证据评估能力

　　证据推理在课堂教学中，更多的是对知识的加工过程，教科书中所呈现的知识大多是以结论的形式直接呈现的，而作为知识的"结论"是如何得到的这一点十分重要。在教学中，优化设计，引领学生以科学学习者、发现者、研究者的身份参与课堂；创设问题，始于问题、基于证据、终于结论，激发学生学习欲望，强化学生对于证据"三性"的认识，提升学生证据评估能力。

　　★ 研究各版本教材文本　　　　　　★ 研究（江敏、保志明等）名师课例

| （2020年苏教版高中化学教科书必修第二册）化学反应的限度，教材起于一个温故知新的问题："请描述$Cl_2$与$H_2O$的反应，哪些证据能说明该反应有一定的限度？" | "你得出结论的依据是什么？"<br>"你如何证明你的观点？"<br>"这一现象是否就能推出这一结论？"<br>"想要证明这一观点，我们需要获得哪些证据？" |
|---|---|

## 三、"模型认知"素养的考查特点与提升策略

### 3.1 "模型认知"素养的评估框架与化学模型分类

#### 3.1 "模型认知"素养的评估框架

| 水平 | 素养维度 | | | |
|---|---|---|---|---|
| | 模型识别 | 模型应用 | 模型分析 | 模型建构 |
| 1 | 能够区分原型与化学模型 | 能指出模型所代表的具体含义 | 能够根据问题情境选择合适的模型 | 能对化学问题进行分解、抽象、概括 |
| 2 | 能够识别化学中常见的物质模型 | 能够以恰当的形式对模型进行表征 | 能够对化学模型进行定性分析 | 能对抽象元素进行合适的表达、加工，建立认知模型 |
| 3 | 能够识别常见的化学理论模型 | 能根据模型对化学事实作出说明、解释 | 能够对化学模型进行定量分析 | 能根据所建构的模型解决化学问题 |
| 4 | 能将化学事实和模型进行关联和合理匹配 | 能根据模型对未知的化学问题或现象进行预测和解释 | 能客观评价模型的优缺点，说明其适用范围 | 能够在问题解决过程中进一步优化模型 |

#### 3.2 化学模型分类

| 化学模型 | 内涵 | 举例说明 |
|---|---|---|
| 概念模型 | 用文字或符号对化学现象或化学事实进行抽象归纳，揭示化学学科本质特征的理性知识 | 物质的量、元素符号、化学方程式、化学平衡、电负性、电离能等 |
| 结构模型 | 根据对象的外形和结构特征，按比例进行放大或者缩小，包括装置结构模型、物质结构模型 | 实验仪器装置、原子（分子）结构、晶体结构等 |
| 过程模型 | 用图形、图像表示反应或生产过程中某个物理量的变化过程或者某元素的存在形式（状态）的转化过程，包括反应量化模型、物质转化模型 | 酸碱滴定曲线、能量变化曲线、工艺制备流程图、有机合成图等 |
| 数学模型 | 用数量关系表示结构与性质的数量关系、物质反应及变化过程中的规律 | 化学平衡常数、氧化还原反应转移电子数与反应体系物质的量化关系等 |
| 复杂模型 | 两种及以上化学模型的复合体 | 晶胞微粒组成、理想气体模型、元素周期表等 |

#### 3.2.1 模型识别

"模型识别"主要指认识基本的化学物质模型和理论模型，能够建立起化学事实与化学模型间的对应关系。

【2022广东高考T8】实验室用$MnO_2$和浓盐酸反应生成$Cl_2$后，按照净化、收集、性质检验及尾气处理的顺序进行实验。下列装置（"→"表示气流方向)不能达到实验目的的是（    ）

#### 3.2.2 模型应用

"模型应用"主要是指运用化学模型解决各种化学问题，如借助化学模型对化学事实进行表征、解释，或者对未知的化学现象进行预测。

【2021广东高考T19-(4)】

(4)设$K_p'$为相对压力平衡常数，其表达式写法：在浓度平衡常数表达式中，用相对分压代替浓度。气体的相对分压等于其分压（单位为kPa）除以$p_0$（$p_0$=100kPa）。反应a、c、e的ln$K_p'$随$\frac{1}{T}$（温度的倒数）的变化如图所示。

①反应a、c、e中，属于吸热反应的有_____（填字母）。    考查学生解释模型的能力（L3）

②反应c的相对压力平衡常数表达式为$K_p'$=_____。    考查学生表征模型的能力（L2）

③在图中A点对应温度下，原料组成为n(CO):n(Cl$_2$)=1:1、初始总压为100kPa的恒容密闭容器中进行反应，体系达到平衡时N$_2$的分压为40kPa。计算Cl$_2$的平衡转化率，写出计算过程。_____

检测应用模型解决未知化学问题能力（L4）

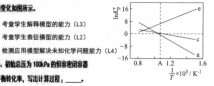

### 3.2.3 模型分析

"模型分析"主要指能够运用定性和定量的手段对指定化学模型中的关键要素进行提取和分析，获得正确结论。

【2020全国Ⅰ卷T10】

10. 铑的配合物离子[Rh(CO)₂I₂]⁻可催化甲醇羰基化，反应过程如图所示。

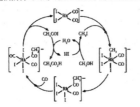

下列叙述错误的是

A. CH₃COI 是反应中间体
B. 甲醇羰基化反应为 CH₃OH+CO=CH₃CO₂H
C. 反应过程中 Rh 的成键数目保持不变
D. 存在反应 CH₃OH+HI=CH₃I+H₂O

试题以图像的形式呈现了甲醇羰基化反应过程中各物质组成和结构的变化情况，属于"过程模型"中的"物质转化模型"。试题考查的是 $[Rh(CO)_2I_2]^-$——可催化甲醇羰基化反应原理，主要考查学生对化学模型的分析和理解能力。学生需要对本题中的"过程模型"进行定性分析，理解整个反应过程，属于"模型分析"维度的"水平2"。

### 3.2.4 模型建构

"模型建构"主要指基于化学问题的分析、抽象、概括建构科学合理的认知模型，并借助认知模型解决复杂的化学问题。

【2022广东高考T16】

16. 科学家基于 Cl₂ 易溶于 CCl₄ 的性质，发展了一种无需离子交换膜的新型氯流电池，可作储能设备(如图)。充电时电极 a 的反应为：NaTi₂(PO₄)₃+2Na⁺+2e⁻ ═══Na₃Ti₂(PO₄)₃。下列说法正确的是

A.充电时电极 b 是阴极
B.放电时 NaCl 溶液的 pH 减小
C.放电时 NaCl 溶液的浓度增大
D.每生成 1 mol Cl₂，电极 a 质量理论上增加 23 g

试题呈现了新型氯流电池储能设备装置结构图，学生需要根据题干和图像提供的信息合理建构二次电池模型，这属于"结构模型"的考查。本题考查学生基于试题信息建构模型，并运用所得模型解决化学问题的能力，属于"模型建构"维度的"水平3"。

认识模型是一切"模型认知"活动的基础，"模型识别"能力是学生必备的、最简单的能力，"模型应用""模型分析""模型建构"都需建立在"模型识别"的基础上。

➤ "模型识别"试题多数指向水平3、水平4，这是因为"模型识别"能力本身属于一种低阶能力，高考试题提高了相应的水平要求。

➤ "模型应用"维度的试题主要分布在水平2、水平3、水平4，其中水平4的考查频率最高，说明高考非常关注学生运用化学模型预测、解释未知化学问题的能力。

➤ "模型分析"和"模型建构"维度考查水平较低，尤其是"模型分析"维度的大量试题处于水平2，即要求考生对化学模型做出定性分析，如基于模型分析"反应原理""物质的组成""仪器装置的作用"等。

➤ "模型分析"维度针对水平3"定量能够对化学模型分析"的考查比重较低，说明高考化学更重视学生对学科基本概念、原理等本质知识的理解，而不是一味地追求精确的定量计算。

➤ "模型建构"维度要求学生在综合分析问题的基础上建构合理的化学模型解决相关问题，对学生问题理解、有效信息的获取和处理问题等方面的能力要求较高，因此考查难度有所控制，整体处于水平1到水平3之间。

## 3.3 "模型认知"素养的提升策略

➤ "模型认知"核心素养是中国高校人才选拔的素养要求之一，是学生通过高考评价体系的一项重要能力。

➤ 高考评价体系对"四层"和"四翼"的考查是通过真实情境这个载体来实现的。在同一个测试目标下，出题者可以创设不同的真实情境，提出不同复杂程度且结构合理的实际问题，从而形成不同难度的测试任务。解题时学生必须从题干中排除次要因素和干扰因素，提取关键信息，再与平时自身构建的化学认知模型进行对照，进而使问题得以解决。另外，题干中还可能出现完全陌生的信息，学生必须从陌生信息中重新构建认知模型以解决陌生的问题。

➤ 教师必须在教学中发展学生的模型认知核心素养，让学生有能力自主构建解决问题的认知模型，解决情境不同但测试目标一致的问题。

化学·复习方略

# 模型认知核心素养视角下的高三化学复习策略研究

广西南宁市第二中学(530029)　范　斌　黄剑锋

[摘　要]模型认知核心素养是高中化学课程素养培养的目标之一，也是中国高校人才选拔的要求，还是高考评价体系关注的一个重要能力。模型认知核心素养视角下的高三化学复习应按"大单元主题复习→化学高考命题点解题模型构建→题型专题复习"流程进行。这样进行复习教学，不仅能提升学生的关键能力，发展学生的化学学科核心素养，使学生最终形成核心价值观，而且能从整体上提高化学教师的专业素养。

[关键词]核心素养;模型认知;高三化学;复习策略

[中图分类号]　G633.8　[文献标识码]　A　[文章编号]　1674-6058(2020)23-0076-02

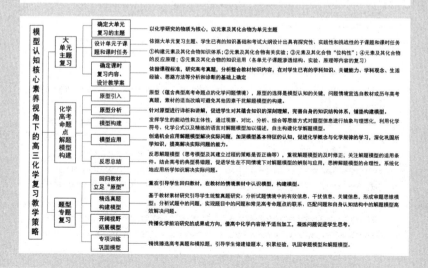

## 基于"证据推理与模型认知"的考题分析和素养提升（思维导图）

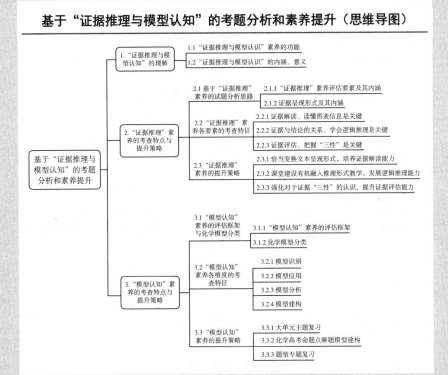

## 参考文献

1. 中华人民共和国教育部. 普通高中化学课程标准（2017年版）[M]. 北京：人民教育出版社，2018.
2. 教育部教育考试院. 深化基础考查 加强教考衔接——2022年高考理科综合全国卷试题评析[J]. 中国考试，2022（7）：25-30.
3. 刘凯钊，韩凤伟. 浅谈证据推理与模型认知类试题备考策略——以2021年全国卷化学试题为例[J]. 教学考试，2021（32）：4-7.
4. 张莉娜，张伟，葛继宁. "证据推理与模型认知"素养在高考中的考查及复习[J]. 高中数理化，2022（4）：48-52.
5. 白云，李娜娜，邓阳. "证据推理"在高考化学试题（全国卷）中的考查特点[J]. 化学教育（中英文），2022（15）：19-25.
6. 江奇芹，薛亮. 高中生化学"模型认知"素养的考查特点与命题走向——以2020年3套高考化学全国卷为例[J]. 教育测量与评价，2021（3）：43-51.
7. 傅永超，任佳钰. 高中生化学"模型认知"素养的考查特点及命题走向——以近3年高考化学江苏卷为例[J]. 教育测量与评价，2020（6）：40-48.
8. 丁志芬. 基于"证据推理与模型认知"的高中化学高阶思维培养路径[J]. 新课程，2021（41）：139.
9. 侯雅楠. 证据推理与模型认知素养在高中化学教学中的有效落实[J]. 新课程，2021（31）：216.
10. 范斌；黄剑锋. 模型认知核心素养视角下的高三化学复习策略研究[J]. 中学教学参考，2020（23）：76-77.

（2022年9月6日于2023届汕头市高三化学学科备考研讨会）

# 讲座四：发展证据推理与模型认知素养的
## 有机化学教学思考

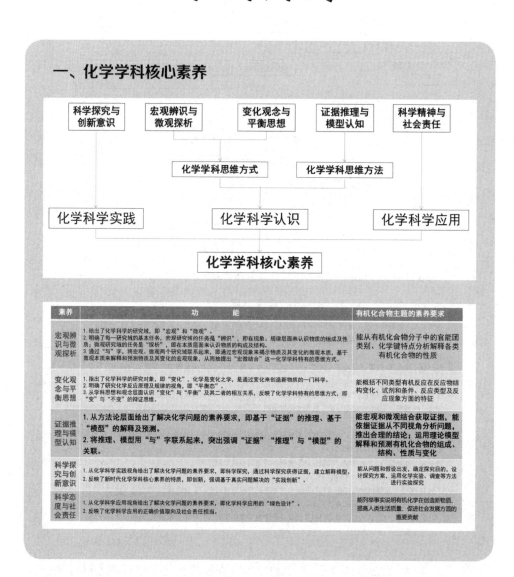

## 一、化学学科核心素养

| 素养 | 功能 | 有机化合物主题的素养要求 |
|---|---|---|
| 宏观辨识与微观探析 | 1. 给出了化学科学的研究领域，即"宏观"和"微观"。 2. 明确了每一研究领域的基本任务，宏观研究领域的任务是"辨识"，即在现象、规律层面来认识物质的组成及性质；微观研究领域的任务是"探析"，即在本质层面来认识物质的构成及结构。 3. 通过"与"字，将宏观、微观两个研究领域联系起来，即通过宏观现象来揭示物质及其变化的微观本质，基于微观本质来解释和预测物质及其变化的宏观现象，从而抽提出"宏微结合"这一化学学科特有的思维方式。 | 能从有机化合物分子中的官能团类别、化学键特点分析解释各类有机化合物的性质 |
| 变化观念与平衡思想 | 1. 指出了化学科学的研究对象，即"变化"，化学是变化之学，是通过变化来创造新物质的一门科学。 2. 明确了研究化学反应原理及规律的视角，即"平衡态"。 3. 从学科思想和观念层面认识"变化"与"平衡"及其二者的相互关系，反映了化学学科特有的思维方式，即"变"与"不变"的辩证思想。 | 能概括不同类型有机反应在反应物结构变化、试剂和条件、反应类型及反应现象方面的特征 |
| 证据推理与模型认知 | **1. 从方法论层面给出了解决化学问题的素养要求，即基于"证据"的推理、基于"模型"的解释及预测。 2. 将推理、模型用"与"字联系起来，突出强调"证据""推理"与"模型"的关联。** | **能宏观和微观结合获取证据，能依据证据从不同视角分析问题，推出合理的结论；运用理论模型解释和预测有机化合物的组成、结构、性质与变化** |
| 科学探究与创新意识 | 1. 从化学科学实践视角给出了解决化学问题的素养要求，即科学探究，通过科学探究获得证据，建立解释模型。 2. 反映了新时代化学学科核心素养的特质，即创新，强调基于真实问题解决的"实践创新"。 | 能从问题和假设出发，确定探究目的，设计探究方案，运用化学实验、调查等方法进行实验探究 |
| 科学态度与社会责任 | 1. 从化学科学应用视角给出了解决化学问题的素养要求，即化学科学应用的"绿色设计"。 2. 反映了化学科学应用的正确价值取向及社会责任担当。 | 能列举事实说明有机化学在创造新物质、提高人类生活质量、促进社会发展方面的重要贡献 |

# 二、"证据推理与模型认知"素养的教学生成

## ★ "证据推理与模型认知"的要素

学生在解决化学实际问题时，能具有**实证意识**，面对假设或结论具有主动寻找证据支撑的心理倾向，具有将证据进行推理得到结论的心理倾向。同时在问题解决的过程中主要表现为：意识到证据对科学的重要性、有判断证据真伪的意识、运用证据解决问题的意识、归纳的意识、推理的意识等。

对收集到的**证据甄别**或**质疑证据的真伪**，能甄别出错误的证据，判断出证据的主次，并剔除这些证据进入**推理过程**。再根据已有证据通过宏微结合、定性与定量分析等角度，进行归纳推理、演绎推理或合情推理等得到结论。

能够基于收集到的证据，运用物质模型解释或推测物质的组成、结构、性质和变化，运用化学反应模型解释或推测化学变化的产物、速率、限度等，能运用化学思维模型，解决相应的化学问题。

证据意识 —— 基于证据推理 —— 基于模型认知 ⟶

**获取证据** —— **建立模型认知**

获取证据指学生根据实验现象、生活经验或题干信息，可快速提取有关信息的能力。学生能够依据不同类别的物质及其反应的特征，有针对性地从**宏微结合、定性与定量结合**的角度收集充分的证据。

模型化、结构化的知识能帮助学生更好地理解和运用，促使其解决问题。适合化学学科特质的科学模型可分为两类，一是**实物模型**（也可称为物质模型），二是**思想模型**，包括数学模型、符号模型和理论模型，依据具体的问题情境进行选择。

**【资料卡片】** 证据推理与模型认知素养内容的刻画

具有证据意识，能基于证据对物质组成、结构及其变化提出可能的假设，通过分析推理加以证实或证伪；建立观点、结论和证据之间的**逻辑关系**。知道可以通过分析、推理等方法认识研究对象的本质特征、构成要素及其相互关系，建立认知模型，并能运用模型**解释**化学现象，揭示现象的本质和规律。

资料来源：中华人民共和国教育部. 普通高中化学课程标准(2017年版)〔M〕. 北京：人民教育出版社, 2018.

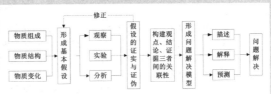

▲ "证据推理与模型认知"在教学中的具体表现行为与方式

▲ "证据推理与模型认知"内涵关联性及教学目标取向

顾建辛. 关于化学核心素养培育的微观思考——原电池教学中的"证据推理与模型认知"〔J〕. 化学教学, 2017(11)：34-38.

## 2.1 证据推理 ——举证水平、推理水平、论证水平

▼ 《普通高中化学课程标准（2017年版2020年修订）》对证据推理能力各水平要求

| 水平层级 | 水平要求 |
|---|---|
| L1 | 能从物质及其变化的事实中提取证据，对有关的化学问题提出假设，能依据证据证明或证伪假设。 |
| L2 | 能从宏观和微观结合上收集证据，能依据证据从不同视角分析问题，推出合理的结论。 |
| L3 | 能从定性与定量结合上收集证据，能通过定性分析和定量计算推出合理的结论。 |
| L4 | 能依据各类物质及其反应的不同特征寻找充分的证据，能解释证据与结论之间的关系。 |

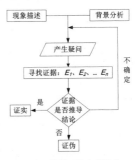

▲ 证据推理的生成模式

陆军. 化学教学中引领学生模型认知的思考与探索〔J〕. 化学教学, 2017(9)：19-23.

## 2.2 模型认知 ——模型意识水平、模型建构水平、模型应用水平

▼ 普通高中化学课程标准（2017年版2020年修订）对模型认知能力各水平要求

| 水平层级 | 水平要求 |
|---|---|
| L1 | 能识别化学中常见的物质模型和化学反应的理论模型，能将化学事实和理论模型之间进行关联和合理匹配。 |
| L2 | 能理解、描述和表示化学中常见的认知模型，指出模型表示的具体含义，并运用于理论模型解释或推测物质的组成、结构、性质与变化。 |
| L3 | 能认识物质及其变化的理论模型和研究对象之间的异同，能对模型和原理的关系进行评价以改进模型；能说明模型使用的条件和适用范围。 |
| L4 | 能对复杂的化学问题情境中的关键要素进行分析以建构相应的模型，能选择不同模型综合解释或解决复杂的化学问题；能指出所建模型的局限性，探寻模型优化需要的证据。 |

模型认知的思维路径 → 原型 ⇄（构建/理解）模型 ⇄（运用/优化）新型

▲ 吴星，吕琳，景崤壁，等.化学学科核心素养中"模型认知"的解读[J].化学教学，2020（6）：3-8.

## 2.3 "证据推理"与"模型认知"的关联

证据推理与模型认知为化学重要的学科核心素养之一，暗示着二者之间的关联。从科学探究的一般历程来看，无论是学生的学习还是科学家的研究，通常都是从情境中发现问题，再根据原始资料或数据等对问题形成假设，通过观察和实验获得事实性证据，基于证据进行推理并对假设进行修正，最终得到科学结论。

化学家利用模型认知方法揭示原型的结构、性能和运动规律等，借助模型对研究对象做出解释和预测，并在实验证据的检验中加以修正和完善，形成有关这类对象的概念与规律的知识体系即科学理论。因此，模型具有假说特性，其提出需要基于已有证据进行推理，当有新的证据出现，而现有模型并不能解释时，则必须改变现有模型，即模型的构建和发展皆必须建立在证据推理的基础上。

不难看出，科学探究的过程必然包含证据推理。当探究中所提出的假设或观点涉及微观领域——以模型的方式出现时，则涵盖模型认知，即证据推理过程不一定包含模型认知，但模型认知过程一定需要证据推理的支持。化学学科从宏观与微观两个角度认识物质及其变化的特殊性决定了模型认知是学生学习化学的重要思维方式。

# 三、发展"证据推理与模型认知"素养的有机化学教学

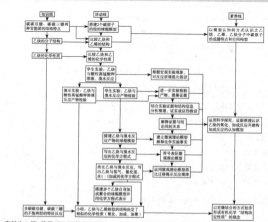

庞玉玺、汪姝、唐其生，等.基于"证据推理与模型认知"核心素养的有机化学教学思考——以"乙炔"为例[J].化学教与学，2020（5）：55-58，6.

## ◎ 教学设计思路

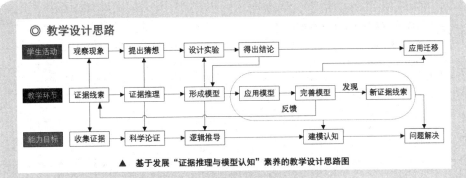

▲ 基于发展"证据推理与模型认知"素养的教学设计思路图

# 3.1 基于发展"证据推理"的有机化学教学策略

### 3.1.1 取证视角多样，拓展证据推理的广度

化学知识结构化是指按照知识间的逻辑关系形成的认知图示，知识结构化的**丰富程度将**影响学生调取证据、进行推理的广度。知识结构化越丰富，取证越容易，取证的角度越广。

**【案例】"苯的结构简式"教学片断**

**【情境】**18世纪40年代，日拉尔确定了苯的分子式$C_6H_6$，请大家猜想苯可能的结构简式？

**【活动】**相对稳定又符合分子式的结构如：$CH_2=CHCH=CH-C=CH$、$CH_3C=C-C=CH$、$CH_2=CHC=C-CH=CH_2$等带有碳碳双键、碳碳三键、碳四键的结构。

**【问题】**若用实验证明我们的猜想，你想到哪些方案？并说明理由。

**【活动】**（查阅资料分析或设计实验探究）学生独立思考，小组讨论。

证据①：向高锰酸钾水溶液中加苯，溶液不褪色，但分层，油层在上层，以上结构否定。

证据②：向溴水中加苯，溶液不褪色，但分层，上层橙红色，溴被苯萃取，未发生化学反应，常用苯来萃取溴水中的溴，以上结构均否定。

**【科学史话】**苯的发现：1865年德国化学家睡梦中梦见蛇头咬住蛇尾巴，形成环状，受到启发，画出苯的封闭式结构（如图1所示），结构Ⅲ合理吗？

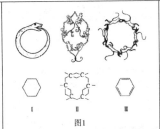

图1

学生找到证据：单双键交替，仍有双键，加高锰酸钾或溴水本该褪色，仍不合理。

教师提供苯的发现科学史话，为推测苯的结构还有很多科学家作出贡献，苯曾有过多种可能的结构（如图2所示），它们合理吗？证据是什么？

Kekule'式（1865年） 双环结构式 杜瓦苯(1866—1867年) 棱形结构式 棱晶烷（1869年）

向心结构式（1887—1888年） 对位键结构式（1888年） 余价结构式（1899年）

图2

教师提供证据③：近代物理方法（光谱法、射线法、偶极距的测定）证明，苯分子的6个碳原子和6个氢原子都在一个平面内，因此它是一个平面分子。

**【问题】**还有哪些方法证明苯不是单双键交着的凯库勒式？

证据④：$^1H$核磁共振氢谱图，均为1种氢，无法证明；

证据⑤：测苯的邻位二溴代物，凯库勒式有两种产物，苯只有一种。

教师继续提供一些实验的结果，请大家思考这些数据说明了什么？你有哪些启示？

教师提供证据⑥：环己烯、环己二烯、苯分别与足量氢气发生化学反应中的热效应。

教师提供证据⑦：涉及的碳碳单键、碳碳双键、苯分子中碳碳键的键长和键能。

教师提供证据⑧：2009年IBM科学家团队用原子显微镜给单个并五苯分子拍照（如图3所示），我们直观、清晰地看到了苯环平面正六边形结构。

图3

### 3.1.2 用好化学实验，强化证据推理的严谨度

推理离不开证据，证据即事实，事实即实验结果，化学学科用好实验证据能提高证据推理严谨度。

**【案例】"苯酚"教学片断**

【情境】苯酚软膏使用说明书（节选）：①用后拧紧瓶盖，当这药品性状发生改变时禁止使用，尤其是色泽变红后；②不能与碱性药物并用，所以苯酚性弱，所以石蕊溶液不变红；②密闭，在30℃以下保存。请大家猜测苯酚可能具有的化学性质？

【问题1】苯酚是与空气中的$H_2O$还是$O_2$反应？

学生实验证①：取试管，加蒸馏水煮沸，冷却后加苯酚溶解，盖上塞子保存数小时，溶液无明显现象，说明苯酚与水不反应，而苯酚需要密封保存、否则色泽变红的原因是易被空气中的氧气所氧化，此处可以播放一段苯酚在空气中被空气氧气氧化而变色的微视频。

【问题2】苯酚具有酸性吗？（苯酚的酸性可用电离理论分析，前提是先要论证苯酚与水不发生反应，进而说明苯酚在水溶液中呈酸性为自身电离产生的结果）。

学生实验证②：苯酚溶液中滴加石蕊试剂，溶液不变红。

学生实验证③：苯酚浊液中滴加氢氧化钠溶液，溶液变澄清。

【结论假设1】苯酚有酸性，实验中氢氧化钠与苯酚发生中和反应，所以溶液变澄清，但由于苯酚酸性弱。

【假设结论2】苯酚没有酸性，石蕊不变红，苯酚浊液中滴加氢氧化钠溶液变澄清可能是中和反应导致的。

学生实验证④：用pH试纸测NaOH溶液与苯酚反应前后溶液pH的变化，pH明显下降，实验证明NaOH中的$OH^-$确被中和，苯酚是弱酸性物质。

【问题3】如何比较苯酚与碳酸的酸性强弱？

学生实验证⑤：苯酚钠溶液中通二氧化碳，溶液变浑浊。

【问题4】书写苯酚钠溶液中通二氧化碳的化学方程式？

学生甲：生成苯酚和碳酸钠

学生乙：生成苯酚和碳酸氢钠

【问题5】以上两个化学方程式均正确吗？

学生实验证⑥：向滴有酚酞试剂的碳酸钠溶液中滴加苯酚落液，红色变浅，说明苯酚能与碳酸钠溶液反应。

学生实验证⑦：或向浑浊的苯酚溶液中滴加碳酸钠溶液，溶液变澄清，也说明苯酚能与碳酸钠溶液反应。

不管哪个方法都说明化学方程式甲不正确、乙正确。酸性：$HCO_3^- <$苯酚$<H_2CO_3$。

【问题6】设计方案证明苯酚与钠反应并评价？

学生甲：直接加热苯酚，待熔融后加入钠。

学生乙：用65℃以上热水或用乙醇把苯酚溶解，形成苯酚液，再把钠粒放入。

学生丙：由于苯酚为分子晶体，熔融状态下不电离，没有可自由移动的氢离子存在，方案甲不可行。水和乙醇均能与金属钠反应，钠在含水或乙醇的苯酚混合液中的反应并不能证一定是钠与苯酚的反应，方案乙也不可行。

教师实验证⑧：在苯酚的乙醇溶液中加入钠（已知乙醇与金属钠反应缓慢），剧烈反应，产生无色气体，比钠与水的反应还剧烈（将苯酚的酸性由电离理论拓展到质子理论。）

基于实验的证据推理教学，需要帮助学生寻求实验的突破口，注重实验环节的设计、实验现象的观察、实验结果的分析、质疑与释疑，这样学生的证据推理思维才能不断得到升华。

### 3.1.3 重视证据获取，丰富证据意识及其信度

**【案例】"溴乙烷"教学片断**

问题：猜想反应"$CH_3CH_2Br+H_2O \rightarrow CH_3CH_2OH+HBr$"能否发生？请说出可能的断键、成键方式？

猜想：反应能发生。反应中溴乙烷的C—Br键断裂的同时，水中的H—O键断裂，羟基替代溴原子生成乙醇。

学生：通过物质球棍模型的拆分、组合直观展示两个反应断键、成键的猜想。

教师：假设是否正确呢？先通过实验验证反应$CH_3CH_2Br+H_2O \rightarrow CH_3CH_2OH+HBr$能否实现？

实验：向试管先后加入2 ml溴乙烷、2 mL蒸馏水，总结溴乙烷的物理性质，然后将试管放在热水浴中加热一段时间，观察现象。

学生：没有看到明显现象。

教师：如果反应发生，应该有乙醇和氢溴酸生成，请据此进一步设计实验方案探究此反应是否发生。

学生：设计方案。

| | |
|---|---|
| 方案1 | 向反应后的溶液中加入几滴石蕊，若变红则说明生成了HBr。 |
| 方案2 | 向反应后的溶液中加入碳酸钠溶液，若有气泡产生则说明生成了HBr。 |
| 方案3 | 向反应后的溶液中加入几滴硝酸银溶液，若有淡黄色沉淀生成则说明生成了HBr。 |

实验：用胶头滴管取少量反应后的上层溶液于另外三支试管中，并按照上述方案分别进行实验。

现象：三支试管中均无明显现象。

证据推理：有两种可能性，一是反应未发生，二是反应发生，但限度太小，生成的HBr少。

优化实验：借助于手持技术实验，在试管里反应体系的上层水溶液中插入pH传感器，另一端连接电脑并打开软件，引导学生观察pH值动态变化的曲线。

现象：pH值在缓慢地不断减小。

证据推理：溶液的酸性增强说明生成HBr，则溴乙烷和水可以直接反应。

教师：虽然反应发生，但因为太微弱，所以这一转化在有机合成中并没有实际意义。为使该反应程度更大，请利用平衡移动原理思考如何改进……

案例教学中，教师引导学生在对溴乙烷和水反应作出断键的假设后，针对可能的产物设计多种实验方案进行检验，以寻找证据对假设进行证实或证伪从而得出正确结论。当常规实验没有明显现象时，借助于手持技术实验，用pH传感器检验产物，丰富了学生获取证据的途径和手段，进一步培养了学生的证据意识，丰富了证据信度。

## 3.2 基于发展"模型认知"的有机化学教学策略

| 基本观念 | 一般思路 | 相关知识 |
|---|---|---|
| 组成、结构 ↓ 性质 | 认识 有机物 □ 官能团 □ 化学键 □ 反应类型 | 测定结构 探究性质 设计合成路线 |

| 官能团 | 化学键 |
|---|---|
| 官能团与性质的关系 | 共价键的类型、极性及其与有机反应的关系 |
| 官能团间的相互影响 | 基团间的相互影响会导致键的极性发生改变 |

□ 以典型物质为载体，类比迁移学习一类有机化合物的性质
□ 分析官能团和化学键，预测可能的断键部位与相应的反应
□ 提供反应事实，引导学生通过探究学习一类有机物的性质

多角度认识和应用有机反应，解决复杂、陌生问题 ← 基于化学键
认识有机物的主要性质，建立认识反应的不同角度 ← 基于官能团
认识典型有机物性质 ← 基于代表物

▲ 有机物性质认识水平发展进阶

有机化学的教学设计主要是关于单一物质的，如卤代烃、醇等；有机合成路线则多是基于官能团转化进行的，对于基于碳骨架的有机合成多是根据已知信息直接套用，而缺少对于碳骨架构建的本质认识。基于化学键认识有机反应是学生对有机化学高阶思维的形成的关键视角，也是高中化学与大学化学更好地衔接的关键。

学习进阶理念认为，学习是一个逐渐累积、不断演进的过程，学生对某一内容主题的理解存在多个不同的中间水平。在学习某个内容主题相当长的时间段中，学生对该内容的理解和思考将日趋成熟、不断深入。设计良好的学习进阶可作为课程体系的骨架，为课程目标的达成提供线路导航图。

有机化学学习是一个循序渐进的过程，以有机知识进阶的视角，以人教版教材为例，《化学》选择性必修3第3章是基于典型代表物初步学习有机化学，这一阶段学生对有机物的认识仅停留在典型代表物，不能类比迁移；有机化学基础是基于官能团认识有机物，学生通过官能团进行类比、迁移和预测；对有机反应的认识应该进一步进阶，即基于化学键断裂方式认识有机反应。以学生思维发展进阶为视角，利用SOLO（Structure of the Observed Learing Outcome）分类理论解构：基于典型代表物认识有机反应的思维层级属于单点结构水平；基于官能团认识有机反应属于多点结构水平和关联结构水平；基于化学键的断裂认识有机反应就属于拓展抽象结构水平，在这个认识层级上学生能够对有机反应进行实质的预测和解释，对陌生反应进行有效的分析和推理。学生在熟练掌握基于官能团对有机反应认识后，基于学习进阶理论，形成化学键视角下对有机反应的高阶思维为必然的发展目标。

### 3.2.1 构建、应用、完善"键类二维"认知模型，深化有机反应机理的化学学科理解

**【问题】人教版选择性必修3（P83）：羟醛综合反应**

选择性必修3的学科核心方法之一是逆向分析法。

必修2，学生初步建立了从碳骨架和官能团角度认识有机化合物的一般思路。选择性必修2，学生认识物质的角度和思路得到发展，以"结构决定性质，性质决定用途"这一核心观念统领学习。

从学生应达到的水平逆向设计学习路径，有机化学的学习就是一个建立模型、巩固模型、应用模型与发展模型的过程。学生在此过程中，从学科本质角度深入理解有机化合物的性质，化学学科核心素养将得到进阶式发展。

【例析】

$$CH_3 \overset{\delta+}{-}CH_2 \overset{\delta-}{-}OH + \overset{\delta+}{H}\overset{\delta-}{-}Br \longrightarrow CH_3CH_2Br + H_2O$$

$$CH_3 \overset{\delta+}{-}CH_2 \overset{\delta-}{-}OH + \overset{\delta+}{H}\overset{\delta-}{-}O-CH_2CH_3 \longrightarrow CH_3CH_2OCH_2CH_3 + H_2O$$

$$H_3C-\overset{O}{\underset{\delta+}{C}}\overset{\delta-}{-}OH + \overset{\delta+}{H}\overset{\delta-}{-}O-CH_2CH_3 \longrightarrow CH_3COOCH_2CH_3 + H_2O$$

$$R_1-\overset{O}{\underset{\delta+}{C}}\overset{\delta-}{-}OR_2 + \overset{\delta+}{H}\overset{\delta-}{-}CH-COOR_4 \longrightarrow R_1-\overset{O}{C}-\underset{R_3}{CH}-COOR_4 + R_2OH$$

```
成键原子电负性差值 ┐
                  ├──→ 化学键的极性 ──┐
邻近基团对化学键的影响 ┘                ├──→ 断键部位 ──正负电荷相吸──→ 形成新键
                      化学键的饱和度 ──┘
```

【剖析】成键规律——外显有机反应的本质

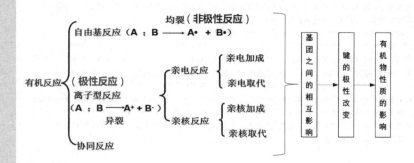

【建模】"键类二维"认知有机反应

"键类二维"认知模型，有助于学生深刻体会"结构决定性质"这一有机化学学科核心思想，发展证据推理与模型认知的化学学科核心素养。

一是实现学习进阶，学生认识有机反应的思维层级从单点结构水平的物质视角，发展至多元和关联结构水平的官能团视角，最终发展至抽象结构水平的化学键视角。依据"键类二维"认知模型，学生能在化学键的认识层级分析有机化合物的结构以预测和解释有机化合物的性质，通过分析有机化合物性质有效推理和论证有机化合物的结构，发展宏观辨识、微观探析的化学学科核心素养。二是在构建模型、应用模型的过程中发展思维。通过分析、推理、抽象、概括，逐步深化认知，自我构建有机化合物认知范式，并进一步运用模型预测和解释有机化合物的化学性质，能在陌生情境的问题解决过程中检验学习成果，将认识方法内化为元认知，不断加深对有机反应的本质特征认识、促进证据推理与模型认知学科核心素养的发展。

王晓军、昌洪娟、刘伟利，等. 模型认知视域下《有机化学基础》逆向教学整体设计——以"有机化合物的性质"为例[J]. 中学化学教学参考，2022(1)：14-17.

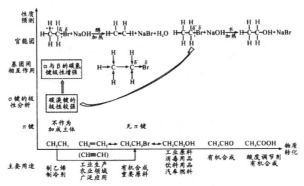

**【用模】基于"键类二维"模型预测溴乙烷性质**

王晓军、昌洪娟、刘伟利，等. 模型认知视域下《有机化学基础》逆向教学整体设计——以"有机化合物的性质"为例[J]. 中学化学教学参考，2022（1）：14-17.

### 3.2.2 应用化学编辑软件辅助模型构建，深化有机化合物结构本原性知识认知

以KingDraw为代表的化学编辑器软件所具备的结构编辑、信息查找、三维建模等功能，可以提升中学有机化学教学的直观性和便利性，配合智慧课堂系统还可实现课堂中的实时应用。KingDraw相较于国外开发的软件，还具有界面友好、多平台兼容和完全免费等优点，在未来的中学化学教学中具有相当广阔的应用前景。

| 功能 | 应用 |
|---|---|
| 分子结构及反应流程、机理的绘制 | 辅助教师进行课堂教学 |
| 物质基本化学属性与三维结构的呈现 | |
| 化合物百科数据库 | 辅助学生进行实验及自我学习 |

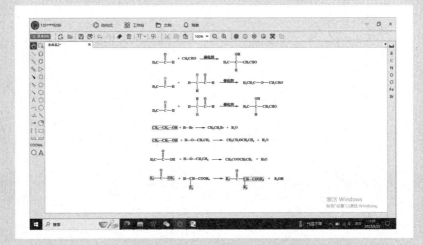

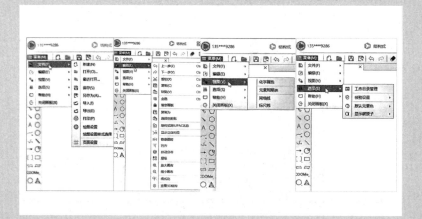

# 结　语

　　布卢姆的教育目标分类，将"知道、理解、运用"称为低阶思维，而将"分析、综合、评价"称为高阶思维。从化学思维角度来说，证据推理与模型认知正是一种化学高阶思维，旨在培养学生的创新能力、问题求解能力、决策能力和批判性思维能力。

　　有机化学教学应做好对学生证据推理与模型认知模型素养的培养工作。学生的知识基础在哪里，证据推理链如何串联，通过什么手段获取证据，如何引导学生构建从特殊到一般的认知模型等系列问题都需要教师智慧解决，才能使证据推理与模型认知两个严密的思维过程形成完整的思维闭环，从而助力学生提升高中有机化学教学效率，让学生的有机化学知识学习和应用水平更上一层楼。

（2023年5月23日于汕头市潮南区素养导向的有机化学教学主题教研活动会）

# 后　记

　　《普通高中化学课程标准（2017年版2020年修订）》中明确提出，学科核心素养是学科育人价值的集中体现，它涵盖学生通过学科学习逐步形成的正确价值观、必备品格和关键能力。化学学科核心素养包含"宏观辨识与微观探析""变化观念与平衡思想""证据推理与模型认知""科学探究与创新意识""科学态度与社会责任"。化学学科核心素养不仅包含了学科思想和方法，还包括学生的实践与价值追求。其中，"证据推理与模型认知"属于化学学科思想和方法层面的内容，它是化学核心素养的思维核心。这意味着，学生在学习化学的过程中，需要掌握正确的学科思维方法，基于证据进行推理，构建化学模型解释现象，并能在新的情境中运用这些模型进行预测和探究，深入理解和应用化学知识。

　　本书从较为全面和系统的视角，梳理从证据、推理、模型、认知到证据推理与模型认知素养的内涵，论证高中化学课堂教学发展证据推理与模型认知素养的必要性，审视证据推理与模型认知在高中化学问题解决中的积极应用，探索高中化学教学中落地证据推理与模型认知素养的实施路径，明晰基于发展证据推理与模型认知的高中化学教学策略，梳理了促进证据推理与模型认知素养发展的化学教学模式，提出了基于问题学习的问题驱动式教学、基于发现解决问题的探究式教学、基于真实情境的项目式教学等教学模式。最后，笔者结合个人"基于发展证据推理与模型认知素养的高中化学教学实践研究"的教育教学研究实践与经验总结，精选契合本书讨论主题的部分个人教学案例及部分在市、区各级化学学科学术会议上交流讲座的课件归辑成节，从发展证据推理与模型认知素养的教学策略、落实素养的教学设计案例两个方面做了实践层面的详细解读。

　　本书的理论梳理部分引用了部分专家学者的研究成果与见解，他们有的是在核心素养研究领域有着丰硕研究成果的专家，如王磊、胡久华、郑长龙等；

有的是在化学学科核心素养研究领域独树一帜的学者，如魏锐、江合佩、肖中荣、杨玉琴、方弯弯、赵铭、沈兆刚、洪良腾、李似麒、邓衍民、张雪清等，在此表示诚挚的谢意和由衷的敬佩。汇聚众流，方成大海。正是凭借我们全体化学教育工作者不懈地追求与探索，才有了如今化学学科核心素养的实施呈现出百花竞放、百家争鸣的和谐美丽景象。

　　本书教学实践部分的教学设计、专题讲座均来自笔者试图指向证据推理与模型认知素养落地的积极探索与实践经验，但限于笔者自身水平的不足和教研视野的局限，本书的教学实践部分仍然存在不少亟待改进之处，如教学案例的选取可能不够全面，教学策略的设计可能过于单一，专题讲座的观点可能过于主观，等等。教学设计与实践是一个持续迭代、不断升华的过程，因此，非常期待各位同行对本书教学实践部分进行深入研究和批判性思考，并提出宝贵意见和建议，以便我们在实践中不断完善和优化，共同推动教学改革的发展。让我们携手共进，为我国教育事业的美好明天而奋斗！

　　最后，我要感谢所有对本书的撰写、出版提供过帮助与支持的化学同人和社会各界朋友，得益于你们的全力支持，本书才得以在短时间内顺利完成撰稿并出版。但鉴于编写时间的限制，书中难免有诸多需要改进的地方，衷心期待化学教育研究领域的专家、学者、教研员和一线教师予以批评指正，以便我们在后续修订时加以改进。

蔡创海

2024年1月于汕头市六都中学